中 国 现 实 经 济 热 点

本书受到全国统计科研计划项目2011LY043的资助

虚拟经济与实体经济
协调发展研究

Study on Coordination Development of Fictitious
Economy and Real Economy

周莹莹　　刘传哲／著

经济管理出版社
ECONOMY & MANAGEMENT PUBLISHING HOUSE

图书在版编目（CIP）数据

虚拟经济与实体经济协调发展研究/周莹莹，刘传哲著. —北京：经济管理出版社，2013.1
ISBN 978-7-5096-2320-6

Ⅰ.①虚…　Ⅱ.①周…②刘…　Ⅲ.①虚拟经济—研究—中国 ②中国经济—经济发展—研究
Ⅳ.①F124

中国版本图书馆 CIP 数据核字（2013）第 030169 号

组稿编辑：申桂萍
责任编辑：申桂萍
责任印制：杨国强
责任校对：超　凡　曹　平

出版发行：经济管理出版社
　　　　　（北京市海淀区北蜂窝 8 号中雅大厦 A 座 11 层　100038）
网　　址：www. E-mp. com. cn
电　　话：（010）51915602
印　　刷：三河市海波印务有限公司
经　　销：新华书店
开　　本：720mm×1000mm/16
印　　张：15.25
字　　数：287 千字
版　　次：2013 年 1 月第 1 版　2013 年 1 月第 1 次印刷
书　　号：ISBN 978-7-5096-2320-6
定　　价：45.00 元

·版权所有　翻印必究·
凡购本社图书，如有印装错误，由本社读者服务部负责调换。
联系地址：北京阜外月坛北小街 2 号
电话：（010）68022974　　邮编：100836

前　言

正确处理虚拟经济与实体经济的关系，促进虚拟经济与实体经济的协调发展，有效发挥虚拟经济健康发展促进实体经济增长的作用，对维持国民经济的稳定持续快速发展具有重要意义。基于这一思想，本书展开了对促进我国虚拟经济与实体经济协调发展的相关研究。本书在界定狭义虚拟经济研究范畴的基础上，主要分析了金融市场发展及房地产市场的虚拟部分与实体经济间的关系。

实体经济是虚拟经济产生与发展的基础，虚拟经济对实体经济具有反作用。通过虚拟经济对实体经济的传导机理及其与实体经济协调发展机理的理论分析认为，虚拟经济与实体经济的协调发展，有利于发挥虚拟经济对实体经济发展"助推器"的作用；当虚拟经济过度膨胀，出现与实体经济的过度背离时，易导致经济泡沫的累积，并有可能诱发泡沫经济，而泡沫的破裂即可导致金融危机、经济危机的发生。同时认为，虚拟经济与实体经济发展间具有内在协调机制及偏离协调状态的恢复机制。

本书在对虚拟经济作用机理及虚拟经济与实体经济协调发展机制进行理论分析的基础上，进一步对我国虚拟经济与实体经济的协调状况进行了实证分析。通过分析我国虚拟经济发展对实体经济的影响，得出结论：以股票市场、债券市场、基金市场组成的资本市场及金融衍生品市场的发展变动对实体经济整体发展的长期作用程度相对较强，虚拟经济系统中股市的发展对社会财富效应的影响逐步增大，贷款规模及股市规模的扩张在短期和长期内对实体经济投资扩张效应的影响显著。

借助综合变化协调度方法及耦合协调度模型，本书测算了我国虚拟经济与实体经济系统间的静态协调度及动态协调度，得出结论：近年来，尤其2007年开始虚拟经济与实体经济间呈现弱度失调状态，2008年弱度失调相对较明显，2009年失调状态减弱，并且整体系统协调发展的动态趋势呈现进一步向协调状态迈进。2007年以来虚拟经济与实体经济系统间出现的弱度失调状况，可能的原因为这一时期我国虚拟经济整体规模迅速膨胀，导致虚拟经济发展的规模及速度与实体经济发展的规模及速度出现不匹配状况。在此基础上，基于耦合关联预测模型预测了2010~2014年我国虚拟经济与实体经济系统间的整体协调状态，认为未来两系统间协调发展趋势向好。

　　在阐释虚拟经济膨胀导致泡沫经济机理的前提下，借助动态戈登模型分析了我国股票市场的绝对泡沫度及相对泡沫度情况，以及基于房价—收入比、房价—租赁价格比及房屋空置率判断方法，分析了我国房地产市场的泡沫风险状况，得出结论：近年来，伴随股市规模的扩张，股市泡沫膨胀迅速，尤其2007年下半年全球金融危机爆发前的泡沫程度最为严重，不利于虚拟经济与实体经济的协调发展；2008年股市泡沫逐渐呈现破裂状态，股市陷入低迷；2009年随着整体经济的逐渐复苏，股市发展出现一定程度的反弹，2009~2010年上半年股市相对泡沫度及绝对泡沫度均在良性负泡沫或良性正泡沫范围内，股市泡沫风险较弱。对我国股市泡沫情况的分析，亦验证了对2007年以来我国虚拟经济与实体经济出现弱度失调状况，2009年开始逐渐呈现向新一轮弱度协调状态迈进趋势的判断的相对准确性。2009年下半年以来，我国房地产市场泡沫程度较高，实体经济发展与房地产市场发展间呈现非协调趋势。在此基础上，为防范我国虚拟经济与实体经济的过度背离、股市泡沫和房地产市场泡沫的急剧膨胀，提出了虚拟经济过度背离实体经济的风险预警构架。

　　本书依据我国的发展实际及实证分析结论，提出了推动虚拟经济"适度"、"高效"发展，加强我国金融市场监管及房地产市场的风险防范，加强虚拟经济系统与实体经济系统整体发展间的协调监管，并积极构建与实施虚拟经济过度背离实体经济风险预警系统的相应的对策建议。

目　录

第一章 绪论

第一节 问题提出及选题意义

一、问题提出

"虚拟资本"一词最早出现在马克思的《资本论》中，虚拟经济源于虚拟资本。19世纪70年代以前，产业资本占统治地位的历史条件下，从资本批判的角度，马克思认为虚拟资本是货币经营资本和借贷资本发展变化的新形式。20世纪以来金融危机的频繁爆发，逐渐引发国内外学者对虚拟经济发展研究的关注。

20世纪70年代以来，伴随全球经济的快速发展，以债券、股票等为代表的虚拟资本数量快速膨胀。Chesnais Francois（1996）在《金融全球化》一书中阐述："金融交易蔚为壮观地增长，是20世纪80年代最引人瞩目的现象。金融领域已成为经济全球化的前沿阵地，在这一领域，巨额资本以惊人的速度交易。"并进一步指出，这些交易没有商品和劳务及投资与之对应，在封闭的金融领域内部形成大量的金融资产名义数量虚拟增值。[1]成思危（2003）研究国际资本流动时发现，1978年以来世界经济年均增长率为3%左右，国际贸易年均增长率为5%左右，而国际资本年均增长率为25%左右；20世纪末全球虚拟经济存量为160万亿美元，相当于全球国民生产总值的5倍左右。[2]据国际清算银行和世界银行的统计数据计算，2003年全球虚拟资产总量已增至3169741亿美元，全球GDP总量达361698亿美元，虚拟资产总量是GDP总量的8.8倍。全球虚拟经济迅速扩张，2008年全球虚拟资产是GDP总量的14.2倍，日本2009财年虚拟资产规模是GDP的8~9倍，中国2009年虚拟资产总量是GDP的3.7倍左右。表1-1显示了1990~2008年主要年份全球虚拟资产总量与实体经济之比情况。全球虚拟经济规模逐渐扩大，成为影响实体经济发展不可忽略的重要因素。

表 1-1　1990~2008 年主要年份全球虚拟资产总量与实体经济之比

单位：亿美元

年份	银行资产	股票市值	债券余额	衍生品价值	全球 GDP	虚拟资产/GDP
1990	230822	88933	179897	—	228511	2.19 倍
2000	378717	309566	356668	1084470	321030	5.52 倍
2008	963951	332992	835296	6498228	609175	14.2 倍

　　随着虚拟经济规模的逐步扩大及经济全球化的发展，虚拟经济对实体经济发展的影响越来越大，影响有利有弊：一方面，虚拟资本的全球流动可有效配置价值资源，推动产业结构调整，刺激储蓄及投资，从而进一步促进经济增长；另一方面，虚拟经济的快速膨胀为泡沫经济和经济危机埋下了隐患，在货币虚拟化过程中，虚拟经济的过度膨胀远超过辅助实体经济发展需要的量时，就可能演变成泡沫经济甚至出现金融危机，给整个经济体造成不利影响。20 世纪 70 年代以来频繁爆发的金融危机跟虚拟经济的过度膨胀不无关系。金融危机爆发由最开始表现为"货币危机"，而后逐渐呈现外汇市场、银行、房地产市场、股票市场同时崩溃的复杂症状。例如，1989 年日本经济泡沫破灭引发的金融危机；1992 年欧洲货币体系危机，此次危机对实体经济造成严重影响；1994 年墨西哥金融危机，1997 年东南亚金融危机；1998 年俄罗斯金融危机；1999 年巴西金融危机及 2001 年阿根廷金融危机；从 2007 年下半年起由美国次贷危机引发的全球金融危机，历次金融危机均对整个经济体的发展造成严重影响。全球虚拟经济发展迅速膨胀，潜藏着与实体经济规模过度背离导致金融危机的隐患，对虚拟经济与实体经济关系的研究具有现实意义，亦逐渐受到国内外学者及决策层的重视。

　　从我国虚拟经济发展的实践来看，1978 年改革开放以来，我国经济发展形势良好，综合国力稳步提升，房地产市场及金融市场两大虚拟经济领域成为影响实体经济发展的重要因素。20 世纪 90 年代以来，我国随着上海证券交易所及深圳证券交易所的建立，股票市场、债券市场等发展速度逐步提升，虚拟经济的发展规模逐渐扩大。图 1-1 显示了 1998~2009 年我国虚拟经济交易额规模与实体经济发展情况。

　　据不完全统计，1998 年我国虚拟经济交易额为 8 万亿元人民币以上，同年GDP 为 84402.3 亿元人民币。1999~2002 年虚拟经济规模维持在 10 万亿元人民币左右，2003 年一跃超过 20 万亿元人民币。2004 年，我国虚拟经济交易额 25 万亿元人民币以上，2005 年 21 万亿元人民币以上，此后虚拟经济交易规模不断扩大。2007 年，我国虚拟经济交易额超过 100 万亿元人民币，2008 年 120 万亿元人民币以上。2009 年底，我国银行金融机构资产 80.5 万亿元人民币，股市市值

(亿元人民币)

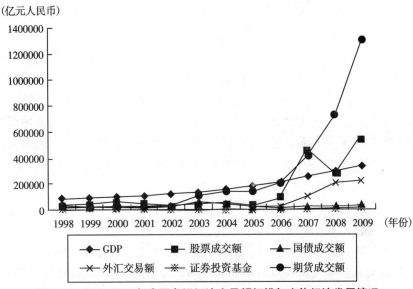

图1-1 1998~2009年我国虚拟经济交易额规模与实体经济发展情况

24.27万亿元人民币，债券存量17.74万亿元人民币，GDP为33.5万亿元人民币，虚拟资产规模是GDP的3.7倍左右。

1997年东南亚金融危机以来，国内学者逐渐展开对虚拟经济的研究，2008年由美国次贷危机引发全球金融风暴，对虚拟经济与实体经济关系的研究进一步受到重视。2002年12月，党的十六大报告在论述"走新型工业化道路"时强调，要"正确处理发展高新技术产业和传统产业、资金技术密集型产业和劳动密集型产业、虚拟经济和实体经济的关系"。在全球虚拟经济快速发展的背景下，这是国家首次明确提出正确处理虚拟经济与实体经济的关系。2008年10月，温家宝在第七届亚欧首脑会议上讲道："要处理好实体经济和虚拟经济的关系。我们需要虚拟经济的健康发展，来促进实体经济的发展。因此，虚拟经济必须与实体经济相协调，决不能因为虚拟经济出现问题而影响实体经济的发展。"2008年11月，胡锦涛在20国集团金融峰会期间多次谈到"虚拟经济"等问题，在与英国前首相布朗会谈时也指出，"当前，国际金融危机不断蔓延，特别是正由虚拟经济向实体经济渗透"。可见，国际经济发展新形势下，正确处理虚拟经济与实体经济的关系，促进虚拟经济与实体经济的协调发展，有效发挥虚拟经济健康发展促进实体经济增长的作用，对维持国民经济的稳定、健康发展具有重要意义。

研究我国虚拟经济与实体经济的协调问题，需理清虚拟经济与实体经济间相互作用关系，尤其需着重刻画虚拟经济发展对实体经济的影响，在此基础上，结合我国经济发展的实际，分析各时期我国虚拟经济与实体经济的协调状况，并阐释出现不同协调状况的可能原因。国民经济的持续、稳定、健康发展，需要虚拟经济与实体经济的协调发展相配合，而两者的非协调发展会增加经济体系的不稳定性与风险，甚至导致经济动荡与经济金融危机。因此，有必要分析我国虚拟经济发展过程中的泡沫风险状况及构建虚拟经济过度背离实体经济的风险预警系统，防患于未然，以及时采取有效措施，减轻虚拟经济膨胀过程中的泡沫风险。结合我国虚拟经济与实体经济协调发展状况的分析，为减轻两者的非协调发展对经济社会产生的不利影响，进一步提出有针对性地促进我国虚拟经济与实体经济协调发展的对策建议，对研究我国虚拟经济与实体经济协调发展这一命题具有理论与实践意义。

二、选题意义

（1）在具体分析虚拟经济演化特征的基础上，进一步梳理虚拟经济与实体经济的关系，分析虚拟经济发展对实体经济的作用机理，探究虚拟经济作用于实体经济的具体传导机制，对于深入研究虚拟经济与实体经济的协调发展具有一定的理论意义。

（2）结合我国经济发展的实际，在分析虚拟经济发展对实体经济具体影响作用关系的基础上，进一步筛选两系统的各代表指标，借助相关定量分析方法测算各时期我国虚拟经济与实体经济的协调度并综合判断协调状况，并对我国虚拟经济与实体经济的协调发展趋势进行预测，理论与实践相结合分析我国虚拟经济与实体经济的关系，具有一定的实践意义。

（3）在分析我国虚拟经济与实体经济的协调状况、虚拟经济泡沫风险状况、两系统未来协调发展趋势的基础上，有必要针对我国经济发展实际，研究我国虚拟经济与实体经济协调发展的对策建议，具有一定的现实意义。

第二节　国内外研究述评

虚拟经济作为与实体经济相对应的概念提出。国内学者对虚拟经济的研究一般从 1997 年亚洲金融危机爆发后开始，目前，国内学术界对界定虚拟经济研究范畴和理论框架、虚拟经济与实体经济关系、虚拟经济与宏观政策以及虚拟经济与泡沫经济、金融危机等研究方面提出了诸多见解。国外关于虚拟经济及其与实体经济关系的研究相对较少，相关文献主要是关于金融市场和实体经济的相互影响方面，侧重于金融市场的收益分析及实际产出分析。

一、国外研究

（一）虚拟经济与实体经济关系研究

国外学者关于虚拟经济的发展对整个经济运行方式影响的研究较少，有关虚拟经济与实体经济关系的研究，主要集中在资产价格与实际产出、金融市场与实体经济关系以及相互影响方面。虚拟经济对实体经济作用机制方面的相关研究，可追溯至魏克赛尔及凯恩斯的研究，他们对以货币为代表的虚拟资产对实体经济的作用机制方面做出了先驱性分析。魏克赛尔在《利息与价格》中提出了著名的资本累积过程理论，该理论揭示了以利息率为中介的虚拟经济与实体经济的关联方式。魏克赛尔（1959）认为，利率可分为自然利率（Natural Rate of Interest on Capital）和货币利率。自然利率，实际上指预期资本利润率；而货币利率是货币市场由供求关系所形成的利率。当货币利率低于自然利率时，市场因货币希望较大而扩大生产，生产扩大导致生产资料价格上升，进而使生产资料所有者的货币收入增加；在利率较低的情况下，增加的货币收入相较于储蓄而言更多地用于消费，由此会造成消费品需求上升，进而消费品价格上升，以致为生产消费品的资本品需求和价格也上升，这便形成经济上升的累积过程。相反，如果货币利率高于自然利率，则与上述情况相反，形成经济下降的累积过程。[3]

在魏克赛尔之后，凯恩斯用资本边际效率代替了自然利率。其认为可以将资本边际效率看做投资收益，而货币利率（或市场利率）看做投资的机会成本。与魏克赛尔不同，凯恩斯将投资者预期考虑进分析过程，预期的不确定性使投资行为趋于复杂。当资本边际效率高于市场利率，投资扩张；反之，投资缩减，但利率的传导机制并未发生变化。延续凯恩斯的思想，希克斯提出了著名的 IS-LM 模型。托宾进一步丰富了凯恩斯的思想，提出了托宾 Q 理论（企业市场价值/资本重置成本），托宾认为风险规避者在面对不确定的资产报酬率外，对资产的组合行为，除考虑资产报酬的预期值外，还须考虑该资产的风险程度，托宾研究的创新之处在于将这一理论运用到货币需求的研究中，补充和发展了凯恩斯的流动性偏好理论。

古特曼（Guttmann，1994）通过研究美国 1972~1982 年萧条期间的重大结构调整，认为这 10 年虚拟资本的爆炸式增长，为美国经济结构转变带来巨大动力。古特曼实际描述的是 20 世纪 80 年代初投机泡沫经济的发展。[4] 相关的研究可见于卡特（Carter，1989）、[5] 克罗蒂和戈德斯顿（Crotty 和 Goldstein，1993）、[6] 戈德斯顿（Goldstein，1995）、[7] 托宾（1984）[8] 和济恩（Zinn，1993）等文献，他们的研究结论基本一致，认为经济结构转变对实体经济部门造成负面冲击。M.宾斯维杰（Binswanger，2000）认为，投机泡沫可以持续的三个前提条件是实体经济面临动态无效约束、金融市场的创新发展使得金融约束得以放松以及实体经济中的总需求面临约束。[9] Green（2003）通过研究资金流量、利息率和资产价格之间的密切联系，提出了金融部门发展与实体经济关系的研究思路，尤其提出了针对低收入国家消除贫困的金融政策。[10] Caporalea 和 Spagnolob（2003）通过构建金融市场和实体经济的关系模型，分析了金融危机产生机制。[11]

卢卡斯·门克霍夫（2004）通过对德国金融资产比率分析，认为以金融部门为代表的虚拟经济部门已经与实体经济分离，并辨别了三种分离假说，对金融市场与实体经济分离现象构建了典型的"背离假说"论证模式，具体如下：

第一种观点认为，金融市场具有内在不稳定性及独立信用扩张能力，金融部门与实体经济部门分离是金融发展过程中的必然问题。这种分析思路较接近凯恩斯主义的假设，将金融与实体经济分离看做必然的、固有的。Strange（1986）引用明斯基（Minsky）的金融不稳定假说，从金融市场不稳定性角度分析金融与实体经济分离的必然性。[12] Chick（1993）通过对银行发展阶段进行划分，认为信用扩张促使金融业与实体经济日益分离。[13] Schulmeister（1996）通过分析日益增长的政府贷款及相对下降的私人投资现象，认为债务上增加的利息支出必须由相对减少的实物资本及公司利润弥补，从而产生了利息与利润的分离。[14]

第二种观点认为，金融部门应服务于实体经济，金融与实体经济的分离趋势对实体经济具有根本性破坏作用。持这种观点的学者主要有 Tobin（1984）、Schlesinger（1987）、Ehrlicher（1989）、Hesse 等（1994）、Filc（1996）以及 Emunds（1996）等。其中，Tobin（1984）着重从金融市场中的短期投机行为进行分析，在《关于金融系统的效率》一文中，通过分析信息套利效率、基本价值效率、完全保险效率及功能效率，认为金融部门逐渐关注存货与交易量，持续的交易和具有最小交易成本的金融市场吸引了短期投资者，大量的投机行为扭曲了价格并引起了负面的外部效应。[15] Schlesinger（1987）通过分析企业融资行为改变的动因，认为由于这些因素的影响，使得金融上层建筑出现不成比例的增长。Emunds（1997）认为，由于"羊群效应"及"权益要求"的外生增加促使投资者兴趣转向金融资产，从而使有限的金融资源以限制实物资产投资的形式被金融部门吸收，最终制约实体经济的发展，由此认为金融与实体经济分离会对实体经济发展造成巨大破坏作用。[16]

第三种观点介于以上两者之间，认为金融与实体经济分离是金融发展过程中的一种伴生现象，这种现象具有一定程度的破坏性，但破坏性程度取决于政府的政策选择。持这种观点的学者主要有 Tietmeyer（1995）、Stottner（1997）及 Borio 等（1994）等。其中，Stottner（1997）总结了金融与实体经济分离的情况，主要从价格泡沫引致金融与实体经济分离角度进行分析，并认为如果存在绝对支配，投机者们可能更为富有，但实体经济却可能遭受严重损失，造成的后果是金融部门的投机破坏了其赖以存在的实体经济基础；相反，在不存在绝对支配的情况下，因价格泡沫导致的金融与实体经济分离存在一定极限而不可能无限扩张。[17] Borio 等（1994）通过对资产价格膨胀进行分析，解释金融与实体经济的分离现象，其通过对 13 个工业化国家 1970~1992 年资产价格变化的分析，认为资产价格与实物资产价格的脱离主要源于解除管制导致的信用扩张。[18]

Sachs（2004）研究认为，金融市场与实体经济两者的发展逐渐背离，在宏观经济体系内，实体经济处于首要位置，其次是金融。[19] Krippner（2005）提出，金融化是通过金融渠道而非贸易和商品生产渠道的一种积累模式，并利用数据分析验证美国经济正深入地进入金融化发展模式。[20] Crochane（2005，2006）利用时间序列及横截面数据，通过建立以股票溢价和消费为基础的一般均衡模型，分析金融市场与实体经济间关系，并认为金融市场回报率与实体经济密切相关。[21,22]

Jacobson 等（2005）从宏观及微观角度具体分析金融市场与实体经济间的相互作用，通过实证分析认为金融市场与实体经济间具有联动效益，宏观经济政策变动对金融市场波动会造成直观影响，而金融市场的深化发展对实体经济在不同时期具有不同的冲击效应。[23] 由于经济全球化及国际性金融组织的发展，促使全球虚拟经济发展迅速，Hudson（2008）分析了 20 世纪以来多次金融危机产生的原因，探索虚拟经济与实体经济间的关系，认为虚拟经济的发展规模需与实体经济发展规模保持在一定水平范围内，在该范围内发挥虚拟经济对实体经济的促进作用，需防范超出该范围而引发的危机情况。[24] Gregoriou 等（2009）运用 ARCH 模型，利用 1980 年 1 月至 2004 年 12 月的月度数据分析美国股市回报与实体经济间的关系，结果显示股市波动情况能较直观地反馈实体经济变动状况，并对金融部门的决策产生影响，进而进一步影响到消费及短期内实际货币供应量情况，并认为消费在短期及长期内都是相较于股市回报更为敏感的经济变量。[25]

(二) 虚拟经济与金融危机

20 世纪 70 年代以来，金融危机频繁爆发，破坏力逐渐扩大，由最开始表现为固定汇率瓦解，而后逐渐呈现外汇市场、银行、房地产市场、股票市场同时崩溃的复杂症状，如 1992 年欧洲货币体系危机、1994 年墨西哥金融危机、1997 年东南亚金融危机、1999 年巴西金融危机、2001 年阿根廷金融危机以及从 2007 年下半年起由美国次贷危机引发的全球金融危机，历次金融危机均对整个经济体的发展造成严重影响。

国外学者关于虚拟经济背离实体经济影响的分析，主要从泡沫经济、金融危机的角度展开。三木谷良一（1998）认为，资产价格（具体指股票及不动产价格）严重偏离实体经济的暴跌过程就是泡沫经济的形成过程。[26] 由于历次金融危机的特点各不相同，金融危机理论层出不穷。理论界普遍认为，各宏观经济变量间相互影响，很难按照某种分类标准严格区分各次金融危机的类型。尽管如此，目前国际上基本认同国际货币基金组织 1998 年《世界经济展望》中的划分，将金融危机大致分为四类，即货币危机、银行业危机、外债危机及系统性金融危机。

由于系统性金融危机又称为"全面金融危机"，主要指金融领域出现全面金融混乱，例如货币危机、银行业危机、外债危机同时或相继发生。因此，在分析系统性金融危机时，货币危机、银行业危机、外债危机的理论模型，依据系统性金融危机的发生状况，被相应地应用于分析过程中。因而，这里主要介绍货币危机、银行业危机、外债危机的研究基础：

1. 货币危机模型

（1）第一代货币危机模型。Krugman（1979）[27] 构造了货币危机的早期理论模型，Flood 和 Garber（1980）[28] 对 Krugman 的模型进行了修正。第一代货币危机理论从一国经济基本面出发，揭示了货币危机的根源在于经济内部均衡与外部均衡的冲突，如果一国外汇储备不充足，财政赤字持续货币化会导致固定汇率制度崩溃并最终引发货币危机。当宏观经济状况不断恶化时，危机发生的概率大大提升。第一代货币危机理论比较成功地解释了 20 世纪 70~80 年代发生的拉美货币危机。

（2）第二代货币危机模型。1992~1993 年欧洲货币危机出现，英国政府当时在拥有大量外汇储备及较少财政赤字的情况下，亦出现了汇率波动状况，说明货币危机在基本实际经济状况健康的情况下也可能发生。基于此种现象，Obstfeld（1996）等人提出了货币危机第二代模型。[29] 该模型在寻求危机发生的原因时强调危机的自我促成性质，关注政府与市场交易主体间的行为博弈，说明了动态博弈下自我实现危机模型中呈现出"多重均衡"性质。第二代货币危机模型较好地解释了欧洲货币危机，英国政府当时在提高就业与维持稳定汇率的两难选择中放弃了有浮动的固定汇率。

（3）第三代货币危机模型。1997 年亚洲金融危机爆发，Mckinnon 和 Krugman 等提出第三代货币危机模型。Mickinnon 和 Pill（1996，1998）提出，由于金融监管改革滞后及政府存在隐性存款保险，发展中国家出现了银行过度贷款及企业过度借款现象，加剧了发展中国家金融脆弱性，从而诱发了货币危机。[30,31] Krugman（1998）指出，资本项目开放使国内金融机构可以在世界资本市场上自由融资，由此政府担保引发的道德风险将可能导致经济过度投资而形成金融危机。[32] Corsetti、Pesenti 和 Roubini（1998）亦认为，道德风险是亚洲金融危机发生国家出现过度投资、对外过度借款和大量经常项目赤字的原因。[33] Chang 和 Velasco（2000）修正了 Diamond 和 Dybvig（1983）的金融不稳定性理论，认为银行业出

现恐慌是汇率崩溃的主要诱因。[34,35]

（4）第四代货币危机模型。第四代货币危机模型在前三代成熟的货币危机模型基础上建立，目前尚未成熟，仍需进一步完善。该理论认为，如果本国企业部门外债水平越高，"资产负债表效应"越大，经济出现危机的可能性越大。其理论逻辑是，企业持有大量外债导致国外债权人对该国经济出现悲观预期，减少对该国企业贷款，导致其本币贬值，企业财富下降，从而能申请到的贷款下降，全社会投资规模下降，最终导致经济陷入萧条。

2.银行业危机理论

（1）Friedman（1963）提出的货币政策失误论。该理论认为，货币供求失衡的根本原因在于货币政策失误。这种失误（如突然的通货紧缩）可以使一些轻微的、局部的金融问题，通过加剧银行恐慌演变为剧烈的、全面的金融动荡。[36]Brunner 和 Meltzer（1967）对弗里德曼的货币主义思想进行了进一步解释，提出货币存量增速导致银行业危机的理论，认为货币存量增速对金融危机爆发有巨大影响。[37]

（2）金融不稳定假说。Hyman P. Minsky（1982）对金融内在脆弱性进行了系统分析，提出了"金融不稳定假说"。其将市场上的借款者分为三类："套期保值型"借款者（Hedge-financed Unit）、"投机型"借款者（Speculative-financed Unit）及"蓬齐型"(Ponzi Unit)借款者。认为在一个经济周期开始时，大多数借款者属于"套期保值型"借款者，当经济从扩张转向收缩，借款者盈利能力缩小，逐渐转变成"投机型"借款者和"蓬齐型"借款者，金融风险增大。从而，进一步提出金融体系具有内在不稳定性，经济发展周期和经济危机不是由外来冲击或失败性宏观经济政策导致，而是经济自身发展的必经之路。[38]

（3）银行体系关键论。Tobin（1981）提出了银行体系关键论，认为银行体系在金融危机中起着关键作用。在企业过度负债的情况下，经济、金融扩张中积累起来的风险增大并逐渐显露出来，银行为控制风险，将提高利率以减少贷款，这种行为会使企业投资减少或引起企业破产，从而直接影响经济发展，或使企业被迫出售资产以清偿债务，造成资产价格急剧下降。这种状况将引起极大的连锁反应，最终将导致本已脆弱的金融体系加速崩溃。

（4）"道德风险"（Moral Hazard）理论。Ronald Mekinnon 认为，由于存在存款保险制度及政府和金融监管部门在关键时刻扮演"最后贷款人"角色，一方面会使银行产生道德风险，从事具有更高风险的投资，增加了存款人受损害的可能性；另一方面，存款者不对银行实施监督。世界银行和IMF对65个国家1981~1994年发生的银行危机的计量测试亦表明，在设有存款保险制度的国家，发生危机的概率要高于没有设立存款保险制度的国家。

3. 外债危机理论

（1）费雪（Owen Fisher）的"债务—通货紧缩"理论。该理论的核心思想是企业在经济上升期为追逐利润而"过度负债"，当经济陷入衰退时，企业盈利能力减弱，逐渐丧失清偿能力，引起连锁反应，导致货币紧缩，形成恶性循环，容易引爆金融危机。[39]

（2）沃尔芬森（Willfenshen）的"资产价格下降论"。该理论认为，由于债务人过度负债，当银行不愿提供贷款或减少贷款时，被迫降价出售资产，造成资产价格急剧下降。这将导致两个方面的效应，即资产负债率高以及使债务人拥有的财富减少，两者均削弱了债务人的负债承受力，增加了其债务负担。

（3）"综合性国际债务"理论。Suter（1986）从经济周期角度提出综合性国际债务理论，认为随着经济的发展，国际借贷规模扩张，中心国家（通常是资本充裕的发达国家）的资本为追求更高回报流向资本不足的边缘国家（通常是发展中国家），边缘国家投资外债增多；债务的大量积累导致债务国偿债负担加重，当经济周期进入低谷时，边缘国家赖以还债的初级产品出口收入下降，导致其逐渐丧失偿债能力，最终导致债务危机爆发。

Tenenbaum（1994）把由于虚拟经济过快增长造成的经济结构变化归纳为"倒金字塔型"结构，并认为这种经济结构下，不仅浪费了人才及资金资源，而且由于物质生产部门缺乏这些相应资源，对实物经济发展造成不利影响，并最终有可能诱发金融危机。Harris（1997）认为，金融衍生品出现之初，被用于市场不稳定性风险的防范工具，是套期保值的一种手段，但伴随金融监管放松，其很快成为金融市场纯投机活动的扩张工具，并认为近年来世界范围内的经济政策失误是造成金融危机的主要原因。[40]

Webber（2001）通过分析全球的经济发展状况，探讨亚洲金融危机产生的原因，认为金融发展与实体经济间存在密切关联，由于各个国家不同的经济发展特征金融发展程度不同，金融发展状况与实体经济严重不匹配时易诱发金融危机，并对实体经济造成影响，进一步指出由于金融全球化的发展，金融危机在全球范围内具有传染性而不仅局限于对东亚造成影响。[41]

可以看出，随着经济、金融体系的发展，金融危机理论已发展成较为完善的理论体系，但仍存在以下缺陷：引发金融危机的新因素不断出现，金融危机不断呈现出新特点，理论认识相对滞后于实际情况，往往只能对已发生的金融危机做出解释；金融危机理论目的在于预测、防范及降低金融危机带来的损失，但事实证明，作用甚微。因此，由于金融危机错综复杂，各种金融危机理论均存在片面性，但伴随金融体系的发展，金融危机理论将不断发展完善。

二、国内研究

20 世纪 90 年代后期东南亚金融危机爆发，国内学者纷纷展开了对虚拟经济、实体经济的相关研究，主要从虚拟经济与实体经济关系理论模型的构建与分析、虚拟经济与实体经济关系的实证研究、虚拟经济与宏观政策、虚拟经济对实体经济发展影响以及虚拟经济与泡沫经济、金融危机等方面着手。

（一）虚拟经济与实体经济关系理论模型的构建与分析

刘骏民（1998）给出一个加入证券交易的新货币公式，进一步说明货币供应量的增加会分流向两个市场即代表实体经济的产品市场及代表虚拟经济的证券市场。[42] 成思危（2003）指出，应加强研究虚拟经济运动和变化规律，"最重要的是要研究虚拟经济与实体经济之间的相互作用与相互影响"。[43] 刘骏民（2003）指出，从历史发展的角度看，虚拟经济在市场经济条件下从实体经济基础上逐步发展壮大，在不同经济发展阶段具有相互作用关系。[44]

刘骏民和伍超明（2004）通过构建货币、实体经济与虚拟经济三部门关系模型，推导出货币量增长率是实体经济增长率和虚拟经济增长率的函数，通过对虚拟资产收益率和实物资产收益率的差异分析，描述对虚拟经济与实体经济的经常性背离关系。[45] 伍超明（2004）认为，世界经济虚拟化的趋势使虚拟经济与实体经济背离成为一种常态，由于货币循环流模型中虚拟经济与实体经济资金流量占比和其规模之比不能保证保持相等状态，虚拟经济在促进实体经济增长的同时也带来消极影响。[46] 近年其他学者的研究如表 1-2 所示。

表 1-2　虚拟经济与实体经济关系理论模型的分析

研究者	主要观点
许圣道等（2007）[47]	提出一个基于全象资金流量观测系统的虚拟经济与实体经济协调监管理论框架，该系统是全象的以交易量为基本变量的国民经济观测系统，认为虚拟经济与实体经济间存在非对称性效应及非对称周期，需对虚拟经济发展进行协调监管、系统管理；以交易资金流量和流向为核心指标，对整个国民经济进行跟踪分析，结合各市场的监测指标，判断市场风险，采取相应措施
刘晓欣（2008）[48]	虚拟经济与实体经济关系研究中涉及虚拟经济的运行特征、虚拟经济的性质等一系列问题，需要进行量的界定
成思危（2009）[49]	虚拟经济与实体经济间的关系需要研究"虚拟资本的价格与其所依附的实体价格之间的关系"、"虚拟经济和实体经济的运行周期之间的关系"、"虚拟经济和实体经济之间的风险传递关系"、"虚拟经济对实体经济的促进作用及危害"，并提出虚拟经济的研究方法主要有复杂科学方法、不确定型决策方法、群体决策方法、支持决策的复杂数据分析方法、数理金融学方法和计算机模拟方法
王立荣等（2009）[50]	在考虑虚拟经济刺激实体经济发展的同时，需理清虚拟经济和实体经济之间各种因素的传导机制，把握好虚拟经济与实体经济的适度比例，对于制定货币政策、财政政策、汇率政策及分析政策效果具有深远意义
张云（2009）[51]	认为从虚拟经济领域的 GDP 创造、虚拟经济运行的整体性和投机活动的泛化以及虚拟经济功能等方面研究虚拟经济命题，具有重要的理论及现实意义

（二）虚拟经济与实体经济关系的实证研究

李宝伟等（2002）提出资产定价的微观基础是分析虚拟经济和实体经济之间关联的重要途径。[52] 彭卫民等（2002）认为，虚拟经济与实体经济的关系体现在三个方面，即虚拟经济以实体经济为基础，虚拟经济独立于实体经济之外有自己独特的运动规律，以及虚拟资本中的长期资本会以某种方式与产业资本融合。[53] 刘东（2003）认为，实体经济良性运转将有力支撑虚拟经济发展，虚拟经济的稳定性最终以虚拟资本是否能够转化为真实的社会财富为基础，虚拟经济发展需与实体经济发展保持协调关系。[54]

刘霞辉（2004）利用资源转换概率模型分析虚拟经济与实体经济的关系，并认为从长期经济增长趋势来看，任何一方面的偏离均对增长无益；从短期看，任何投资不均衡均有可能引起宏观经济大幅波动。[55] 刘金全（2004）通过相关定量研究，进一步分析虚拟经济与实体经济在规模与活性上的相互作用，认为虚拟经济对实体经济具有显著的"溢出效应"，而实体经济对虚拟经济具有显著的反馈影响。[56]

王国忠等（2005）利用1919~2004年的数据，实证分析虚拟经济与实体经济相关性的时变特征，验证了经济虚拟化后虚拟经济作为与实体经济相对的经济系统的独立性特征。[57] 马卫锋等（2005）利用我国27个省、市、区1978~2002年的面板数据研究表明，我国金融系统对实体经济增长的贡献是通过投资总量而非效率提高的途径实现。[58] 周业安等（2005）在国外学者现有研究基础上构造我国金融市场化指数并将其引入标准金融发展和经济增长模型中，发现我国金融市场化进程一定程度上正向影响实体经济增长，但金融结构与经济增长呈相反方向关系。[59] 近年其他学者的研究如表1-3所示。

表1-3　虚拟经济与实体经济关系的实证研究内容

研究者	应用方法及数据	变量及样本	主要结论
何宜庆等（2004）[60]	多元线性回归	M_2/GDP、金融相关比率、虚拟经济部门GDP占整个GDP比重；1978~2002年年度数据	我国改革开放以来，经济的货币化程度和金融相关比率呈上升趋势，扩大了农业和工业在比较劳动生产率方面的差距；虚拟经济部门GDP占整个GDP比重的增加有减少我国实体经济二元性的作用
王谢勇等（2005）[61]	利用Java语言编写元胞自动机规则模拟经济运行系统	闲散资金、虚拟资本、实物资本	虚拟经济相对于实体经济具有独立性，但以实体经济为基础，不能离开实体经济活动；虚拟经济对实体经济的运行产生深刻影响，只有适度发展虚拟经济才能有效提高实体经济效益

续表

研究者	应用方法及数据	变量及样本	主要结论
曹源芳（2008）[62]	协整检验、格兰杰因果关系检验、脉冲响应及方差分解	上证综合指数（虚）、工业增加值（实）；1998年1月至2008年6月的月度数据	我国实体经济与虚拟经济彼此背离，虚拟经济与实体经济不存在长期稳定协整关系，实体经济并不是虚拟经济发展的基础，虚拟经济也未成为我国实体经济的"晴雨表"
吴德礼等（2009）[63]	协整分析、格兰杰因果检验	股票市值（虚）、第一产业与第二产业的产值（实）	虚拟经济与实体经济不存在长期协整关系，虚拟经济不是实体经济变化的原因，但实体经济对虚拟经济具有显著影响；我国实体经济仍是虚拟经济发展的基础，但虚拟经济对实体经济的促进作用并不明显

注："变量及样本"一栏中"（虚）"表示所选择的虚拟经济代表变量，"（实）"表示所选择的实体经济代表变量。

（三）虚拟经济与宏观政策

李大勇等（2002）分析虚拟资本与货币传递机制的关系及其对货币政策有效性的影响，并分析了货币政策所存在的困境，具有"双刃剑"作用的虚拟资本的扩张对传统货币政策传递机制的主体、传递链等产生影响，并使货币政策目标陷入两难困境。[64] 刘骏民等（2004）构建货币、虚拟经济与实体经济关系模型，研究发现虚拟资产收益率和实物资产收益率的差异是股市与实体经济背离的主要原因，而收益率差异又根源于股市结构与实体经济结构的非对称性，并认为这种非对称性的根本原因是资本市场体制改革的滞后。[45b] 谢清河（2004）提出金融创新与发展我国虚拟经济的建议，即正确处理实体经济与虚拟经济的关系，合理运用金融资源；规范和发展资本市场；进行金融创新，提高虚拟经济效率；推进金融衍生市场国际化；加强与国际组织的协调与合作，防范和化解金融风险。[65]

徐璋勇（2006）分析了虚拟资本市场发展对货币政策中间目标选择、传导机制以及货币政策效果等各层面冲击效应的具体表现与原因；并通过引入虚拟资本市场发展因素，建立改进的 IS–LM 模型，对虚拟资本市场发展导致货币政策效果减弱的原因给出理论解释；研究结果显示虚拟资本市场对货币政策的冲击效应在实践中表现越来越明显，建议货币当局在制定货币政策时须将虚拟资本市场的发展状况考虑进去。[66] 赖文燕（2009）认为，虚拟经济过度发展会产生泡沫经济，对实体经济造成不利影响，正确处理虚拟经济与实体经济的关系，使两者协调发展，需建立合理的实体经济结构、适度发展虚拟经济、防范泡沫经济、加强金融监管力度、积极稳妥地推进金融开放。[67]

李宝伟（2009）在研究发达国家和发展中国家政府干预金融市场模式的基础上，建议经济虚拟化过程中，我国应在国际货币体系中发挥更大作用，需要推动和提高人民币在世界货币体系中的地位、完善金融监管体系及建立金融危机的政府紧急应对机制、积极与各国进行协调合作。[68]刘晓欣等（2009）认为，为了监控风险和防范危机传播，保障资本市场开放条件下中国经济安全，应从虚拟经济视角出发，创新金融监管理念和监管方法，将股票市场、债券市场、金融衍生品市场等投机活动作为一个整体进行研究，观测风险形成过程，尤其是外部风险的传播和传染。[69]

（四）虚拟经济对实体经济发展影响

国内学者对虚拟经济与实体经济的关系从不同角度进行了探讨，多数学者认为，虚拟经济对实体经济发展具有正、负两个方面的影响。随着虚拟经济的高速膨胀，更多地侧重于研究虚拟经济对实体经济发展的负面效应。

成思危（2009）通过考察虚拟经济系统结构与演化规律，将金融危机的成因归结为实体经济系统运行失常、政府宏观管理失误、金融系统幼嫩脆弱、投资人群信心动摇及国际投机资本冲击五类，认为虚拟经济是一把"双刃剑"，既能促进实体经济的发展，又会给实体经济带来损害，其最大的危害是造成金融危机，并有可能引发经济和政治危机，导致社会动荡。[70]李晓西和杨琳（2000）探讨了虚拟经济、泡沫经济和实体经济的关系，认为虚拟经济和实体经济是相对独立的两个经济范畴，两者相互依存、相互制约。虚拟经济的发展必须与实体经济发展相适应，虚拟经济的超前发展，并不能带动实体经济的超速发展，反而会引起泡沫经济，而泡沫经济破裂又会引致金融危机，对实体经济发展造成巨大破坏。[71]刘骏民（2001）认为，虚拟经济高速膨胀会带来高额利润，会导致资金从实体经济领域外逃进入虚拟经济领域，容易引起灾难性的泡沫经济。[72]谢太峰（1999）认为，虚拟经济与实体经济的关系可从三个方面理解，即虚拟经济的基础是实体经济、虚拟经济与实体经济存在差异、虚拟经济的崩溃会导致实体经济的动荡。[73]

林兆木和张昌彩（2001）分析了虚拟经济对实体经济的正、负面影响，认为正面影响主要有虚拟经济为实体经济提供融资支持，有助于分散经营风险；有利于促进资源优化配置，提高实体经济效益。负面影响主要表现为，虚拟经济的发展增加了实体经济运行的不确定性和投机风险；虚拟经济的过度膨胀减少了进入实体经济的资金，降低了金融资源的有效利用率；虚拟经济的扩张可能出现经济泡沫过度，引发泡沫经济；虚拟经济的跨国扩张严重危及世界经济安全，特别是对发展中国家的实体经济造成巨大冲击。[74]张晓晶（2002）分析了符号经济与实体经济的关系，认为支配企业的生产法则被金融法则所取代是符号经济脱离实体经济的一个基本动因，符号经济与实体经济在流动性上存在明显差异，符号经济比实体经济流动性更强，在经济出现扰动或冲击时，符号经济比实体经济反应快，从而导致两者在时间上产生脱离。[75] 一些代表学者的研究如表1-4所示。

表1-4　虚拟经济对实体经济发展影响的研究情况

研究者	主要观点
张松等（2003）[76]	股票市场对实体经济的影响主要表现为财富效应、托宾Q效应、非对称信息效应及流动性效应，认为股票市场可以通过这些效应刺激实体经济增长
王爱俭（2003）[77]	虚拟经济对实体经济的积极作用有吸引闲散资金以满足实体经济发展的资金需要，转移风险及降低交易成本，揭示和传递实体经济信息及提高实体经济运作效率，虚拟经济可以提高全社会运行效率；消极作用体现于增加了实体经济运行的不确定性和投机风险，虚拟经济过度扩张会造成经济虚假繁荣且严重时会导致金融危机
邓瑛（2004）[78]	虚拟经济对实体经济具有极大的依赖性，由于其自身运行方式的独特性，虚拟经济在其不同发展阶段对实体经济产生巨大反作用，突出表现为递增效应、溢出效应、异化效应和挤出效应，并认为当前虚拟经济发展规模正向异化效应方向发展，需防范虚拟经济过度膨胀，消除"挤出效应"
王国忠等（2005）[79]	运用动态相关多元GARCH模型研究了1919~2004年虚拟经济与实体经济相关性的时变特征，结果发现，虚拟经济与实体经济的相关性存在着明显的时变特征，具体表现为一个经济虚拟化的过程，虚拟经济作为与实体经济相对的经济系统具有相对独立性特征
李多全（2006）[80]	虚拟经济决定于实体经济，虚拟经济对实体经济有反作用，我国正确处理虚拟经济与实体经济关系的关键是夯实实体经济，掌握好虚拟经济发展的"度"
刘维刚等（2006）[81]	虚拟经济产生与实体经济发展的内在需求，并以推动实体经济发展为基本目的。实体经济是虚拟经济存在和发展的基础，同样，实体经济的正常运行已离不开虚拟经济，两者必须按比例协调发展，虚拟经济的滞后发展会阻碍实体经济的快速发展

此外，杜厚文和伞锋（2003）认为，虚拟经济隐含的系统性风险，有可能影响实体经济的稳定；衍生产品本身可能会出现局部的或系统性风险；虚拟经济周期与实体经济周期的过度背离可能诱发系统性风险。[82] 王春峰等（2003）对虚拟经济与实体经济关系进行研究，运用误差矫正模型分析金融发展和经济增长之间的关系，结论表明我国金融发展支持了经济增长。[83] 刘霞辉（2004）认为，虚拟经济与实体经济经常会出现矛盾，从而影响宏观经济的稳定及经济增长，实体经济与虚拟经济相辅相成，从长期的经济增长看，任何一个方面的偏废都对增长无益，从短期看，任何投资的不均衡都会引起宏观经济的大幅波动。[84] 王千（2007）认为，实体经济对虚拟经济的影响越来越弱，而虚拟经济对实体经济的影响却在逐渐加强，虚拟经济与实体经济之间存在非对称性影响。[85]

（五）虚拟经济与泡沫经济、金融危机

国内一些研究认为，需防范虚拟经济过度膨胀脱离实体经济发展形成泡沫经济，在虚拟经济与泡沫经济关系的研究上，不能只关注虚拟经济引发泡沫经济这

一负面影响，需进一步研究虚拟经济与泡沫经济间的更深层次关系。刘骏民（1998）认为，虚拟经济与泡沫经济存在密切关系，但两者不能等同起来，泡沫经济是虚拟资产价格膨胀的结果。[86] 陈文玲（1998）认为，当虚拟经济脱离实物经济过度膨胀时，形成了虚拟经济的经济泡沫；但把虚拟经济等同于泡沫经济并不确切，只有过度虚拟部分形成经济泡沫，并认为决不能抑制虚拟经济发展。[87] 李晓西等（2000）在分析虚拟经济与实体经济关联过程中，引入泡沫经济形态的中介作用，认为泡沫经济主要体现为产品名义价格与基础价格的严重偏离，是虚拟经济过度膨胀与实体经济严重脱离的结果。[71b] 近年其他学者的相关研究总结如表1-5所示。

表1-5 虚拟经济与泡沫经济、金融危机的研究情况

研究者	主要观点
姜琰等（2002）[88]	实物经济发展、运行效率提高均与虚拟经济的扩张发展密切相关，但当虚拟经济完全脱离实物经济极度膨胀时，会形成经济泡沫，最终引发金融危机；并将引发危机的因素概括为"实物经济系统失常及结构性问题突出情况下，金融市场过度开放"、"金融体系脆弱和金融风险增大"
周建军等（2008）[89]	房地产泡沫具有典型的复合型泡沫特征，该复合型泡沫既与房地产市场的虚实两重性有关，也与现代经济的虚实两重性有关，并提出了一个基于实体经济和虚拟经济的二元结构分析框架，认为虚拟经济因素在房地产泡沫形成过程中起关键作用
李宝伟（2008）[90]	美国次贷危机的深刻背景在于美元主导的国际货币体系与美国国家虚拟经济过度发展，严重偏离其实体经济水平；虚拟经济的过度膨胀与美元发行间形成循环机制，支撑美国长期贸易赤字；发达国家经济过度虚拟化和国际货币体系非均衡发展是新兴市场国家和发展中国家金融不稳定的外部因素
刘骏民等（2009）[91]	世界经济虚拟化导致了全球经济失衡，扩大了国际间贫富差距，引发全球金融市场动荡和世界货币体系危机；并认为在此背景下，中国应推动人民币国际化、发展和完善虚拟经济国际化交易平台、通过资本项目逆差对冲经常项目顺差以解决当前宏观经济的多重困境
刘培刚（2009）[92]	"预期收益定价"、"投机获利动机"、"需求富有弹性"因素推动房地产经济虚拟化，虚拟经济的"非均衡性"，提出抑制我国房地产泡沫的建议，即加强对房地产和金融监管联动性分析、消除居民资产选择中的非理性预期、规范地方政府在房地产管理中的行为、建立合理的房地产泡沫预警机制
胡立法（2009）[93]	在虚拟经济系统中，如果系统中基元和组分的活动不受限制、系统缺乏与外界进行物质和能量的交换或者系统的耗散结构的稳定性受到外界干扰，将导致虚拟经济系统崩溃，爆发金融危机，美国2007年开始的金融危机是这种情况的典型例证
成思危（2009）[70b]	通过考察虚拟经济系统的结构及演化规律，将金融危机的成因归结为实体经济系统运行失常、政府宏观管理失误、金融系统幼嫩脆弱、投资人群信心动摇

三、国内外研究述评

（1）国外关于虚拟经济与实体经济关系的研究文献较少，侧重于研究金融市场与实体经济发展间的关系，贡献在于：①对虚拟经济与实体经济背离的原因进

行了系统的理论分析，为进一步深入研究虚拟经济与实体经济关系奠定基础；②从经济发展的宏微观层面具体分析金融发展与经济发展的关系，相关理论已较成熟，应用的具体实证方法对研究虚拟经济与实体经济的关系有一定的借鉴作用；③伴随金融危机的发生，已有针对货币危机、银行业危机、外债危机及系统性金融危机的解释模型。此外，国外关于虚拟经济与实体经济关系研究尚存在一定不足，主要体现在：①虚拟经济与实体经济的定量研究较少，关于应用何种计量方法判断虚拟经济与实体经济的协调状况尚未有统一定论；②对虚拟经济背离实体经济的原因提出了背离假说，缺乏应用于实际经济分析的有力论证等。

（2）国内学者关于虚拟经济与实体经济关系的研究主要从 20 世纪末东南亚金融危机开始，从虚拟经济与实体经济关系理论模型的构建与分析、虚拟经济与实体经济关系的实证研究、虚拟经济与宏观经济政策、虚拟经济对实体经济发展的影响以及虚拟经济与泡沫经济、金融危机等方面理论与实践相结合进行了具体研究。

对于虚拟经济与实体经济关系这一命题的研究贡献在于：①探析了虚拟经济这一命题的研究意义，并指出了虚拟经济命题需要研究的内容，构建了虚拟经济与实体经济关系研究的理论框架；②构建虚拟经济与实体经济关系的相关理论模型，并借助定量分析工具，结合我国经济发展的具体情况，对我国虚拟经济与实体经济的关系进行了定量分析；③对虚拟经济发展对实体经济的影响、促进虚拟经济健康发展需要采取的对策措施及虚拟经济过度膨胀如何导致泡沫经济、金融危机发生等内容进行了理论分析，进一步丰富了虚拟经济命题的研究内容，对深入研究虚拟经济与实体经济的关系具有借鉴意义。

然而，国内学者对虚拟经济与实体经济关系这一命题的研究尚存在一定不足及需要进一步研究的方向为：①对"虚拟经济"的内涵尚无统一概念，且对虚拟经济定义界定的不同，学者们的研究范畴亦不同，从而对虚拟经济发展的认知不同；②对虚拟经济与实体经济协调度测算可借鉴的研究很少，需结合我国具体国情，探索较优的协调度测算模型，展开对我国虚拟经济与实体经济协调度测算的研究；③已有一些学者研究虚拟经济对实体经济的影响，但对于虚拟经济背离实体经济对虚拟经济系统、实体经济系统各层面的影响仍需细化分析；④虚拟经济的发展存在与实体经济发展过度背离的状况，因此，有必要进行虚拟经济发展过度背离实体经济风险预警研究。

第三节 研究内容及研究目标

一、研究内容

（1）进行虚拟经济概念界定及辨析等相关理论基础研究。在清晰界定虚拟经济、实体经济等概念，及对虚拟经济与泡沫经济概念辨析的基础上，界定本书的研究范畴，进一步分析虚拟经济的演化特征及虚拟经济与实体经济的关系，并进行虚拟经济作用机理的分析，其中主要分析虚拟经济对实体经济的传导机制及虚拟经济与实体经济间的协调发展机制。

（2）我国虚拟经济发展对实体经济的影响作用程度检验。在虚拟经济与实体经济间关系及虚拟经济对实体经济传导作用机制分析的基础上，对虚拟经济的发展对实体经济代表层面以及整体实体经济系统的影响进行分析，以进一步理清虚拟经济领域与实体经济系统发展间的关系。

（3）我国虚拟经济与实体经济协调度测算及两系统间溢出效应分析。利用测算协调度较优的模型测算我国各时期虚拟经济与实体经济系统间的协调度，依据测算结果对我国各时期虚拟经济与实体经济协调发展状况进行综合判断，并进一步研究两系统发展间的溢出效应，对出现不同协调状况的可能原因进行探讨，并对未来一定时期内我国虚拟经济与实体经济的协调发展趋势进行预测，为提出有针对性的促进两系统间协调发展的对策建议奠定基础。

（4）分析我国虚拟经济膨胀过程中的泡沫风险，尤其着重研究股市泡沫与房地产市场泡沫风险状态。随着虚拟经济规模的逐步扩大，其中亦有伴随泡沫风险的可能，泡沫风险的急剧扩大导致泡沫经济，一旦泡沫破裂容易导致金融危机、经济危机的发生，其中泡沫风险的扩大亦对虚拟经济与实体经济的协调发展造成不利影响。对我国股市泡沫及房地产市场的泡沫状况进行具体分析，为提出有针对性的防范泡沫风险的对策建议打下基础，以利于有效控制泡沫进一步膨胀及促进虚拟经济与实体经济的协调发展。

（5）我国虚拟经济过度背离实体经济风险预警系统构架。虚拟经济与实体经济的过度背离，对实体经济的发展将造成极其不利的影响，亦有可能引发金融危机、经济危机，因此，为防范虚拟经济与实体经济的过度背离，而导致金融危机的发生，有必要构建及实施虚拟经济过度背离实体经济风险预警系统。

（6）我国虚拟经济与实体经济协调发展对策研究。结合虚拟经济与实体经济间的关系及虚拟经济对实体经济作用机理的理论分析，以及我国虚拟经济发展对实体经济的影响作用关系、各时期两系统协调状态的判断及其可能的原因、两系统未来协调发展趋势预测、虚拟经济膨胀泡沫风险的分析，在依据我国发展实际，提出虚拟经济过度背离实体经济风险预警系统构架的基础上，进一步提出我国虚拟经济与实体经济协调发展的对策建议。

二、研究目标

（1）理清虚拟经济与实体经济间的关系，详细分析虚拟经济的演化特征及具体刻画虚拟经济作用于实体经济的传导机制、虚拟经济与实体经济的协调发展机制，并进一步分析我国虚拟经济发展对实体经济的具体影响。

（2）选取较优的协调度模型测算我国虚拟经济与实体经济发展的协调度，对各时期虚拟经济与实体经济协调状态进行判断分析，并对出现不同协调状况的可能原因进行探讨。在运用传统经验分析法从流量及存量角度分析我国虚拟经济与实体经济协调状态的基础上，进行虚拟经济与实体经济协调度测算及两系统间溢出效应分析，判断两系统总体协调状况，分析出现不同协调状况的可能原因，并对未来一定时期内虚拟经济与实体经济的协调发展趋势进行预测，为提出促进两系统协调发展的对策建议奠定基础。

（3）判断我国虚拟经济发展过程中的泡沫风险状态，并提出虚拟经济过度背离实体经济风险预警系统构架。虚拟经济规模膨胀过程中的风险不容忽视，在具体分析我国股市泡沫与房地产市场泡沫状况的基础上，设计虚拟经济过度背离实体经济风险预警系统，以更积极有效地防范虚拟经济膨胀风险。

（4）依据我国虚拟经济发展对实体经济具体影响作用关系、虚拟经济与实体经济发展过程中出现不同协调状态的原因及泡沫风险状况、虚拟经济过度背离实体经济风险预警系统构架分析的基础上，为促进我国虚拟经济与实体经济协调发展提出相应的对策建议。

第四节 研究方法和技术路线

一、研究方法

（一）一般与特殊相结合

根据虚拟经济与实体经济的相关理论基础，及对虚拟经济作用机理的研究，具体到研究我国虚拟经济与实体经济的实际发展状况及两者间的关系，将一般理论基础针对我国特殊国情，应用到我国虚拟经济与实体经济协调问题的研究中。

（二）理论与实践相结合

基于虚拟经济的相关理论、虚拟经济运行演化特征及虚拟经济与实体经济间关系、虚拟经济作用机理的阐释，结合定量分析工具及我国具体国情，对我国虚拟经济发展对实体经济的影响、虚拟经济与实体经济的协调发展状况以及虚拟经济扩张过程中的泡沫风险情况进行实证研究。

（1）协整检验、多项式分布滞后模型、Granger 因果关系检验和 VAR 模型。分析我国虚拟经济发展对实体经济的具体影响作用关系时，基于筛选代表变量的前提下，在检验变量序列平稳性基础上，进行协整建模，判断变量间长期作用强度，并建立误差修正模型进一步衡量变量间的短期关系。借助 Granger 因果关系检验方法，确定变量间的因果关系。利用 VAR 的脉冲响应和预测方差分解分析虚拟经济系统代表变量及实体经济系统代表变量间的冲击响应情况及影响时滞。

（2）协调度测算相关方法。在分别利用综合变化协调度方法以及耦合协调度模型测算各时期我国虚拟经济与实体经济协调度的基础上，判断不同时期虚拟经济与实体经济的协调状况，并进一步分析虚拟经济与实体经济间的溢出效应。

（3）泡沫风险分析相关方法。依据动态戈登模型分析我国股市泡沫状况，以及利用房价—收入比和房价—租赁价格比等方法判断我国房地产市场发展过程中的泡沫状况。

（4）耦合关联预测方法。在借助耦合关联预测方法对虚拟经济系统与实体经济系统各主要代表指标预测的基础上，依据耦合协调度模型，进一步分析预测期内变量间的耦合关联程度，并测算虚拟经济系统与实体经济系统间的耦合协调度。

（三）综合分析法

对我国虚拟经济与实体经济协调度分析时，综合变化协调度方法和耦合协调度方法各有优势，前者既可以测算整体系统的静态协调度，又可以测算其动态协调度，以判断系统的动态变化趋势；后者可以分析样本区间内两系统间各代表指标间的耦合协调相关度状况以及各时期整体系统的协调度情况，利于分析两系统代表变量间的关系及判断整体系统的协调状况。在具体的分析过程中，将依据两种方法的分析结果，对我国虚拟经济系统与实体经济系统的协调状况进行综合判断，以提升判断的准确性，为探讨出现不同协调状况可能的原因奠定基础。

二、本书结构安排

本书共分为七章，具体如下：

第一章为绪论。分析全球虚拟经济迅速发展的背景下，我国虚拟经济与实体经济发展实际，提出虚拟经济与实体经济关系命题中，尤其虚拟经济对实体经济的影响及虚拟经济与实体经济的协调分析中需要研究的问题。在对国内外学者关于虚拟经济与实体经济研究文献述评的基础上，进一步确定本书的研究内容和研究目标，并对具体研究实施过程中的方法使用和章节安排予以说明。

第二章为虚拟经济与实体经济关系的理论基础。在对虚拟经济、实体经济、泡沫经济和协调发展等概念界定的基础上，进一步界定本书对虚拟经济系统与实体经济系统的研究范畴。在分析虚拟经济演化及运行特征的前提下，理清虚拟经济与实体经济间的关系。

第三章为我国虚拟经济发展对实体经济的影响分析。在分析虚拟经济对实体经济的传导机制与作用机理的基础上，结合我国实际，借助定量工具具体分析虚拟经济发展对实体经济的影响。利用协整检验、多项式分布滞后模型、格兰杰因果关系检验、VAR模型的脉冲响应及预测方差分解分析，具体研究虚拟经济发展对我国实体经济代表层面如产业结构发展、社会财富效应、投资扩张效应的长期影响和短期作用程度，以及虚拟经济代表层面对实体经济总量的影响、虚拟资产总量对实体经济总量的影响，进一步理清虚拟经济与实体经济间的具体联系和代表指标间的作用程度。

第四章为我国虚拟经济与实体经济协调发展分析。探讨虚拟经济与实体经济间的协调发展机制，在理论分析的基础上，依据我国虚拟经济发展实际，借助经验性分析方法对我国虚拟经济与实体经济的整体协调状态进行分析。在第三章我国虚拟经济发展对实体经济影响实证分析的基础上，借助综合变化协调度方法和耦合协调度模型，进一步筛选出虚拟经济系统与实体经济系统代表指标，对我国各时期虚拟经济与实体经济系统的协调度进行测算。综合比较经验性分析方法、综合变化协调度方法和耦合协调度模型的测算结果，并结合两系统间的相互溢出效应的分析，对我国各时期两系统间的协调状况进行判断，并对出现不同协调状况的可能原因进行探讨。在此基础上，借助耦合关联预测模型及耦合协调度模型对我国未来一定期限内两系统间的协调状况进行预测。

第五章为虚拟经济扩张过程中泡沫风险分析。鉴于我国虚拟经济迅速发展的实际情况，虚拟经济的膨胀过程中亦容易伴随泡沫风险，而泡沫常存在于股票市场与房地产市场中。在阐释虚拟经济膨胀演化至泡沫经济的机理，以及分析我国股市和房地产市场泡沫风险状况的基础上，提出了虚拟经济过度背离实体经济的风险预警系统构架，包括预警指标体系的构建、预警系统的设计以及对虚拟经济风险管理体制的设计，为进一步提出防范泡沫快速累积，减轻泡沫程度、有效化解泡沫经济风险的对策建议做准备。

第六章为我国虚拟经济与实体经济协调发展的对策与建议。依据我国虚拟经济与实体经济的发展实际，以及虚拟经济发展对实体经济的影响作用关系、我国各时期虚拟经济与实体经济的协调发展状况及溢出效应、不同协调状况的可能原因及两系统未来发展趋势预测、虚拟经济泡沫膨胀的风险分析，进一步提出促进虚拟经济与实体经济发展的相应的对策建议。

　　第七章为本书主要研究结论及展望。归纳本书的主要研究结论及创新点，并理清需要进一步深入研究的问题。

三、技术路线

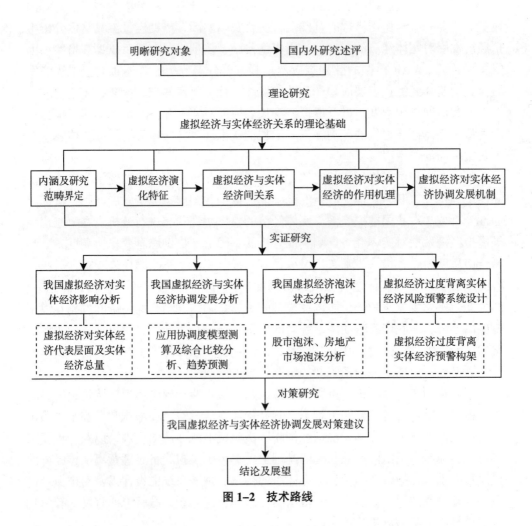

图1-2　技术路线

第二章 虚拟经济与实体经济关系的理论基础

国内外学者对虚拟经济与实体经济已做了相关方面的研究，在具体展开对虚拟经济与实体经济的相关理论分析前，有必要在借鉴已有研究的基础上，对虚拟经济、实体经济、泡沫经济、协调发展等概念进行界定，以及分析虚拟经济与泡沫经济的特征及区别，进而界定本书的研究范畴。在分析虚拟经济发展的演化阶段及运行特征的基础上，进一步阐释虚拟经济与实体经济间的关系。

第一节 概念界定

一、虚拟经济

虚拟经济概念由马克思提出的虚拟资本（Fictitious Capital）衍生而来。马克思认为，虚拟资本在借贷资本和银行信用制度基础上产生，包括股票、债券等。虚拟资本可作为商品买卖，亦可作为资本增值，但本身不具有价值；其代表的实际资本已投入生产领域或消费过程，而其自身却作为可以买卖的资产滞留在市场上。希法亭（Hilferding，1910）对虚拟资本的范畴、本质及其对经济的影响进行了系统分析，并提出了金融资本概念，认为金融资本随着股份公司的发展而出现，并随着产业资本垄断化达到高峰，以信用经济为基础的虚拟资本控制了经济运行机制，成为经济的核心力量。[94] 虚拟经济逐渐从具有信用关系的虚拟资本衍生出来，并伴随信用经济的高度发展而发展起来。

国内一般将 Visual Economy、Virtual Economy 和 Fictitious Economy 均译为虚拟经济，但其实际含义不同。Visual Economy 主要指计算机模拟的可视化经济活动，表现为"可视化经济"；Virtual Economy 指以信息技术为工具所进行的经济活动，包括网络经济等；Fictitious Economy 指与证券、期货、期权等虚拟资本的交易有关的经济活动。[95]

国内学者亦对虚拟经济进行了定义。刘骏民（1998）将虚拟经济定义分为广义和狭义两种，广义的虚拟经济指除物质生产活动和其有关的一切劳务以外的所有经济活动，包括体育、文化、银行、保险、其他金融机构的活动、房地产（除去建筑业创造的价值）、教育、广告业等；狭义的虚拟经济仅指所有的金融活动和房地产业。[42b]

成思危（1999，2003）将虚拟经济定义为与虚拟资本以金融系统为主要依托的循环运动有关的经济活动，简单地说就是直接以钱生钱的活动。其从系统科学的角度提出虚拟经济是与实体经济相对应而在经济系统中存在的经济活动模式，提出了虚拟经济发展过程中的五个阶段，即闲置货币的资本化（即闲置货币成为生息资本）、生息资本的社会化、有价证券的市场化、金融市场的国际化（即虚拟资本可以进行跨国交易）和国际金融的集成化，并认为虚拟经济具有复杂性、介稳性、高风险性、寄生性和周期性特征。[70c, 117b]

秦晓（2000）界定了虚拟经济以及与之对应的实体经济，认为实体经济是指人类生产、服务、消费和流通的活动；而虚拟经济是指信用膨胀形成的金融资产及与实体经济没有联系的交易活动，并认为金融市场的信用膨胀始于货币的信用化和资本化。[96]

陈淮（2000）认为，虚拟经济的本质特征是资本以脱离实物经济的价值形态独立运动，"是一种异化，人们对更多财富的追逐异化是为了对并不能导致社会财富真正增加的虚拟利润的追逐"。[97]

李晓西等（2000）认为，虚拟经济是相对独立于实体经济之外的虚拟资本的持有和交易活动。[71c] 曾康霖（2003）指出，虚拟经济不能等同于虚拟资本、网络经济、泡沫经济，当代值得关注的虚拟经济是金融衍生商品交易、电子货币和网络经济。[98]

刘骏民（2003，2008）进一步阐释对虚拟经济内涵的解释，认为虚拟经济是以资本化定价行为为基础的价格系统，其运行的基本特征是具有内在波动性；并将虚拟经济具体表述为经济主体在追求货币利润的目标下，通过单纯的买卖和资本化运作以及价值"炒作"等相对脱离了"物质生产过程"的价值增值活动。[99, 100]

王国刚（2004）认为，虚拟经济是指建立在经济权益基础上，以持有票券方式来获得对应的未来收益为目的的经济权益交易所形成的经济活动及其关系的总和。[101] 王爱俭（2008）提出虚拟经济的本质是价格体系，是预期的未来价格体系在现时的镜像，心理预期在虚拟经济中处于核心地位。[102]

此外，国内学者对虚拟经济的概念进行了辨析，这推动了虚拟经济理论的进一步发展。相关研究主要集中于虚拟经济命题的必要性及对研究内容的讨论，以及对虚拟经济相近或相似概念的讨论等方面。张宗新等（2000）认为，理解虚拟经济的关键在于理解资本的信用化这一思想，而不能把虚拟经济简单地归结为金融资本运动的必然结果。[103]钟伟（2001）指出，不能以虚拟经济相对于真实经济存在巨大的、潜伏危机的"倒金字塔"为由，而将虚拟经济和真实经济对立起来，虚拟经济是经济运行的常态而非病态。[104]亦有学者提出，不能把金融看做虚拟经济，现代经济的核心是金融而非虚拟经济，金融业在本质上是服务业（北京大学中国经济研究中心宏观组，2002）。[105]

一些学者对虚拟经济与货币经济，以及虚拟经济与金融经济的概念进行了辨析。王璐（2003）认为，虚拟经济的本质是一种货币经济，虚拟经济的根本特性体现于凯恩斯所研究的竞争的市场经济或资本主义经济关系。[106]货币因素在虚拟经济运行中至关重要，但虚拟经济并不等同于货币经济。虚拟经济将货币看做经济系统内部价值运动的尺度标准，是以货币表现和计量的、脱离"物质生产过程"的一种经济运行方式。而货币经济重点在于解释货币运作对经济发展的影响，阐述货币、商品和价格间的关系。于尔根·艾希贝格尔等（1997）的研究中可以看出，目前的金融经济主要从微观经济学的角度研究资金融通，关注于从技术层面分析金融对经济的作用，而不是从价值理论角度分析当代宏观经济运行的理论体系。[107]

借鉴学者们以往的研究，进一步对虚拟经济的概念进行界定，以明晰本书的研究范畴。虚拟经济的含义由马克思对虚拟资本的定义演化而来，虚拟经济的表现形式多样，即以计算机模拟为基础的可视化经济活动，借助于信息工具而进行的网络经济活动，以及与证券、期货、期权等虚拟资本的交易有关的经济活动等。虚拟经济从广义和狭义两个方面来看，倾向于刘骏民（1999）的观点，进一步认为，广义虚拟经济是指除实体经济以外的所有经济活动，包括一切金融机构的活动、广告业、教育文化业、体育业、网络经济、房地产业除去建筑本身价值的活动等；狭义虚拟经济是指一切以金融资本为依托的金融活动及房地产的虚拟部分，其中金融市场是一切金融活动的重要载体之一，金融活动构成了狭义虚拟经济的重要组成部分。在本书对虚拟经济与实体经济研究范畴界定中，将进一步说明虚拟经济的主要研究范畴。

二、实体经济

市场经济的运行以实物为承载，实体经济与虚拟经济的发展是其重要支撑，两者的和谐、有序发展是市场经济健康运行的重要保障。国内外对实体经济所涵盖的内容理解不尽相同，分别分析国内外对实体经济的解释，以进一步界定实体经济的含义。国内外的研究中对"实体经济"概念进行界定的文献微乎其微，而在一些对经济发展的分析中有对"实体经济"所涵盖内容理解的体现，具体如下：

从美国的实际情况看，源于 2007 年下半年美国的次贷危机引发的全球金融风暴，美联储在声明中多次使用了"实体经济"一词，如次贷危机全面爆发后，美联储宣称"金融市场动荡没有损及实体经济"；2007 年 9 月美联储改变立场大幅降息的声明中仍表示"为防止市场动荡损及实体经济"等。在美联储频繁使用的"实体经济"一词中，其涵盖的内容是去除房地产市场和金融市场之外的部分。根据美国经济数据的构成，其所认为的"实体经济"包括的内容有制造业、进出口、经常账、零售销售等部分，其中不包括房地产市场、金融市场及核心能源消费部分。

国内学者对实体经济的理解与美国对实体经济概念的解释差别甚微，认为实体经济是一国市场稳定运行的基础，"实体经济"指标的变化反映了社会生活的各个领域，并直接与国计民生的基本情况联系在一起。传统的观点认为，实体经济所涵盖的领域包括机械制造、纺织加工、建筑安装、石化冶炼、种养采掘等。实体经济的发展创造了人类赖以生存的各类生活资料，促进了物质条件的提升及人类生活水平的提高，并奠定了人类进一步追求高层次精神生活的基础，尤其在经济结构经历深刻变革的时期，实体经济的平稳发展对于维护社会经济秩序尤为重要。

结合美联储对实体经济涵盖内容的理解及国内学者的传统观点，对实体经济的概念予以界定。实体经济作为人类赖以生存和发展的基础，指物质的、精神的产品及服务的生产、流通等经济活动，包括农业、工业、能源、交通通信业、商业服务业、建筑业等物质生产和服务部门，以及文化、教育、信息、艺术、体育等精神产品的生产和服务部门。在经济发展历程中，实体经济的发展借助于虚拟经济，虚拟经济的发展依赖于实体经济，正确处理两者间的相互关系，有利于促进整个经济体的和谐健康发展。

三、泡沫经济

一些学者对泡沫经济的定义已做了解释。经济发展历程中出现的著名泡沫经济案例有 1636 年发生的荷兰郁金香泡沫、1720 年英国的南海泡沫公司事件、1791~1920 年的密西西比泡沫，以及 20 世纪末出现的拉美金融危机、东南亚金融危机、日本金融危机等。现代经济条件下，金融市场发展的自由化、国际化、各种金融工具及金融衍生工具的出现和应用，导致泡沫经济的发生越来越频繁。

"泡沫经济"一词在《新帕尔格雷夫经济学大辞典》中的解释是，泡沫状态是一种或一系列资产在一个连续过程中陡然涨价，开始时的价格上升会令人们产生资产涨价的预期，进而吸引了新的买主——这些人一般只想通过买卖牟取利润，而对资产本身的用途或盈利能力不感兴趣；伴随涨价预期的逆转，出现价格暴跌现象，并最终引爆金融危机。①

泰勒尔（Tirole，1982；1985）的研究中认为，市场价格超出其基本价值（Fundamental Value）的资产是泡沫资产，市场价格高过其基本价值部分即为泡沫。泰勒尔（Tirole，1985）认为，泡沫存在的三个必要条件为耐用性（Durability）、稀缺性（Scarcity）以及经济个体的共同信念（Common Belief）。[108,109]

陈朝阳（1996）认为，泡沫经济是由于虚拟资本的恶性膨胀而形成的象征经济与实体经济间的差额，其主要的表现形态有股票等有价证券的超常浮动，价格严重背离其所代表的实物价值。并认为泡沫经济尽管在短期内会刺激生产、消费扩大，但从长期角度看，其将对社会经济生活造成重大破坏。泡沫经济的出现导致资本过度集中于有价证券、地产等方面，使资源配置发生扭曲，导致虚拟资本和实体资本的比例失调；泡沫经济易造成经济发展剧烈波动、贫富差距扩大，并抑制对实体资本投资的增长等。[110]

李晓西等（2000）的研究认为，泡沫经济是虚拟经济过度膨胀导致的股票和房地产等的长期资产价格迅速膨胀，虚拟经济增长速度超越了实体经济增长速度而形成的整体经济虚假繁荣现象。泡沫经济的形成过程体现于一种或一系列资产在一个连续过程中价格陡然上升，价格的猛涨预期吸引了众多新的买主，他们一般想通过投机获取价差、牟取利润，却不考虑所买卖资产的实际价值或盈利能力，因此，由于新买主的不断介入，价格持续上升，逐渐形成泡沫经济。在泡沫经济存在的状态下，一旦价格上涨预期发生逆转，价格出现暴跌，泡沫破裂，并可能引发金融危机，致使整体经济衰退。[71c]

黄正新（2002）将泡沫经济定义为由于虚假需求的刺激而致使资产和商品的市场价格普遍极大地偏离基础价值的一种经济现象。并认为当代经济发展的正式形态表现为实体经济、虚拟经济与泡沫经济的紧密相连与互动转化。[111]

王子明（2002）指出，泡沫是一种经济失衡现象，可将其定义为某种价格水平相对于经济基础条件决定的理论价格（一般均衡稳定状态时的价格）的非平衡性向上偏移，可将这种偏移的数学期望作为泡沫的度量。并认为泡沫经济作为对经济的特征性描述，不仅是一个数量上的概念，还应是一个系统性的概念，泡沫经济的出现伴随社会经济的虚假繁荣，宏观经济总量出现超常规增长。[112]

白新华（2005）认为，泡沫经济指资产（股票、房地产等）价格超常规上涨表现为虚假繁荣，其直接原因和表现是不切实际的高盈利预期和普遍的狂热投机。并认为泡沫经济在虚拟经济的基础上形成，虚拟经济可带来巨大收益，但风

---

① 新帕尔格雷夫经济学大辞典. 第一卷 [M]. 北京：经济科学出版社，1996：306.

险相伴而生，而其风险的主要表现是产生经济泡沫，经济泡沫累积到一定程度，即形成泡沫经济。[113]

借鉴以往学者的研究，本书将泡沫经济的含义界定为：在虚拟资本的过度增长及相关交易的持续膨胀，并逐渐脱离实体经济运行需要的过程中，出现的金融证券、房地产价格猛涨，投机交易活动极为活跃的经济现象。泡沫经济的概念有别于经济泡沫，经济泡沫表现于资本市场与房地产市场上，由于房地产价格或股票价格的发展超过其实际生产成本或实际价值，进而产生经济泡沫。经济泡沫累积到地产或股票价格严重偏离其实际价值时出现泡沫经济。泡沫经济的出现造成社会经济的虚假繁荣，泡沫经济分为泡沫形成、泡沫膨胀及泡沫破灭三个阶段。泡沫的最终破灭将对整个经济体造成冲击，并可能导致社会动荡、经济崩溃等。

四、协调发展

孟庆松等（1999）认为，协调是系统组成要素间于发展过程中的彼此和谐一致性，并将这种和谐一致的程度称为协调度。"协调度"是度量系统或要素间协调程度的定量指标。协调度是一个时间概念，表现为某一状态的值。协调作用及协调程度决定了系统在达到临界区域前走向何种序及结构，或称决定了系统由无序走向有序的趋势。[114]

黄海峰（2006）认为，"协调"表示系统之间的一种良好关联，而"发展"代表系统本身的一种演化过程。协调发展是系统或系统要素间，在和谐一致、良性循环的基础上由低级到高级、由简单到复杂、由无序到有序的总体演化过程。在协调发展的运动过程中，"发展"是系统运动的指向，而"协调"是对这种指向行为的有益约束和规定。协调发展强调一种整体性、综合性和内在性的发展聚合，并不是指单个系统或要素的发展，而是代表多系统或要素在协调约束下的综合发展。[115]

陈群元（2009）从"协同论"、"协调论"的角度进一步阐释了系统协调发展的作用机理。"协同论"是研究旧的无序结构转变为新的有序结构的规律的科学。协同论的研究强调偏离平衡态的系统，通过系统的自组织功能，在外界环境变化和内部子系统及其构成要素的非线性作用下，系统通过突变、涨落和正反馈等方式实现自组织协同效应，使系统走向新的稳定和有序。"协调论"是"协同论"和"控制论"两种科学方法论的综合。以社会经济系统为例，为保持系统的有序运转与动态平衡，既有系统的自组织作用，也有系统以外的组织如国家等对系统的调节和控制作用，其中，既需要正反馈作用，亦需要负反馈作用。在经济系统中，各子系统间存在竞争与协作，协作和竞争两者本质上是非线性的，但通过有序竞争和协作分工产生的正反馈协同效应，可使系统保持动态平衡，推动经济系统的有序发展；然而，当经济系统的各子系统存在恶性竞争，形成恶性循环时，系统将走向无序，这时需通过宏观调控等负反馈机制促使系统走向新的有序状态。图 2-1 显示了协调系统的作用机理。[116]

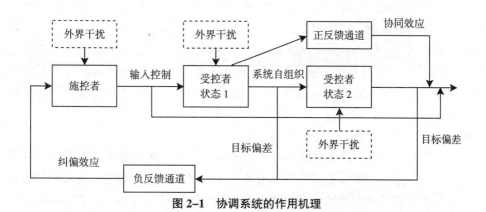

图 2-1　协调系统的作用机理

借鉴以往的研究，进一步明晰协调发展的定义。"协调发展"是"协调"与"发展"概念的集合，是以实现社会的全面发展为系统演进的总目标，在遵循客观规律的基础上，实现系统与系统间或系统内部要素间的配合得当、相互促进、和谐一致，使系统及其内部构成要素间的关系由无序到有序的整体演化过程。以经济系统为例，经济系统的协调发展可视为经济系统在各种因素的作用下，趋向发展均衡的过程。"虚拟经济系统"与"实体经济系统"的协调发展，既需要系统间的相互促进、和谐有序的发展，又需要系统内部各构成要素间关系的多层协调，在系统与系统之间协调的基础上，进一步促进整体系统的发展。

五、虚拟经济与泡沫经济的特征及区别

（一）虚拟经济的特征

成思危（2003）提出，虚拟经济的特征主要表现为复杂性、介稳性、高风险性、寄生性及周期性等，[117]具体表现为：

（1）复杂性。虚拟经济系统本身是一个复杂系统。以股票市场为例，尽管投资者何时买进或卖出股票的举措是由其自身自主决策的，但这个决策势必受到其他人、政策环境因素等的影响。在证券市场交易活动中，投资者由于受限于信息不对称及自身投资实力和风险承受能力等因素，投资交易过程中的决策行为不得不受他人的举措或宏观政策的影响，因此，证券市场中势必存在大量混沌现象。尽管虚拟经济这一复杂系统中存在混沌现象，但系统的自组织作用可呈现一定的有序性和稳定性。

（2）介稳性。虚拟经济系统是一个介稳系统，即远离平衡状态，但仍能保持相对稳定的系统。此外，介稳系统的稳定性也容易被外界的扰动所破坏。与实体经济系统相比较而言，系统的非稳态是虚拟经济的重要特征。

（3）高风险性。经济活动中的风险通常指人们的预期收益与实际收益间的差异，差异的形成既源于客观世界的不确定性，又源于人们对客观环境认识的局限性。成思危认为，这种风险分为客观风险和主观风险两类。客观风险来自客观世界的不确定性。股票市场的发展过程存在投机行为，人们对未来收益判断的失误，投资者为追求高收益愿承担高风险，进一步导致投机行为的扩大，易形成股市泡沫，放大股市风险。这种风险主要来自投资者主观判断的失误。此外，信息不对称亦构成虚拟经济高风险的因素之一。

（4）寄生性。虚拟资本的寄生性主要表现为其市场价格受投资对象经营业绩的影响，以及虚拟经济运行周期基本取决于实体经济的运行周期。虚拟经济系统与实体经济系统间密切相连，实体经济系统风险，如产品积压、企业倒闭等信息传递到虚拟经济系统，亦导致虚拟经济系统失稳。然而，虚拟经济系统的风险如股市震荡、房价起伏波动较大等，亦会对实体经济发展产生影响。成思危进一步将实体经济比喻为经济系统中的硬件，将虚拟经济视为软件。

（5）周期性。虚拟经济系统的演化呈现周期性特征，包括实体经济的加速增长、经济泡沫逐渐形成、货币与信用逐步膨胀、各种资产价格普遍上扬、外部扰动造成经济泡沫破灭、实体经济减速或负增长等阶段，本书具体将虚拟经济系统演化周期性特征演示如图2-2所示。这种周期性的表现特征并不是循环往复，而是呈现螺旋式向前推进。

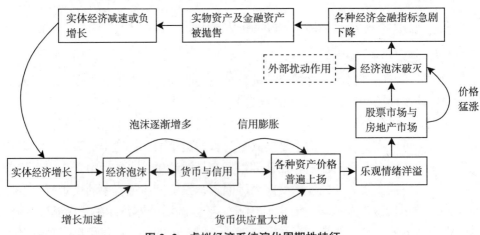

图2-2 虚拟经济系统演化周期性特征

此外，其他一些学者从不同的角度进一步分析了虚拟经济的特征，认为虚拟经济的根本特性是以实体经济为基础衍生出的价值运动体系；具有易波动性、虚拟性、高流动性、不稳定性、高投机性、脆弱性等特点。其中，虚拟经济发展中存在的高投机性特征，亦催生虚拟资本价格上涨，出现经济泡沫，经济泡沫累积到一定程度，将产生泡沫经济，引起社会经济的虚假繁荣。

（二）泡沫经济的特征

泡沫经济中泡沫的形成需要一定的载体，从已出现泡沫现象的资产来看，泡沫载体体现为以虚拟资本形式的金融资产，如股票、债券、外汇及金融衍生产品等；一些特殊商品，如房地产、铁路及历史上引发泡沫经济的"郁金香"等；以及具有收藏价值的资产，如字画、珠宝、邮票、钱币、古董等。泡沫资产的载体不尽相同，但归纳来看，具有短期内资产供给缺乏弹性、短期内资产的性质稳定、资产供给的相对稀缺性等特征。泡沫资产特征的具体分析如下：

（1）短期内资产供给缺乏弹性。一般的资产或商品具有较为充分的供给和需求弹性，当市场需求较大时，拉动市场价格上升，而市场价格上升会进一步刺激供给量增加，从而达到供求均衡，如图 2-3（a）所示。然而，泡沫资产的载体具有需求弹性大、供给弹性小的特点。当市场在某种因素刺激下，对资产或商品的需求量大幅增加时，拉动其价格急剧上涨，而由于受资源天然禀赋或供给时空上的制约，这类资产或商品的供给量无法快速增长，进而使供求失衡的态势进一步扩大，价格继续攀升形成泡沫，如图 2-3（b）所示。

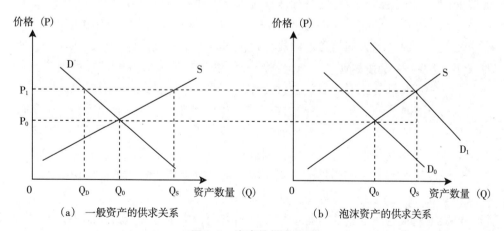

图 2-3 资产的供求关系

图 2-3 反映了资产的供求关系情况。图 2-3（a）中，市场需求扩大时，资产价格由 P_0 上升到 P_1，由于其供给弹性良好，因此，价格上涨促使其供给量由

Q_0 增加到 Q_s，同时，价格上升又使需求量降低，最终使价格回调到均衡价格 P_0。图 2-3 (b) 中，当对资产的需求由 D_0 增加到 D_1 时，市场价格由 P_0 上升到 P_1，但由于资产供给缺乏弹性，在价格上升的情况下，资产供给仅从 Q_0 上升到 Q_s，难以跟随需求同比增加，导致价格进一步攀升，并在 P_1 价格上形成暂时均衡，形成经济泡沫，假设均衡价格 P_0 为该资产的基础价值，则 P_1-P_0 为资产泡沫。

（2）短期内资产的性质稳定。不同类型资产的性质稳定含义不同，实物资产的性质稳定，体现于实物资产的物理及化学性能短期内不会发生重大变化；金融资产的性质稳定，反映出这种资产的实质内容短期内不会发生重大变化。以金融资产为例，资产性质稳定，代表股票和公司债券的发行公司的各项财务指标在短期内不会急剧恶化而导致股票和公司债券的基础价值大幅降低；对于国债而言，其发行方政府不会出现短期偿债困难而发生债务危机。理论上而言，资产性质稳定是引发投机者兴趣的基础。如果一种资产的性质极不稳定，如价格出现急剧下跌等，尚不能引起投机者的兴趣，亦不可能出现泡沫问题。

（3）资产供给的相对稀缺性。泡沫载体形式多样，但并不是所有资产都可以成为泡沫载体。泡沫载体资产必须具有相对稀缺性，体现为这种资产既具有一般资产的共同特征，又在短期内由于资源禀赋等原因难以产生较大的市场供给。当资产的供给于短期内难以急速增大，而需求大量涌入时，这时有可能出现价格猛涨，进而形成泡沫。

依据上述对泡沫经济概念的界定、历史上典型的泡沫经济事件及泡沫资产特征的分析，归纳出泡沫经济的特征体现于以下方面：

（1）投机性。在泡沫经济形成过程中，投机性是泡沫经济产生的直接动因。在市场经济中，由于人们对资产的投机性需求急剧增加及泡沫资产的供给弹性相对较小，从而逐渐诱发泡沫资产价格严重偏离其实际价值，形成过度泡沫。此外，信息的不对称等原因可以加剧过渡性泡沫的快速膨胀，最终形成泡沫经济。

（2）经济泡沫的大量存在是泡沫经济产生的基础。"经济泡沫"与"泡沫经济"是两个不同的概念，从前者到后者，经历了质的转变。当一种或一系列资产出现泡沫，并且这些泡沫资产的量占到宏观经济总量的一定比重时，导致经济泡沫向泡沫经济的转变，即经济泡沫累积到一定量时引发泡沫经济的出现。

（3）泡沫经济的膨胀过程中往往伴随信用扩张。从需求角度讲，泡沫经济的膨胀过程中通常有巨大的需求拉动；在供给方面，由于泡沫资产供给弹性相对较小，从而出现供给不足，进一步导致泡沫资产价格膨胀。然而，需求的扩张在很大程度上与银行的信用扩张紧密相关，当银行出于对市场前景的良好预期，将更多的资金投放于市场，形成了市场繁荣的强大资金源，从而进一步导致需求的膨胀及价格上涨。从一定程度上看，信用扩张加速了泡沫经济的膨胀，甚至诱使泡沫破裂，对整个经济体造成严重影响。

（4）泡沫经济表现出经济的虚假繁荣。伴随泡沫经济出现的经济虚假繁荣现象，主要体现为一系列资产价格的迅速上升。人们在资产价格上升的情况下，通常认为自身财富不断增加，因而需求愿望比以往更为强烈，由此可能诱发通货膨胀；此外，在资产价格仍会持续上涨预期下，导致人们对泡沫资产的需求进一步增大，信心逐步提升，并最终达到狂热，从而使整体经济呈现繁荣景象。然而，由于这种繁荣缺乏实际的市场需求为基础，因而表现为一种虚假繁荣，不能长期持续。泡沫经济的虚假繁荣过后，由于政府对泡沫经济在其膨胀阶段的预警能力和采取措施的不同，通常出现资产价格暴跌，甚至引发金融危机、经济危机，或者以繁荣的逐渐消退而使经济泡沫度大幅度降低。

（三）虚拟经济与泡沫经济的区别

根据成思危的观点，虚拟经济具有复杂性、介稳性、高风险性、寄生性、周期性等特征，虚拟经济的运行以实体经济为基础。结合对泡沫经济的分析，泡沫经济具有投机性、信用扩张、经济泡沫大量存在、出现经济的虚假繁荣等特征。虚拟经济与泡沫经济是两个不同的概念，区别主要体现于以下方面：①载体不尽相同。虚拟经济的特征中表现出虚拟性、非物质性等，而泡沫经济中的泡沫载体既包括具有虚拟性的金融资产，又包括一些特殊商品及有收藏价值的资产等。②发展演化基础不同。虚拟经济的发展以实体经济为基础，而泡沫经济的产生以经济泡沫的大量存在为前提，经济泡沫的累积达到一定程度，实现质的转变，导致泡沫经济的出现。③虚拟经济的过度膨胀易形成泡沫经济，而泡沫经济的膨胀或泡沫破灭易导致经济危机、金融危机。虚拟经济的高投机性特征，易使虚拟资产价格猛涨，出现经济泡沫，经济泡沫的进一步膨胀演变为泡沫经济。

第二节　虚拟经济与实体经济研究范畴界定

研究虚拟经济的作用机理及其与实体经济的协调问题，将从研究系统、研究层面及研究结构等方面界定研究范畴。

（1）研究系统。在虚拟经济与实体经济关系这一命题下，主要研究虚拟经济对实体经济的作用机理及其与实体经济系统的协调关系。虚拟经济根据前文的定义，有广义虚拟经济与狭义虚拟经济之分，而金融市场是虚拟经济系统最主要的组成部分之一，本书侧重于分析狭义虚拟经济范畴所代表的虚拟经济系统，即包括以金融资本为依托的金融活动及房地产的虚拟部分所构成的虚拟经济系统。结合成思危及刘骏民等人的研究，实体经济系统是人类社会赖以生存和发展的基础，反映了整个国家的经济状况，通常将 GDP 作为实体经济系统的代表变量，本书亦选取 GDP 指标以衡量实体经济系统整体的发展情况。

（2）研究层面。虚拟经济系统中主要研究金融活动及房地产的虚拟部分。在以金融资本为依托所进行的金融活动中，金融市场是一切金融活动的重要载体，将重点分析金融市场的代表层面如货币市场、资本市场、外汇市场、保险市场及金融衍生品市场等与实体经济系统间的关系，此外，进一步具体分析虚拟经济系统中房地产的虚拟部分与实体经济间的联系。其中，资本市场的研究范畴主要包括股票市场、债券市场及基金市场的具体发展情况。

（3）研究结构。研究虚拟经济的作用机理及其与实体经济的协调问题，将从以下方面展开：①研究虚拟经济与实体经济系统间的相互关系，以及虚拟经济的作用机理；②研究我国虚拟经济对实体经济发展的具体影响；③研究我国各时期虚拟经济系统与实体经济系统两者的协调状况及协调发展趋势；④分析我国虚拟经济规模膨胀过程中的泡沫风险，将主要分析股市泡沫及房地产市场的泡沫风险状况；并进一步进行虚拟经济系统与实体经济系统非协调发展导致泡沫经济的预警分析，以防范泡沫破灭引发的经济金融危机。

第三节　虚拟经济的演化及运行特征

一、虚拟经济演化阶段

成思危将虚拟经济的演化发展分为五个阶段，具体表现如下：

（1）虚拟经济衍化发展的第一个阶段，体现为闲置货币的资本化，即闲置货币成为生息资本。成思危认为，虚拟经济最早的起源可追溯到私人间的借贷行为。例如，甲急需购入某种原材料或货物，但其本人没有足够的资金，而乙手头恰好有一笔闲置资金，于是甲向乙借去一定数额的资金，并承诺在一定期限内还本付息。通过这一活动，甲取得了该笔资金的使用权，可以发挥其支付手段的功能以通过实体经济活动盈利，而乙则以借据为凭证保持了该笔资金的所有权及到期可向甲讨还本息的权利。此时，乙所持有的借据为虚拟资本的一种雏形，其通过借款与还款的循环活动而取得增值。可见，在整个过程中，乙并未从事实际的经济活动，而是通过一种虚拟的经济活动获取利益，这时人们手中的闲置货币变成了可以产生利息的资本。

（2）虚拟经济演化发展的第二个阶段，体现为生息资本的社会化。由于私人之间借贷规模小、风险大，无法优化投资方向，于是进一步产生了生息资本社会化的需要，并由此产生了银行。银行作为中介机构将社会闲散资金集中起来，再转贷给需要资本且有盈利能力的资本家。然而，企业通过银行借款进行间接融资，相比较企业直接融资而言，需付出较高的成本。因此，企业如果进行直接融资，可向社会发行债券，融资成本较银行的贷款利率低，而投资者可获得比银行存款利率高的收益；此外，企业亦可发行股票进行融资。与此同时，人们可利用手中的闲置货币购买股票、债券等各种有价证券予以生息。可见，生息资本的社会化，引领了债券、股票等不同形式虚拟资本的出现，亦可将社会上的闲散资金集中起来，进行较大规模、收益较高的经济活动，以优化投资方向，进一步提高资金使用效率。

（3）虚拟经济演化发展的第三个阶段，体现为有价证券的市场化。原来的虚拟资本由于缺乏流动性，导致闲置资金向生息资本转化受阻。有价证券市场化后，人们可根据预期收益进行有价证券的自由买卖，从而产生了进行虚拟经济交易的金融市场。有价证券的市场化可使人们手中的有价证券随时变现，提高了虚拟资本的流动性；并可引导资金向预期收益较好的产业流动，进一步提高了资金的使用效率，然而也为人们利用证券市场的价格波动进行投机创造了条件。

（4）虚拟经济演化发展的第四个阶段，体现为金融市场的国际化，即虚拟资本可以进行跨国交易。这一过程可追溯至19世纪中叶，美国等债务国政府和铁路公司，在英国、法国及德国的金融市场上发行固定利率的债券。从20世纪20年代开始逐渐有较大规模的跨国证券投资，30年代的世界经济萧条和第二次世界大战爆发又严重阻碍了金融市场的国际化进程。第二次世界大战后，在《布雷顿森林协议》及《关税和贸易总协定》的推动下，规模巨大的国际金融市场才逐渐形成。金融市场的国际化可在世界范围内引导资金流向收益较好的产业，同时形成了一种新的金融市场即外汇市场。60年代以来，陆续出现期货交易方式，1973年开始出现期权交易。

（5）虚拟经济演化发展的第五个阶段，体现为国际金融的集成化。从20世纪80年代开始，伴随经济全球化的发展，各国之间的经济依存程度显著提高，金融自由化程度逐渐增大；随着美元脱离金本位而导致浮动汇率制的形成、金融创新的增强，进一步促使虚拟经济规模的扩大；由于信息技术的进步，虚拟资本在金融市场中的流动性加强，流量亦越来越大。以上因素促进了各国金融市场之间的逐步集成，促使各国国内金融市场与国际金融市场间的关系更加密切，相互间的影响逐渐增大。例如1997年爆发的东南亚金融危机、2008年由美国次贷危机引发的全球金融风暴，从一个国家出现危机开始迅速蔓延并波及多个国家，对多个国家甚至全球经济造成了重大影响。

综上所述，鉴于成思危的观点，虚拟经济在其演化过程中，从最初的个人间的借贷行为演化出的闲置货币的资本化阶段；进一步适应社会经济发展的需要，人们逐步将大量的闲散资金予以集中以用于开展规模较大的经济活动，可通过银行等机构进行间接融资，企业亦可发行债券、股票等进行直接融资，虚拟经济的发展逐步演化至虚拟资本的社会化阶段；随着金融市场的出现，人们可以进行有价证券的自由买卖，有利于增强资本的流动性、提高资金的使用效率，虚拟经济的发展演化至有价证券的市场化阶段；第二次世界大战后，随着国际金融市场的形成，虚拟资本可进行跨国交易，虚拟经济这一阶段的发展体现为金融市场的国际化；伴随全球经济一体化，各国间的相互依存程度增强，金融创新的发展以及信息化的进步，进一步促使了虚拟经济规模的扩大，各国国内金融市场与国际金融市场联系密切，虚拟经济的演化发展体现出国际金融的集成化特征。虚拟经济发展的演化过程具体如图 2-4 所示。

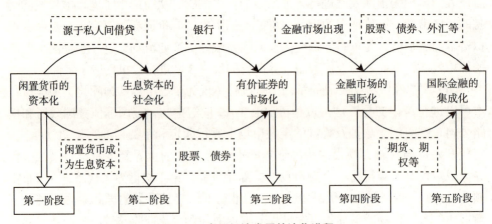

图 2-4　虚拟经济发展的演化进程

二、虚拟经济运行的相对独立性特征

从古典经济学的"二分法"，到凯恩斯经济学的"二分法"，一直发展到德鲁克提出的"符号经济"等，对经济学的分类均是伴随客观经济的发展情况而发生变化。在现代经济发展历程中，随着经济虚拟化的不断加深，客观上形成了运行机制与实体经济系统不同的相对独立的虚拟经济系统，因而整体经济系统由实体经济系统与虚拟经济系统两个子系统构成。虚拟经济的相对独立性体现于以下方面：

（1）虚拟经济系统与实体经济系统是两个不同的范畴，在经济系统中所处的地位不同。实体经济系统主要包括物质资料生产、销售以及为此提供劳务所形成的一系列经济活动。狭义虚拟经济系统主要包括一切金融活动、房地产市场的虚拟部分等。实体经济与虚拟经济均是整个经济系统的重要组成部分，但实体经济系统是关系国计民生的最根本的经济活动的组成系统，虚拟经济的发展为实体经济服务，推动实体经济的发展是虚拟经济系统的发展宗旨。尽管现代经济的运行过程中，实体经济的发展已离不开虚拟经济，但无论虚拟经济系统如何繁荣演进，其最终均不能完全脱离实体经济发展的内在需要。

（2）虚拟经济系统运行的相对独立性体现于所受影响因素区别于实体经济系统的影响因素。实体经济系统的规模、结构及运行状况一般取决于一国自然资源禀赋条件、科学技术水平、生产能力、社会收入与消费以及国家经济政策等多方面因素。以上因素影响实体经济的发展，虚拟经济在实体经济的基础上产生并服务于实体经济，因此，这些因素亦对虚拟经济的发展构成影响，此外，一国虚拟经济发展政策、金融市场发达程度、金融机构的信用状况、国际资本流动等因素均会对虚拟经济的运行造成重要影响。

（3）虚拟经济的相对独立性体现于其与实体经济系统具有不同的运动特征。实体经济系统的定价机制体现为成本加成定价，在供给方面，主要受到成本的约束；在需求方面，受心理因素影响较小，其产品服从边际效用递减规律。实体经济系统的运动表现为成本支撑的价格系统，其运行轨迹相对较为平稳，波动幅度较小。定价机制的不同决定了虚拟经济系统运转过程中，虚拟资本的定价取决于投资者对未来收益的预期。由于短期内虚拟资本的供给缺乏弹性，而需求往往受到投资者心理预期的影响，因而虚拟经济运动的波动性相对于实体经济的波动性较大。[57b]

（4）虚拟经济运行的相对独立性，体现于虚拟经济与实体经济的发展轨迹不同。实体经济是虚拟经济产生、发展、扩张的基础，但由于两系统间涵盖范畴、影响因素、定价机制等方面的不同，两者的发展轨迹亦不同。20世纪六七十年代开始伴随期货、期权等金融衍生工具的出现，虚拟经济发展迅速，规模不断膨胀。1978年以来世界经济的年均增长率为3%左右，而国际资本的年均增长率为25%左右；20世纪末全球虚拟经济存量相当于全球国民生产总值的5倍左右，而随着虚拟经济的繁荣发展，2008年全球虚拟资产总量已是全球国民生产总值的14.2倍左右。在现代信息科技技术的推动下，虚拟经济规模迅速膨胀，其发展轨迹已逐渐脱离实体经济系统的发展轨迹。

第四节　虚拟经济与实体经济间的关系

一、虚拟经济系统与实体经济系统间的基本关系

现代经济系统是实体经济系统与虚拟经济系统的有机统一体。实体经济始终是人类赖以生存与发展的基础，虚拟经济是实体经济发展到一定阶段后产生的，其最终目的在于服务于实体经济。虚拟经济系统以资本化定价为基础，具有内在波动性。依据王国忠等（2005）的观点，认为由于虚拟经济系统与人们对未来收益的预期密切相关，可将虚拟经济系统看做观念支撑的价格系统，而实体经济系统可看做以成本支撑的价格系统。20世纪90年代以来，虚拟经济进入了快速发展时期，虚拟经济整体规模不断扩大，其增长速度远高于实体经济的增长速度，虚拟经济系统逐渐成为相对独立的经济范畴。在实际经济运行过程中，虚拟经济与实体经济系统间呈现互动关系。由前文分析的虚拟经济发展的演化阶段亦可以认为，虚拟经济在实体经济的发展基础上产生，实体经济的稳定运行是虚拟经济健康发展的基础；虚拟经济系统的发展可以反映实体经济的实际情况，也可以相对独立于实体经济系统而运行。实体经济与虚拟经济间存在相互依存、相互促进的密切关系，虚拟经济的运行以实体经济为基础，同时又对实体经济的发展产生巨大的反作用。虚拟经济要素与实体经济要素通过各自的作用机制共同推动现代经济的发展。

二、实体经济是虚拟经济发展的基础

虚拟经济是实体经济高度发展的产物，顺应实体经济发展的要求而产生。以股票、债券等虚拟资本为例，在虚拟经济的发展过程中，股票、债券等有价证券是虚拟经济发展的重要载体，而这些有价证券的发展规模由企业经营状况、社会公众购买力和消费水平等实体经济领域的发展情况决定，进一步体现出实体经济的运行状况和有价证券的发行规模制约着虚拟资本的交易规模。可见，实体经济的发展状况是虚拟经济健康运行的基础，一定的实体经济规模决定了虚拟经济规模的膨胀范围。实体经济系统的良性发展是虚拟经济系统有序运行的重要保障。实体经济是虚拟经济发展的基础，从以下方面具体展开分析：

（1）实体经济是虚拟经济产生、发展的基础。商品交换的出现，尤其是货币的产生，标志着实体经济发展进入一个新的阶段。在商品货币经济条件下，货币

财富分布的不均衡产生了私人之间的借贷行为，在借贷过程中，贷方以借据作为债权的凭证以要求借方还本付息，而借方利用借贷的资金可投入到实体经济的生产经营中，贷方获取了利息收益，这种借贷行为演变为最初的虚拟经济活动（前文的虚拟经济演化阶段分析中已做阐释）。可见，虚拟经济并非伴随实体经济活动同步产生，而是人类的实体经济活动发展到一定阶段后为适应实体经济的发展需要而产生的。由于实体经济规模的扩大，引起融资需求的增加，促使了银行等金融机构的出现，银行体系存贷规模的扩大进一步促进了虚拟经济的发展。此外，由于构成实体经济活动主体的各类企业亦可通过发行债券、股票等形式进行直接融资，导致金融市场的出现及有价证券的自由买卖；伴随国际贸易规模的扩大，融资需求扩张，为规避实体经济运行中各种不确定性因素可能带来的风险，各种金融衍生工具应运而生，国际金融市场逐渐发展壮大。

（2）虚拟经济的周期性依附于实体经济的运行周期。虚拟经济的发展运行与实体经济的发展同样具有周期性，两者间的周期性体现于实体经济加速增长→实体经济发展受到不稳定因素影响→经济泡沫逐渐聚集→金融资产价格不断上扬→虚拟经济增长速度远超越实体经济增速→泡沫经济出现→经济泡沫不断膨胀→外部冲击导致泡沫破裂→金融资产价格急速下跌→实体经济遭受严重影响，增长速度减缓。在这一由实体经济与虚拟经济构成的经济系统的周期性运转过程中，虚拟经济系统与实体经济系统相互作用、互为原因。然而，虚拟经济系统与实体经济系统的周期性存在非同步性，虚拟经济系统在短期内发展可能快于或慢于实体经济的增长，但是虚拟经济的运行始终以实体经济的发展状况为轴心，在经历繁荣或萧条后，虚拟经济的运行态势仍将根据实体经济的发展需要而变动。

（3）实体经济的发展影响虚拟经济的运行状况。实体经济的健康发展为虚拟经济的运行奠定坚实的物质基础，反之，将会导致虚拟经济系统运行混乱。以实体经济系统中工商企业的经营状况为例，如果工商企业经营状况恶化将造成银行体系不良贷款增加，进一步削弱银行业的有序运转的信用基础。此外，上市企业经营状况下降以及宏观经济形势低迷，将削弱股票价格稳定的基础，影响证券市场的活跃程度。可见，实体经济系统的发展状况直接影响虚拟经济系统的运转趋势，实体经济的健康发展是虚拟经济系统良性运转的重要保障。

三、虚拟经济对实体经济具有反作用

虚拟经济的运行对实体经济的发展具有"双刃剑"的作用，虚拟经济与实体经济的协调发展，虚拟经济将是实体经济的"助推器"，可以有效地促进生产和流通，成为社会经济发展的动力，而虚拟经济系统发展的无序、过度膨胀、发展速度远高于实体经济的发展速度，将对实体经济的运行产生不利影响。虚拟经济的发展对实体经济反作用的积极效应体现于以下方面：

（1）虚拟经济的发展促进闲散资本集中，为实体经济发展拓宽融资渠道。实体经济的发展运行需要足够的资金支持，各类实体经济主体可通过以银行为主体的各类金融机构贷款进行间接融资，或通过发行股票、债券等有价证券进行直接融资，而虚拟经济以其高流动性和高收益性吸引社会闲置资本投入到股票、债券、金融衍生品等虚拟资本上，以满足实体经济发展的资金需要，进而虚拟经济的发展拓宽了实体经济的融资渠道。虚拟经济的发展加速了资本的积累，并为投资者分散及转移风险提供了合理机制，可以有效转移实体经济领域的部分风险。资产证券化、期货等金融衍生工具的出现，为投资者提供多元化的投资组合提供了可能。

（2）虚拟经济的发展可有效促进资源优化配置，提高资源的利用效率。一方面，虚拟资本具有高度流动性，现代信息科学技术的迅速发展进一步促进了虚拟资本的高效流动，虚拟资本趋向于从效益低的领域流向效益高的领域，并按照利润最大化的原则不断地进行资源重组。另一方面，虚拟经济的发展为存量资本的优化配置提供了有效途径。通过资产重组等产权交易，可以盘活因投资决策失误或市场需求结构转变而闲置的存量资本，实现这些资本在不同实体经济部门之间的进一步优化配置，从而提高了社会资本的利用效率。在这一过程中，虚拟经济的发展亦带动了劳动力、技术及自然资源等在实体经济部门的优化配置，使有限的资源流向更具有发展潜力的实体经济部门，充分发挥资源的利用价值。

（3）虚拟经济的发展影响了实体经济领域的外部经营环境，可促进实体经济的产业结构升级调整。实体经济的健康发展除需稳定的内部经营环境外，还需有良好的外部经营环境，其中包括全社会的资金总量状况、资金筹措状况、资金循环状况等。虚拟经济的发展，促进了社会资本的优化配置，同时进一步引领资本流向具有良好发展前景的新兴产业，使社会财富由传统产业逐渐向新兴产业转移，为新兴产业的发展提供了融资便利，进而推动了实体经济领域的产业结构升级调整。

适度发展的虚拟经济对实体经济的运行有积极促进作用，但虚拟经济的发展速度慢于实体经济的发展速度，将不能有效地发挥虚拟经济对实体经济发展的"助推器"作用，而虚拟经济的发展速度远高于实体经济的发展速度或虚拟经济规模的过度膨胀，将对实体经济的发展产生不利影响。这里主要分析虚拟经济规模的过度膨胀情况下对实体经济发展的反作用，具体体现于以下方面：

（1）虚拟经济的运行混乱将增加市场风险，扭曲资源配置，降低市场运行效率。虚拟经济发展过度膨胀时，投机行为的扩散强化了对已有的市场风险和信息的扭曲，并利用资金杠杆加大投机规模，进而增加了市场风险。同时，在高投资回报预期下，大量资本由实体经济领域流向虚拟经济领域，容易造成经济的虚假繁荣和经济泡沫的不断累积，使实体经济部门的投资供给相对减少，形成生产性投资的挤出效应。此外，实体经济领域与虚拟经济领域的资金供求失衡，亦造成实体经济部门融资成本过高，对其发展带来不利影响。

（2）虚拟经济的过度膨胀导致经济泡沫的累积，并有可能诱发泡沫经济，对实体经济发展造成严重破坏。在金融市场中，有价证券的出现及发展为经济泡沫的生成提供了可能性，而依托于金融工具基础上的投机行为，亦加大了泡沫形成的概率。虚拟经济的发展具有相对独立性，当其发展速度远超过实体经济的发展速度，出现过度膨胀时，将引发经济泡沫，泡沫累积到一定程度，将进一步形成泡沫经济，造成整个社会的虚假繁荣。以实体经济基础相对薄弱的新兴市场为例，虚拟资本的过多供给与实体经济的有限吸纳能力形成反差，造成大量的短期资本投机于股票市场等虚拟经济领域，进而加速了经济泡沫的膨胀。泡沫经济受到外部干扰，发生突变时，亦引发金融危机、经济危机，造成对整体经济系统的严重冲击，将导致实体经济领域发展停滞或衰退。虚拟经济发展对实体经济的反作用具体如图 2-5 所示。

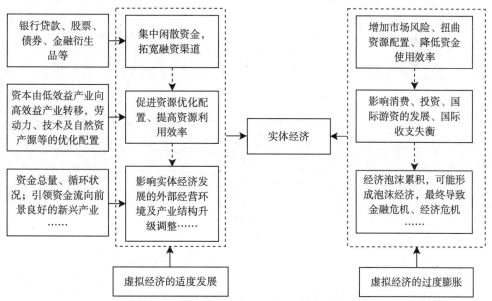

图 2-5　虚拟经济发展对实体经济的反作用

本章小结

　　本章在对虚拟经济、实体经济、泡沫经济、协调发展等概念借鉴已有的研究进一步界定的基础上，分析了"虚拟经济"与"泡沫经济"的具体特征及区别，进而确定了本书对"虚拟经济"系统和"实体经济"系统的研究范畴，其中，包括对虚拟经济与实体经济研究关系的研究层面及研究结构的说明。在分析虚拟经济发展的演化阶段及虚拟经济运行的独立性特征的基础上，进一步分析了虚拟经济与实体经济间的关系。实体经济是虚拟经济产生、发展的基础，虚拟经济对实体经济的发展具有反作用。虚拟经济的适度发展有利于有效集中社会闲置资金、优化资源配置、提高资源使用效率、为实体经济的发展构建良好的外部环境，而虚拟经济的过度膨胀，将会增加市场运行风险、降低资金使用效率，甚至形成经济泡沫或导致泡沫经济的发生，在外部不稳定因素的冲击下，一旦泡沫经济突变，泡沫破裂，将诱发金融危机、经济危机，对整体经济造成严重不利影响，引起实体经济的停滞或衰退。

第三章　我国虚拟经济发展对实体经济的影响分析

实体经济是虚拟经济发展的基础，虚拟经济发展对实体经济具有反作用，结合第二章对虚拟经济与实体经济基本关系的理论分析，进一步探究虚拟经济发展对实体经济的作用机理，在此基础上，依据我国经济发展实际，借助定量分析工具，针对虚拟经济发展对实体经济的具体影响进行分析，以理论与实践相结合探究两系统内部具体发展状况，为深入地分析两系统间的协调状况奠定基础。

第一节　虚拟经济对实体经济的传导机制与作用机理

一、虚拟经济与实体经济间的整体传导运作

伴随现代经济的发展，虚拟经济对实体经济的影响越来越大，阐释虚拟经济对实体经济的作用机理，有必要分析虚拟经济与实体经济系统间的传导机制，这里主要侧重于分析虚拟经济对实体经济的传导机制。一般认为，消费与投资是影响总需求的最主要的两个因素，在分析虚拟经济与实体经济传导机制整体运作情况的基础上，将从这两个角度具体分析虚拟经济对实体经济的作用机制。

在第二章的论述中，认为虚拟经济在实体经济发展到一定阶段后产生，即从货币的支付职能出现后，私人借贷行为发展到银行的出现，进而产生借贷资本等虚拟资本形式后，虚拟经济应运而生，虚拟资本的形式亦逐步演化，出现了银行券、公司债券、股票及其他金融衍生品等。伴随经济全球化的日益加深，虚拟资本借助现代网络信息技术手段等，全球流通速度进一步提升，在虚拟资本的流通运作过程中，银行及非银行金融机构是虚拟经济作用于实体经济的重要传导机构，而消费与投资是虚拟经济作用于实体经济间的重要传导因素。虚拟经济与实体经济间传导机制的整体运作情况如图3-1所示。

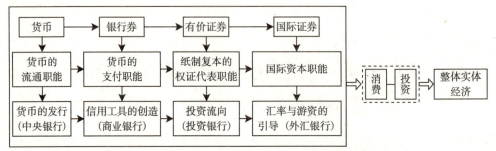

图3-1 虚拟经济与实体经济间传导机制的整体运作情况

虚拟经济与实体经济的传导链条中，既包括金融机构等传导机构所发挥的作用，又包含"投资"与"消费"这些传导因素的作用。在传导因素这一环节中，虚拟经济对实体经济的传导作用体现于以下方面：

（1）虚拟资产的投资比例过大，超越"投资"与"消费"的均衡比例时，将导致消费比例降低，对实体经济领域的投资相对减少。如果对实体经济领域的投资比例过大，则对虚拟资产的投资较少，虚拟经济无法满足实体经济领域的融资需求，实体经济的发展受限于虚拟经济，此时，消费增加，而实体生产并未提高，将可能引发物价上涨。在这一分析中可以发现，虚拟经济通过对虚拟资产的投资比例以及滞留于风险资产市场的投机资本占虚拟资产投资总额的比例的上升或下降，将传递到对实体经济领域的投资比例和消费比例的影响。

（2）虚拟资产的投资比例及滞留于风险资产市场的投机资本占虚拟资产投资总额的比例的多少，又受到各种虚拟资产投资回报率，如利率、债券收益率、汇率等因素的影响，此外，财政预算赤字通过增发国债或货币等影响了货币流通量，这些因素均会对虚拟资产及实体经济领域的投资比例构成影响，并进一步影响消费。当股票、债券及金融衍生品等虚拟资产的投资收益率降低时，投资者将会逐渐减少对虚拟资产的投资，这将可能导致两种现象：一方面，投资者可能会增加消费，或以储蓄等形式保留资金，以便寻找新的投资机会，将可能导致实体经济领域的投资比例上升；另一方面，投资者在其他条件不变的情况下，由于风险偏好不同，将滞留在风险资产市场的投机资本转入其他国家的资本市场，寻求更高收益率的可替代投资品种，并有可能形成庞大的国际游资，成为泡沫经济破裂的隐患。在这一过程中，本国虚拟经济领域由于投资资金比例的减少，导致为服务于实体经济发展所提供的金融服务不到位，将不利于实体经济的发展。此外，当虚拟资产投资收益率较高时，投资者将增加对虚拟经济领域的投资，相应地投资到实体经济领域的资金量降低，将会导致实体经济总产出的减少，并进一步影响消费比例的相对下降。

在传导机构这一环节中，金融机构在虚拟经济与实体经济的传导链条中起到了重要作用，金融媒介在"储蓄—投资"的转化过程中，通过影响经济发展中的货币流量，并借助各种职能手段调控虚拟资产投资率以进一步影响实体经济领域的投资率和消费率。虚拟经济与实体经济间影响的传导机构，理论上由中央银行、商业银行、投资银行及外汇银行等组成，这在图3-1中也可以体现出。在货币发挥其流通手段职能部分，中央银行对基础货币的创造起着关键作用，货币的流通是货币资本化的起点，也是虚拟经济演化过程中萌芽的基础。在以有价证券为载体的虚拟经济的演化发展过程中，投资银行的有形操作及对虚拟资本的有效引导起到重要作用。虚拟资本的逐渐累积，以及伴随经济全球化、信息网络技术等的发展，虚拟经济发展迅速，各国外汇银行进一步促进国际证券这一虚拟资本的发展，并传递影响到发行国际证券的实体经济企业的发展。

二、虚拟经济对消费的传导机制

虚拟经济通过影响消费这一因素的决策，从而最终影响实体经济的发展，这一传导机制体现于以下方面：

(一) 财富效应

狭义的财富效应指货币财富效应，主要指由于金融资产价格上涨（或下跌），导致金融资产持有者财富的增长（或减少），进而促进（或抑制）消费增长，影响短期边际消费倾向，促进（或抑制）经济增长的效应。哈伯勒（Haberler，1938）、庇古（Pigou，1943）等较早分析了"财富效应"（或称"实际余额效应"），认为货币余额的变动将会在消费者的消费支出方面引起变动，财富是消费最重要的决定因素之一。莫迪格利亚尼（Modigliani）和弗里德曼（Friedman）的"生命周期理论"和"持久收入假说"中也指出了虚拟资产价格与消费行为之间的关系，均强调了财富对家庭消费决策的重要性。综合以往学者的观点，"财富效应"通过以下三个渠道影响消费：

（1）莫迪格利亚尼理论的基本前提是消费者按照时间均匀地进行安排其消费，因此消费者的财富决定其消费支出的情况。在现代社会发展过程中，股票等虚拟资本是总财富的重要组成部分，因此，虚拟资产价格的变动将会影响消费。当金融资产价格上涨时，投资者将获得资本利得，其实际上构成了居民可支配收入的一部分，投资者认为自身财富增加，将会扩大消费需求。当边际消费倾向不变时，虚拟资产价格上涨，以金融资产的价格上涨为例，其最终影响到实体经济的传导路径如下：

金融资产价格↑→居民财富↑→消费↑→实体经济供给↑→总产出↑

（2）依据凯恩斯消费函数理论，消费是人们对未来收入预期的函数。例如，在金融市场发展过程中，虚拟资产的交易情况反馈未来经济增长加快或放慢的信号时，将会影响人们对未来实际收入的预期，从而影响到人们的当期消费状况。此外，资本市场的发展，亦会通过改善企业经营状况、扩大就业等行为间接影响居民收入，从而进一步刺激消费、需求、实体经济供给的增长。以虚拟经济的发展，具体如虚拟资产价格上涨、交易量上涨等为例，导致人们对未来收入预期提升，最终影响到实体经济发展的路径如下：

虚拟资产交易量↑→反馈整体经济发展状况↑→收入预期↑→消费↑→实体经济供给↑→总产出↑

（3）财富效应可通过提升企业效益拉动消费，进一步促进经济增长。资本市场的发展为企业加速上市提供了良好的环境，有利于扩大企业融资渠道，降低融资成本，以利于从整体上提升企业的经营绩效，并进一步促进整体国民经济的发展。此外，有助于企业通过制度创新，突破约束其发展的体制"瓶颈"，改善企业的投资意愿，进而带动消费支出的增长，并进一步促进整体经济的发展。

（二）资产的流动性效应

流动性效应是虚拟经济影响消费进而影响实体经济的另一条渠道。虚拟经济的发展通过影响资产所有者的资产流动性的选择，改变其资产组合结构，从而作用于其预期消费行为。以持有流动性强或弱的资产为例，不动产等资产的流动性弱，资产持有者在急需资金而出卖其持有的相应资产时，将导致这部分资产贬值，自身亦会受到损失。而在资产持有者持有流动性强的资产时，在急需资金的状况下，可较容易按照完全的市场价值将所持有的资产变现。因此，在资产持有者预期会发生财务困境时，相较于流动性弱的资产，其将更愿意持有更多流动性强的虚拟资产。

资产持有者在消费过程中，其资产负债状况对判断自身是否可能陷入财务困境具有重要影响。金融资产价格的变化将引起资产所有者的资产负债表的变化，并将影响金融资产在其持有的总资产中的比重，进一步影响资产所有者对自身财务困境的评价，从而导致其消费支出发生变化。不同消费品的流动性效应所起的作用不同，日常消费品为必需品，其与造成消费者财务困境的关联性不强；相反，大宗耐用消费品的支出金额较大，一些情况下将采取分期付款或抵押贷款的方式支付，将增强消费者的债务负担，因此，资产的流动性效应更多地对大宗耐用消费品的消费支出产生重要影响。当金融资产价格上涨时，资产所有者所持有的金融资产升值，自身财富增加，预期发生财务困境的几率降低，对耐用消费品的投资比率有可能增大，将导致耐用消费品的支出增加，进而刺激实体经济供给的增加。资产持有者所持资产流动性的不同影响到其消费状况并进一步影响实体经济的传递渠道如下：

金融资产价格↑→资产持有者的自身财富↑→贷款的可获得性↑→面临财务

困境的可能性↓→消费支出↑→实体经济供给↑→总产出↑

三、虚拟经济对投资的传导机制

虚拟经济通过影响投资决策进而最终影响实体经济发展的传导机制主要体现为以下方面：

（一）托宾 Q 效应

托宾的 Q 理论提供了一种有关股票价格与投资支出相互关联的理论。托宾 Q 理论可以有效地解释虚拟经济发展向实体经济传导的渠道之一。托宾（1969）提出托宾 Q 比率，该值为企业市场价值与其资产重置成本的比率。托宾 Q 比率常被用来作为衡量公司业绩表现或公司成长性的重要指标，托宾 Q 比率的高低影响企业的投资意愿。

如果股票价格上升，企业的市场价值与其资产重置成本的比值将提高，即托宾 Q 比率上升，企业购置新厂房和设备的资本将低于企业的市场价值，这种情况下，企业可通过发行较少的股票而得到较多的资金，可用于购买新的厂房和设备，从而企业的投资支出增加，导致投资扩张，并进一步促进实体经济的发展。相反，如果股票价格下降，企业的市场价值与其资产的重置成本的比值下降，即托宾 Q 比率降低，企业将不会购买新的投资品。这种情况下将导致企业投资支出降低，并进一步影响到实体经济的发展。因此，托宾 Q 效应中，虚拟经济发展传导至实体经济的渠道如下：

股票价格↑→托宾 Q 比率↑→投资↑→实体经济产出↑

（二）非对称信息效应

非对称信息理论认为，通过间接融资渠道进行市场融资的过程中，因信息不对称会出现逆向选择和道德风险，从而会降低银行的贷款意愿，影响企业的投资支出，并进一步影响社会经济发展。该理论认为，解决这一问题的有效方法是提高企业净值或贷款担保的价值，以减少企业融资过程中的逆向选择和道德风险。以企业的具体发展为例，企业净值增加，企业相关金融资产（股票或债券等）价格上升。一方面，净值的增加减轻了逆向选择问题；另一方面，企业较高的净值意味着所有者在企业中投入的资本较多，所有者从事风险投资的意愿将越低，进而减轻了道德风险问题。同时，较高的净值意味着贷款担保价值的提升，贷款收回的保障性提高，逆向选择几率降低。因此，企业净值增加、其相关金融资产价格上升可减轻逆向选择和道德风险状况，强化银行信贷渠道，有利于提升企业融资能力，企业投资支出增加将进一步带动实体经济发展。非对称性信息作用下，虚拟经济发展影响实体经济的传导渠道如下：

企业净值↑、其相关金融资产价格↑→逆向选择↓、道德风险↓→贷款↑→

投资支出↑→实体经济产出↑

(三) 资产负债表效应

资产负债表效应指金融资产价格变动会影响企业及银行的资产负债表状况，从而对企业的投资活动造成影响。金融资产价格大幅上涨，将使企业及银行的资产负债表状况好转，意味着企业的贷款担保价值及净资产提升、企业的还款能力增强以及银行的不良资产比率降低，使得银行对债务人的信贷约束相应放松，将有利于降低企业的外部融资成本。因此，在金融资产价格上扬的情况下，企业及银行的行为都将趋于乐观，会造成信贷扩张，投资活动活跃，从而有利于推动实体经济发展。在资产负债表效应下，虚拟经济发展通过影响投资，进一步影响实体经济增长的传导路径如图 3-2 所示。

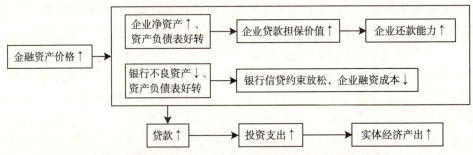

图 3-2　资产负债表效应中虚拟经济影响实体经济的传导路径

(四) 金融加速器效应

Bernanke 等 (1996) 提出金融加速器 (Financial Accelerator) 理论，该理论着眼于宏观经济波动的传导机制，阐述了信贷市场的不完美性导致的最初的反向冲击通过信贷市场状态的改变被加剧和传递的机理——金融加速器，揭示出信贷市场在"小冲击，大波动"现象中的重要作用。[118] 依据金融加速器理论，冲击对于经济产出的影响依赖于信贷市场所处的状态呈现非对称性，体现为相对于"放松"信贷市场状态，"紧缩"的信贷市场状态下冲击对于实体经济产出的影响更大，从而可能加剧宏观经济波动，恶化经济衰退趋势。① 金融加速器理论是许多理论研究的高度概括，如 Bernanke 和 Gertler (1989)、Greenwald 和 Stiglitz (1993)、Kiyotaki 和 Moore (1997) 以及 Costas 和 Bruce (1998) 所提出理论模型的结论均可作为支持金融加速器理论的证据。[119~122] Bernanke 等人认为，投资水

---

① 这里的信贷市场状态 (Credit Market Conditions) 反映了信贷约束 (Credit Constraints) 的程度。所谓信贷约束是指企业无法从银行获得所需信贷资金的现象。

平依赖于企业的资产负债表状况，较高的现金流量和资产净值对于投资有直接或间接的正面影响，当企业遭受经济发展中的正向或负向冲击时，经由信贷市场的作用，这种冲击对经济的影响将被放大，该效应被称为金融加速器效应。

现代经济发展过程中，虚拟经济系统的不断发展条件下，金融加速器的作用更加明显。虚拟经济规模的不断扩张，金融市场活跃，在此大环境下，企业和居民财富预期上升，进而信贷的可获得性增强，外部融资需求上升，可以进一步刺激消费和投资支出的增加，从而影响实体经济总产出增加。在此过程中，信贷市场、股票市场等的发展变化可进一步放大对实体经济的影响冲击。在经济周期的复苏与繁荣阶段，投资支出的增加有利于促进实体经济的向好发展。在实体经济良性发展环境下，企业利润提升，股价进一步上升，企业和居民的净财富持续增加，财务状况逐渐改善，信贷担保的价值不断上升，从而有利于改善融资的逆向选择和道德风险状况，信贷约束放松，融资渠道进一步强化，更多的借款人通过融资可获得投资所需的资金，进一步促进实体经济的增长与扩张。

第二节　我国虚拟经济领域发展概况

从我国的虚拟经济发展实际来看，在本书界定的虚拟经济的研究范畴内，以金融市场为代表的虚拟经济的重要组成部分，其发展结构尚不完善，股票市场起步较晚。然而，伴随市场经济的发展、经济的货币化及金融深化，我国虚拟经济发展迅速。从 1978 年改革开放以来以金融市场为代表的我国虚拟经济的发展情况看，虚拟经济的发展经历了以下阶段：

一、1978~1991 年我国虚拟经济发展处于起步阶段

1978 年改革开放以来，伴随我国经济体制、金融体制的改革，实体经济迅速发展，对金融结构的改革提出了更高要求，进一步推动了虚拟经济的发展。在这一阶段，我国经济体制改革取得了突破性进展，虚拟资产规模占 GDP 的比例逐渐提升。伴随四大商业银行的恢复和建立、国家外汇管理局、中国国际信托投资公司、中国投资银行等的创立，金融机构体系多层次发展，有效增加了资金供给量。1990 年，银行固定资产贷款余额已占当年固定资产投资总额的 50% 以上，成为实体经济发展的重要资金来源。

金融市场的建设过程中，同业拆借市场、商业票据业务、债券市场、外汇市场、股票市场等的建设和发展，进一步拓展了促进实体经济发展的融资渠道，以

满足实体经济发展的多层次、多角度资金需求。1984年同业拆借市场建立，1986年底拆借量达300亿元。1986年起中国人民银行正式开办对专业银行的再贴现业务，1987年底全国商业票据贴现金额达200多亿元。我国国债的发行于1981年得以恢复，现代意义上的国债市场开始起步。1988年银行柜台现券交易市场逐步建立起来，形成了最早的国债场外交易市场。1990年上海证券交易所成立，推动了国债场内交易的发展。1990年底，我国证券市场交易额约120亿元，其中国债交易额约100亿元，占证券市场交易额的83%左右。1990年12月19日上海证券交易所正式营业，1991年7月3日深圳证券交易所开始运作，我国股票市场发展起步，这一时期由于发行股票的企业被严格限制，股票市场发展仍十分缓慢。

二、1992~2004年我国虚拟经济处于平稳较快发展阶段

1992年邓小平同志"南方谈话"提出改革的步伐需再大一些后，1993年中共十四届三中全会召开，进一步推动了金融体制改革。《中国人民银行法》、《商业银行法》、《保险法》及《票据法》等的颁布，以及新的《外汇管理条例》和《贷款通则》等，奠定了虚拟经济发展的法律和制度基础。在重大金融体制改革的基础上，通过制度创新，促使虚拟经济步入了逐步发展阶段。在金融机构建设方面，逐步建立了由银监会、证监会及保监会构成的我国金融业分业监管体系；大力扶持新型商业银行和非银行金融机构的发展，极大地丰富了金融业种类，满足了实体经济迅速发展对金融机构多角度、全方位的金融服务需求，通过多层次的资金支持、资金渗透等促进了资源优化配置，进一步促进了实体经济发展。

随着经济的快速发展和金融体制改革的深入，我国金融市场建设发展迅速，为经济的发展提供全方位的金融服务与融资支持，具体发展情况如下：

（1）建立了银行间同业拆借市场，市场规模逐步扩大。1996年，中国人民银行组建了全国银行间同业拆借市场，进一步促使同业拆借市场步入规范、快速发展轨道。1998年开始，逐步允许外资银行、商业银行授权分行以及证券公司、基金管理公司、保险公司等进入同业拆借市场，使银行间同业拆借市场主体规模不断扩大，为该市场的发展打下了良好基础。1996年，全国银行间同业拆借市场的资金拆借量达5826亿元，日均成交量为20多亿元，而2003年该市场的资金拆借已接近2万亿元。

（2）票据市场迅速发展，并成为企业融资的有效渠道。1996年1月《票据法》颁布实施，为票据业务的发展提供了法律依据，我国票据市场进入快速发展时期。2000年以来，由于票据业务具有周转快、安全性高等特点，且票据融资成本低于银行贷款，票据业务成为商业银行新的利润增长点，并进一步拓展了企

业融资渠道。2002 年，国内票据市场交易额占货币市场交易额的 1/3 以上，2003 年我国累计票据贴现和再贴现达 4.44 万亿元。

（3）债券市场上发债主体不断增加，债券交易额逐年增长，有效推动了债券市场的发展。1994 年以来，我国国债市场进入快速发展时期，发行规模日益扩大，流通市场格局由交易所市场主导逐步演化为银行间场外市场为主导，进一步加速了国债流通市场的发展。2002 年总计发行达 6061.3 亿元，是 1994 年的 6 倍。2002 年起，我国企业债券呈快速发展趋势，该年共发行企业债券 325 亿元，为 1993 年以来的最高发行量。此外，政策性金融债券自 1994 年开始起步，2002 年 12 月底累计发行量达 13548.22 亿元。

（4）外汇市场的建设方面。伴随外汇市场的发展，1994 年起我国已建立起统一的外汇市场，既包括客户与外汇指定银行间的零售市场，又包括银行间外汇市场。外汇市场交易额 1995~2004 年的情况具体如图 3-3 所示。我国外汇成交额由 1995 年的 655.2 亿美元，增加至 2001 年的 750.33 亿美元，此后成交规模增长迅速，2003 年达 1511.3 亿美元，2004 年增至 2090.4 亿美元，外汇市场发展活跃。

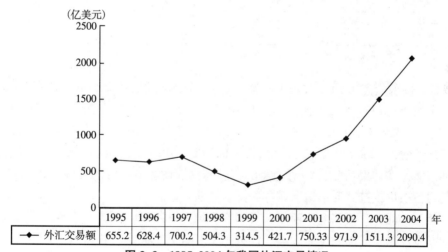

图 3-3 1995~2004 年我国外汇交易情况
资料来源：中国人民银行网站。

（5）股票市场建设方面。1993 年通过的《中共中央关于建立社会主义市场经济体制若干问题的决定》中指出，需积极稳妥地发展资本市场，国家逐渐重视对资本市场的发展。该阶段我国资本市场发展加速，其中，股票市场快速发展，市场结构逐步优化，融资规模和交易规模亦迅速扩大，股票市场概况的相关数据具体如表 3-1 所示。从表 3-1 可以看出，境内上市公司由 1993 年底的 183 家，上升到 2004 年的 1377 家。我国股票市场筹资额不断增多，1996 年筹资总额为

425.08 亿元，1997 年达 1293.82 亿元，2000 年为 2103.24 亿元。此外，市价总值亦呈上升趋势，2000 年达到 48091 亿元，2004 年为 37056 亿元。股票市价总值占 GDP 的比重由 1993 年的 9.99%，上升至 2000 年的 48.47%，2003 年为 31.26%，2004 年为 23.18%。

表 3-1　1993~2004 年我国股票市场发展情况

年份	境内上市公司数（家）	市价总值（亿元）	流通市值（亿元）	筹资总额（亿元）	市价总值/GDP（%）
1993	183	3531	862	375.47	9.99
1994	291	3691	969	326.78	7.66
1995	323	3474	938	150.32	5.71
1996	530	9842	2867	425.08	13.83
1997	745	17529	5204	1293.82	22.20
1998	851	19506	5746	841.52	23.11
1999	949	26471	8214	944.56	29.52
2000	1088	48091	16088	2103.24	48.47
2001	1160	43522	14463	1252.34	39.69
2002	1224	38329	12485	961.75	31.85
2003	1287	42458	13179	1357.75	31.26
2004	1377	37056	11689	1510.94	23.18

资料来源：中经网数据库及中国国家统计局网站。

（6）各项贷款方面。改革开放以来，伴随经济发展需要，各项贷款逐步增多。中国人民银行网站数据显示，1993 年金融机构人民币信贷资金平衡表中各项贷款为 32943.1 亿元，1997 年达 74914.1 亿元，2000 年底各项贷款升至 99371.1 亿元，2004 年底各项贷款余额已达到 178198 亿元。贷款的逐年增加，有利于满足实体经济发展的资金需求，以有效推动实体经济的发展。1993~2004 年我国各项贷款数据变动情况具体如图 3-4 所示。

此外，证券投资基金和商品期货的成交量亦逐年增大，进一步推动了虚拟经济的发展。据中经网数据库资料，证券投资基金成交额统计数据从 1998 年开始，1998 年证券投资基金成交额为 555.33 亿元，1999 年为 1623.12 亿元，2000 年达 2465.79 亿元，2001 年达 2561.88 亿元，2002 年开始成交额出现下降趋势，2004 年为 728.58 亿元。1998 年商品期货交易额为 36967.24 亿元，2003 年达 108396.59 亿元，2004 年升至 146935.32 亿元。图 3-5 显示了 1998 年以来我国证券投资基金成交额及商品期货成交额情况。

三、2005 年以来我国虚拟经济处于快速发展阶段

据中国人民银行网站资料显示，2005 年底金融机构本外币各项贷款达

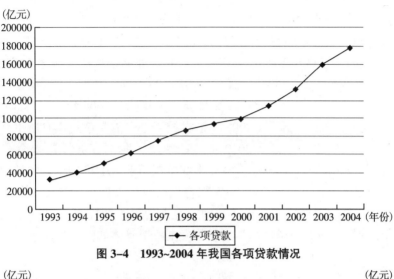

图 3-4　1993~2004 年我国各项贷款情况

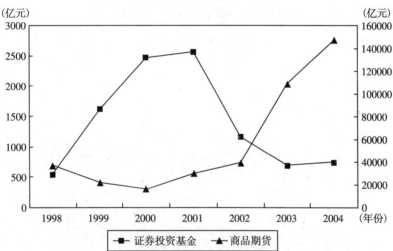

图 3-5　1998~2004 年我国证券投资基金及商品期货成交额情况

206838.48 亿元，2006 年底各项贷款余额达 238279.78 亿元，贷款额逐年上升，2010 年底金融机构人民币信贷收支统计中各项贷款额已达 479195.55 亿元。广义货币供应量 2005 年底为 298755.7 亿元，同比增长 17.57%；2006 年底广义货币供应量为 345603.6 亿元，2007 年底同比增长 16.7%；2008 年底为 475166.6 亿元，此后增长迅速，2009 年底为 606225.01 亿元，同比增长 27.7%；2010 年底达725851.79 亿元。2005 年以来，股票市场、债券市场、期货市场、基金市场、外汇市场等亦发展迅速。2005 年，我国股票成交额为 31664.79 亿元，2006 年为90468.91 亿元，2007 年成交额升至 460556.23 亿元，2008 年受国际金融危机影响，成交额下降，达 267112.66 亿元，2010 年底为 545633.52 亿元。2005 年底交易所国债成交额合计 26401.8 亿元，2006 年底为 10633.49 亿元，2007 年国债成交额为 19545.67 亿元，2008 年达 26391.17 亿元，2009 年开始国债成交额增长迅速，2010 年底达 67539.43 亿元。2005 年，我国商品期货成交额为 135509.46 亿元，而后发展迅速，2007 年成交额达 400733.27 亿元。2005 年，我国证券投资基金成交额为 773.13 亿元，此后成交规模迅速增大，2006 年底已达 1909.68 亿元，2007 年底为 8620.1 亿元；2008 年证券投资基金成交额规模有所下降，年底合计达到 5831.06 亿元；截至 2010 年第三季度，我国证券投资基金交易额达 7696.86 亿元。中国银监会公布 2010 年末我国银行业金融机构境内本外币资产总额为 94.3 万亿元，同比增长 19.7%。① 综合以上分析可见，2005 年开始以金融市场为代表的我国虚拟经济发展迅速，虚拟经济规模逐渐扩张，2005 年以来我国广义货币供应量、股票市场、债券市场等发展概况具体如图 3-6 所示。

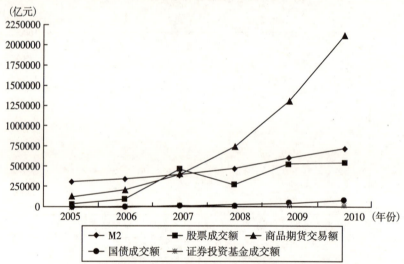

图 3-6　2005 年以来我国广义货币供应量、股票市场、债券市场等发展概况

第三节　我国虚拟经济发展对实体经济
代表层面的影响

分析虚拟经济发展对实体经济代表层面的影响，将结合本章第一节虚拟经济

---

① 资料来源：http://forex.stockstar.com/IG2011012130000801.shtml.

对实体经济传导机制与作用机理的分析，依据我国经济发展实际，具体展开阐释虚拟经济资源配置对实体经济产业结构、对我国社会财富效应以及对实体经济投资扩张效应的影响的分析，以进一步理清虚拟经济的发展对实体经济领域相关层面的影响作用关系。具体的实证分析中，将遵循本书对狭义虚拟经济概念的界定，主要分析以金融市场为代表的我国虚拟经济发展情况对实体经济的影响。

一、虚拟经济资源配置对实体经济产业结构的影响

虚拟经济的发展不仅影响国民经济的运行方式及稳定状况，同时虚拟资本的运动进一步促进了资源的优化配置，金融市场价格信号功能亦会诱发资源在不同行业、企业间的流动，甚至在微观领域直接影响企业资源的拥有量。因此，对虚拟经济资源配置对实体经济领域的影响，可进行三个方面的分析：资源配置的宏观效率方面，即虚拟经济的发展引起资源在不同地区、不同行业间的流动，这种资源流动活动最终影响到产业结构的发展变动；资源配置的中观效率，即虚拟资本的市场运动及价格信号的作用，促使资源配置从低效率企业流向高效率企业，进而影响到市场整体企业的发展状况；资源配置的微观效率方面，即微观经济主体（具体可以上市公司为例）通过虚拟资本形式将筹集到的货币资金投入到实体经济领域的实际生产活动中，有效创造了产出。由于资源配置的中观效率高低与市场价格信号紧密相关，经济发展的不同时期甚至不同时点均可能出现不同的价格信号，而有效地把握市场价格信号变动对资源流动的影响难以测量。同时，资源配置的微观效率方面，由于上市公司众多，不同上市公司的具体筹资及资金运用情况不同，故难以进行不同上市公司间虚拟经济资源配置对其发展影响的比较分析。鉴于此，本书该部分将着重分析虚拟经济资源配置的宏观效率方面，具体研究虚拟经济资源配置对实体经济产业结构发展的影响。

（一）虚拟经济资源配置的宏观效率描述

对于虚拟经济资源配置的宏观效率分析可从两方面展开，即资源配置的地区结构和行业结构角度。此处对虚拟经济的研究，亦遵照第二章对狭义虚拟经济研究范畴的界定，将着重以股票市场为例进行具体分析。

1. 股票市场资源配置的地区结构

由于上市公司可通过发行股票等有效筹集发展资金，因此，上市成为重要的筹资渠道之一，不同地区上市公司数量的差异在一定程度上体现了股市对资源配置的地区差异。表3-2反映了2009年底我国上市公司及股票交易额分布的地区结构。

表 3-2   2009 年底我国上市公司及股票交易额的地区分布

地区	上市公司数（家）	占比（%）	股票交易额（亿元）	占比（%）
北京	127	7.39	152130.1	14.19
天津	28	1.63	21715.04	2.03
河北	35	2.04	20685.05	1.93
辽宁	52	3.03	24770.7	2.31
上海	167	9.72	174690	16.30
江苏	130	7.57	57545.39	5.37
浙江	137	7.97	67396.06	6.29
福建	58	3.38	42512.63	3.97
山东	100	5.82	45925.77	4.28
广东	225	13.10	150126	14.01
海南	21	1.22	5402.817	0.50
东部地区合计	1080	62.86	762899.56	71.18
山西	27	1.57	23941.37	2.23
内蒙古	20	1.16	13669.84	1.28
吉林	34	1.98	14581.04	1.36
黑龙江	27	1.57	15478.29	1.44
安徽	57	3.32	20647.87	1.93
江西	26	1.51	16416.22	1.53
河南	41	2.39	22720.25	2.12
湖南	52	3.03	19896.87	1.86
湖北	67	3.90	30399	2.84
广西	26	1.51	8742.847	0.82
中部地区合计	377	21.94	186493.597	17.40
四川	71	4.13	36320.46	3.39
贵州	17	0.99	7714.167	0.72
云南	27	1.57	12689.9	1.18
西藏	9	0.52	2402.65	0.22
陕西	30	1.75	14382.54	1.34
甘肃	22	1.28	10650.12	0.99
青海	9	0.52	6828.28	0.64
宁夏	11	0.64	2425.74	0.23
新疆	34	1.98	17288.44	1.61
重庆	31	1.80	11700.07	1.09
西部地区合计	261	15.19	122402.367	11.42
全国总计	1718	100	1071795.52	100

资料来源：根据《中国证券期货统计年鉴》（2010）整理计算，其中对于东部地区、中部地区、西部地区的具体划分依据国家统计局当时的经济区域划分而统计的数据。

由表3-2可以看出，2009年底我国上市公司总计1718家，上市公司数量在地区分布上极不平衡，东部地区上市公司数量总计为1080家，占全国上市公司数量的62.86%；中部地区上市公司合计377家，占全国上市公司数量的21.94%；西部地区上市公司合计261家，占全国上市公司的比重为15.19%。其中，从省市来看，上市公司比重排在前五位的分别是广东225家，占总比重的13.10%；上海167家，占总上市公司数的9.72%；浙江137家，占总上市公司数的7.97%；江苏130家，占总比重的7.57%；以及北京127家，占总比重的7.39%。从2009年股票效易额的地区分布看，全国各地区总计股票交易额1071795.52亿元（不包括境外及其他），东部地区交易额合计762899.56亿元，占总比重的71.18%；中部地区交易额合计186493.597亿元，占全国总交易额的17.40%；西部地区交易额合计122402.367亿元，占总比重的11.42%。上市公司数量地区分布的不平衡导致不同地区股市筹资数量的多寡，进一步影响到投入实体经济的资金量以及实体经济的发展状况。综合以上，可见东部地区的股市资源配置率高于中部地区的，中部地区的资源配置率高于西部地区的，股市资源配置的地区不均衡现象在一定程度上加剧了我国东、中、西部地区经济发展的差距。

2. 股票市场资源配置的行业结构

股市融资功能的发挥亦可体现国家产业政策的变化，因此，有必要对资本市场融资的行业结构特征进行统计分析。表3-3给出了1998~2009年我国A股IPO筹资额不同行业的状况。从表3-3可以看出，1998~2009年，A股IPO筹资总额排在前五位的行业分别是金融、保险业（占比24.33%），采掘业（占比16.41%），机械、设备、仪表（占比9.02%），建筑业（占比8.90%），以及交通运输、仓储业（占比7.57%）。为了进一步分析不同时期行业融资的动态分布变化，笔者将1998~2009年我国A股IPO融资占比排名前三位的行业进行了整理（见表3-4）。

表3-3 1998~2009年我国A股IPO筹资额的行业结构

行业	筹资额（亿元）	占比（%）
农、林、牧、副、渔业	44.0695	0.31
采掘业	2324.186	16.41
食品、饮料	303.1687	2.14
纺织、服装、毛皮	243.3818	1.72
木材、家具	67.62253	0.48
造纸、印刷	166.903	1.18
石油、化学、橡胶、塑料	644.0124	4.55
电子	283.1921	2.00
金属、非金属	680.2342	4.80

续表

行业	筹资额（亿元）	占比（%）
机械、设备、仪表	1277.725	9.02
医药、生物	353.9711	2.50
其他制造业	102.9696	0.73
电力、蒸汽及水的生产及供应业	475.5524	3.36
建筑业	1260.186	8.90
交通运输、仓储业	1072.271	7.57
信息技术业	438.8576	3.10
批发和零售贸易	220.8883	1.56
金融、保险业	3446.517	24.33
房地产业	195.7379	1.38
社会服务业	264.0897	1.86
传播及文化产业	59.8978	0.42
综合类	238.5143	1.68
合计	14163.94793	100

资料来源：依据《中国证券期货统计年鉴》（1999~2010 年）数据整理计算。

表 3-4　1998~2009 年我国 A 股 IPO 融资占比前三名的行业

单位：%

年份	排名 1	占比	排名 2	占比	排名 3	占比
1998	石油化学	17.12	机械	13.67	金属、非金属	13.36
1999	机械	16.41	信息技术	13.77	金属、非金属	13.62
2000	机械	12.47	金属、非金属	13.46	信息技术	10.09
2001	石油化学	16.68	机械	14.36	信息技术	11.51
2002	信息技术	22.84	金融、保险业	20.64	金属、非金属	12.66
2003	电力蒸汽	25.12	交通运输	15.77	金融、保险业	12.35
2004	机械	28.55	医药生物	21.01	石油化学	9.39
2005	电力蒸汽	38.63	金属、非金属	9.68	采掘业	8.5
2006	金融、保险业	56.19	交通运输	22.42	采掘业	4.36
2007	批发零售	45.25	农林牧副渔	34.02	建筑业	6.82
2008	采掘业	43.28	建筑业	21.51	机械	12.54
2009	建筑业	35.21	机械	21.46	金融、保险业	10.92

资料来源：依据《中国证券期货统计年鉴》（1999~2010 年）数据整理计算。

由表 3-4 可以看出，1998 年行业融资排在前三位的分别是石油化学（占比17.12%）、机械（13.67%）、金属及非金属行业（占比 13.36%），这与这一时期国家产业发展政策的影响不无关系，这三大行业均是国家产业发展的重点工业行业，亦体现了资本市场的融资支持。1999~2002 年，可以看出信息技术的融资占比提升迅速，连续四年进入排名前三位，2002 年信息技术 A 股 IPO 融资占比排第一位达 22.84%。这与 20 世纪 90 年代以来国家不断提升对信息技术产业的支持力度有关，尤其 90 年代中期以来以信息技术为支撑的新经济形式的出现进一步推动了信息技术产业的发展，信息时代发展背景下国家更加重视信息技术的发展。2002 年、2003 年金融业融资比重连续两年进入排名前三位，2006 年更升至第一位，融资占比高达当年的 A 股 IPO 融资总额的 56.19%；2009 年亦进入前三位，融资占比为 10.92%。金融业融资占比的提升，一方面体现出国家对金融业改革的迫切性，另一方面体现出资本市场对金融业改革的支持力度亦逐渐增强。此外，从 2005 年以来按不同行业所属的产业融资变化情况看，第二产业融资占比仍然较高，但第一产业及第三产业的融资占比逐渐提升，这亦体现出国家产业政策的倾斜。

（二）虚拟经济资源配置对实体经济产业结构发展影响分析

我国股票市场资源配置的宏观效率情况必然对我国国民经济的产业结构发展造成影响。由于前文在分析我国虚拟经济发展概况时亦发现，有些数据从 1998 年开始有统计（如证券投资基金数据等），为统一口径，故本书的以下实证分析样本区间均将选取 1998 年以后的数据（下同，备索）。图 3-7 显示了 1998 年以来我国三次产业增加值分别占 GDP 的比重变化情况。从图 3-7 可以看出，第一产业占 GDP 的比重整体呈波动下降趋势，而第二及第三产业占 GDP 的比重呈波动上升趋势。为了进一步分析虚拟经济资源配置对我国实体经济产业结构的影响，本书将建立以股市为代表的虚拟经济发展情况与产业结构变化间的相关关系模型，进行具体分析。

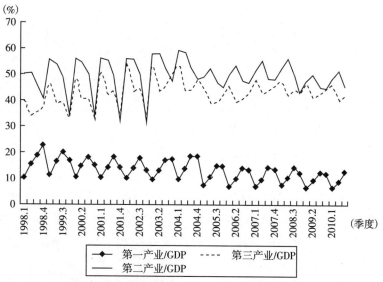

图 3-7　1998 年一季度至 2010 年三季度我国三次产业增加值占 GDP 比重

以实际 GDP 发展水平（以 1998 年一季度 CPI 为基期，下同）进行产业结构变化与股市发展间的相关关系分析。由于在我国产业结构变动中，第二及第三产业比重逐渐上升，且所占比重较大，以及在以上分析的股市资源配置中对第二和第三产业的资源配置率较高，因此，在此将着重分析第一产业结构及第二和第三产业结构与股市发展间的关系。以 GDPR$_1$、GDPR$_{23}$ 分别表示第一产业和第二、三产业的产值比例，以 GC、GJ 分别表示股市筹资额和股市市价总值变量。样本区间选取 1998 年一季度至 2010 年三季度的季度数据，对 GC、GJ 变量进行 X12季节调整，并取自然对数后，分别记为 LNGC、LNGJ。表 3-5、表 3-6 分别给出了第一产业结构变化与股市筹资额间的相关关系以及第二、三产业结构变化与股市筹资额间的相关关系。

表 3-5　GDPR$_1$ 与 LNGC 间相关关系

变量	系数	标准误	T 统计量	P 值
C	12.414630	3.350987	6.688963	0.0000
LNGC	−0.045725	0.530161	−2.802402	0.0072
拟合优度	0.749132	标准差	0.013628	
调整后的拟合优度	0.725499	AIC 值	3.454598	
SC 值	3.530356	DW 值	2.089109	

表 3-6　GDPR$_{23}$ 与 LNGC 间相关关系

变量	系数	标准误	T 统计量	P 值
C	6.920460	9.765729	8.900561	0.0000
LNGC	0.282070	1.545041	4.531185	0.0377
拟合优度	0.949132	标准差	0.027863	
调整后的拟合优度	0.915499	AIC 值	−5.670437	
SC 值	−5.511425	DW 值	1.936763	

由表 3-5 和表 3-6 分别写出方程如下：

$$GDPR_1 = 12.41463 - 0.045725LNGC \tag{3-1}$$
$$(6.6890) \quad (-2.8024)$$

$$GDPR_{23} = 6.92046 + 0.28207LNGC \tag{3-2}$$
$$(8.9006) \quad (4.5312)$$

由表 3-5、表 3-6 及式（3-1）、式（3-2）的结果可以看出，股市筹资额对产业结构的变化作用显著。股市筹资额增加与第一产业结构变动间呈负相关关系，而与第二、三产业间呈正相关关系，其弹性系数分别为 −0.045725、0.282070，即股市筹资额每增加 1%，将影响第一产业结构比重下降 0.0457%，而第二、三产业比重上升0.2821%。这一结果验证了我国股市发展过程中资源向第二及第三产业集中与转移的现象。

表3-7 GDPR$_1$与LNGJ间相关关系

变量	系数	标准误	T统计量	P值
C	20.80849	7.454629	5.340104	0.0000
LNGJ	−0.201116	0.613787	−3.586121	0.0008
拟合优度	0.821546	标准差	0.018792	
调整后的拟合优度	0.789625	AIC值	5.370197	
SC值	5.445955	DW值	2.064823	

表3-8 GDPR$_{23}$与LNGJ间相关关系

变量	系数	标准误	T统计量	P值
C	19.23951	22.65238	3.498065	0.0010
LNGJ	0.356853	1.865116	2.566642	0.0435
拟合优度	0.849132	标准差	0.012548	
调整后的拟合优度	0.795499	AIC值	−3.398650	
SC值	−3.576439	DW值	1.994652	

由表3-7和表3-8分别写出方程如下：

$$GDPR_1 = 20.80849 - 0.21116LNGJ \qquad (3-3)$$
$$\qquad (5.3401) \qquad (-3.5861)$$

$$GDPR_{23} = 19.23951 + 0.356853LNGJ \qquad (3-4)$$
$$\qquad (3.4981) \qquad (2.5666)$$

表3-7和表3-8分别给出了第一产业结构和第二、三产业结构变动与股票市价总值间的相关关系结果。从表3-7和表3-8及式（3-3）、式（3-4）可以看出，T检验均通过，表示结果显著，股票市场市价总值规模扩张对产业结构的影响作用与股市筹资额变量对产业结构的影响方向相同。股市市值每扩大1%，影响第一产业结构比重下降0.2011%，而影响第二、三产业结构比重上升0.3569%。对比股市筹资额与股票市价总值对产业结构变动的影响可以看出，股票市价总值对第一及第二和第三产业结构变动的影响均较大。其中，实证检验结果显示股市市值扩大对第二、三产业结构变动影响的弹性系数高于股票筹资额变量对其影响的弹性，这与股市市值扩张必然带动与股票市场相关联的第三产业中金融中介机构的发展的事实相符。因此，综合以上的分析认为，股市规模扩张对第二、三产业结构水平的提升有较显著影响。

二、虚拟经济与社会财富效应

(一) 模型构建

1. 消费函数模型构建的理论依据

截至目前，我国虚拟经济的发展中尤以股票市场的发展最具有代表性，股市的涨跌会直接影响居民的现实收入和预期收入。因此，此处进行虚拟资本的财富效应分析时，将以股票市场的实际发展情况为例。

在已有研究中，经济学家提出的若干用于经验研究的消费函数中，具有稳态性质的有 Modigliani 等提出的消费函数。Modigliani 和 Brunbeng（1954）在资产收益率（利率）不变以及人口年龄结构不变的条件假设下，提出了生命周期假说宏观消费函数，其表达式如式（3-5）所示。[127]

$$C_t = \alpha A_t + \beta Y_t + \gamma Y_t^e \tag{3-5}$$

式（3-5）中，C 表示消费，A 表示资产，Y 表示收入，Y^e 表示与其收入的现值。Ando 和 Modigliani（1963）利用 Y 代替 Y^e 将宏观消费函数的形式变为式（3-6）。[128]

$$C_t = aA_t + bY_t \tag{3-6}$$

由于式（3-5）及式（3-6）均涉及资产数据，由于测算困难，为此，Davidson 等（1978）引入关系式（3-7）：

$$A_t - A_{t-1} = Y_{t-1} - C_{t-1} \tag{3-7}$$

因此，消费函数变为式（3-8）：

$$C_t = (1-a) C_{t-1} + bY_t + (a-b) Y_{t-1} \tag{3-8}$$

式（3-8）所表示的消费函数关系被理论界认为生命周期假说消费函数的代表式。因此，本章该部分的研究中将以该模型为理论依据进行具体分析。

2. 消费函数模型构建及指标选取

由于本书该部分将主要检验虚拟经济系统代表市场股市对实体经济领域消费的影响关系，将对式（3-8）的消费函数模型进行适当扩充，在解释变量中加入股市的变化因素。为测量各因素的相对变化率，对各代表变量取对数形式，则模型可构建如式（3-9）所示。

$$LNC_t = A_1 LNC_{t-1} + A_2 LNY_t + A_3 LNY_{t-1} + A_4 LNSZ \tag{3-9}$$

式（3-9）中，C_t 的代表变量选取当期社会消费品零售总额，C_{t-1} 表示上一期社会消费品零售总额，Y_t 代表变量选取当期城乡居民人均可支配收入，Y_{t-1} 表示上一期城乡居民人均可支配收入，股市 SZ 代表变量选取上证 A 股综合指数。

（二）计量方法说明

1. 序列平稳性检验

建模之前应判断序列的平稳性。最广泛采用的方法即是"单位根检验"。单位根检验的基本思路是：包含单位根过程是大多数经济时间序列非平稳性的原因，因此可以通过检验是否存在单位根来检验时间序列的平稳性。单位根检验的方法很多，本书以 ADF 检验为主。ADF 方法基于以下三个模型进行检验：

$$\Delta y_t = \rho y_{t-1} + \sum_{i=1}^{k} \gamma_i \Delta y_{t-i} + \mu_t$$

$$\Delta y_t = c + \rho y_{t-1} + \sum_{i=1}^{k} \gamma_i \Delta y_{t-i} + \mu_t \tag{3-10}$$

$$\Delta y_t = c + \alpha t + \rho y_{t-1} + \sum_{i=1}^{k} \gamma_i \Delta y_{t-i} + \mu_t$$

检验的原假设为 y_t 含有单位根。检验从第三个方程开始，依次向上，检验拒绝原假设时，原序列不存在单位根，为平稳序列。

2. Granger 因果关系检验

Granger 因果关系检验主要考察两变量间的关系，其假定了有关 y 和 x 每一变量的预测的信息全部包含在这些变量的时间序列中。检验要求估计以下的回归过程：

$$y_t = \sum_{i=1}^{q} \alpha_i x_{t-i} + \sum_{j=1}^{q} \beta_j y_{t-j} + \mu_{1t}$$

$$x_t = \sum_{i=1}^{q} \lambda_i x_{t-i} + \sum_{j=1}^{q} \delta_j y_{t-j} + \mu_{2t} \tag{3-11}$$

式（3-11）中方程假定当前 y 与 y 自身以及 x 的过去值有关，方程二对 x 也假定了类似的行为。原假设分别为 $\alpha_1 = \alpha_2 = \cdots = \alpha_q = 0$，$\delta_1 = \delta_2 = \cdots = \delta_q = 0$。用 F 检验来检验此假设，以检验 x 是否是 y 的原因为例，则：

$$F = \frac{(RSS_R - RSS_{UR})/q}{RSS_{UR}/(n-k)} \tag{3-12}$$

其遵循自由度为 q 和 n-k 的 F 分布。n 为样本容量，q 等于滞后项 x 的个数，即有约束回归方程中待估参数的个数，k 是无约束回归方程中待估参数的个数。如果在选定的显著性水平上 F 值超过了临界值，则拒绝原假设，表明 x 是 y 的原因。

3. 协整检验和误差修正模型

（1）协整检验。协整检验从检验对象上可以分为两种：一种是基于回归系数的协整检验，比如 Johansen 协整检验；另一种是基于回归残差的回归检验，比如 DF 检验和 ADF 检验。本书主要运用前者。Johansen 协整检验是以 VAR 模型为基础的，是多变量协整的较好的方法。一般来说，如果两个时间序列 $y_t \sim I(d)$，$x_t \sim I(b)$，并且这两个时间序列的线性组合 $a_1 y_t + a_2 x_t$ 是 $d-b$ 阶单整的，则 y_t 和 x_t 被称为 (d,b) 阶协整，记为：y_t，$x_t \sim CI(d, b)$。其中 CI 是协整符号，线性组合 (a_1, a_2) 为协整向量。k 个时间序列协整的定义与此类似。

对于 k 维向量 y_t 最多可能存在 $k-1$ 个线性无关的协整向量。协整检验的基本思想是：首先建立一个 VAR(p) 模型 $y_t = A_1 y_{t-1} + \cdots + A_p y_{t-p} + B x_t + \varepsilon_t$，$t = 1, 2, \cdots, T$，其中 $y_{1t}, \cdots, y_{kt}$ 都是非平稳的 I(1) 变量；x_t 是一个确定的 d 维外生向量，代表确定项；ε_t 是 k 维扰动向量，将该式作差分变换，可得：

$$\Delta y_t = \prod y_{t-1} + \sum_{i=1}^{p} \Gamma_i \Delta y_{t-i} + B x_t + \varepsilon_t \tag{3-13}$$

其中，$\prod = \sum_{i=1}^{p} A_i - I$，$\Gamma_i = -\sum_{j=i+1}^{p} A_j$。经过差分后，式（3-13）中的 Δy_t、Δy_{t-i} 都是 I(0) 变量构成的向量，那么只要 $\prod y_{t-1}$ 是 I(0) 向量，就能保证 Δy_t 是平稳过程。变量 $y_{1,t-1}, y_{2,t-1}, \cdots, y_{k,t-1}$ 之间是否具有协整关系主要依赖于矩阵 $\prod$ 的秩。假设 $\prod$ 的秩为 r，则存在三种情况如下：

第一，如果 $r = k$ 时，只有当 $y_{1,t-1}, y_{2,t-1}, \cdots, y_{k,t-1}$ 都是 I(0) 时，才能保证 $\prod y_{t-1}$ 是 I(0) 变量的构成向量，而这与已知条件 y_t 为 I(1) 过程矛盾，所以有 $r < k$。

第二，如果 $r = 0$，则 $\prod = 0$，式（3-13）则是个差分方程，各项均为 I(0) 变量，不需要讨论协整关系。

第三，如果 $0 < r < k$，则表示存在 r 个协整组合，其余 $k-r$ 个仍为 I（1）关系。基于此，$\prod$ 可以分解为两个 $k \times r$ 阶矩阵 α 和 β 的乘积，即 $\prod = \alpha\beta'$，将其代入式（3-14），则得到：

$$\Delta y_t = \alpha\beta' y_{t-1} + \sum_{i=1}^{p-1} \Gamma_i \Delta y_{t-i} + B x_t + \varepsilon_t \tag{3-14}$$

其中，$\beta' y_{t-1}$ 是一个 I(0) 向量，β' 为协整向量矩阵，r 为协整向量个数。

（2）误差修正模型。基于上述分析，如果 y_t 所包含的 k 个 I(1) 过程存在协整关系，则当不包含外生变量时，$\Delta y_t = \alpha \beta' y_{t-1} + \sum\limits_{i=1}^{p-1} \Gamma_i \Delta y_{t-i} + \varepsilon_t$。其中每个方程的误

差项都有平稳性，该协整体系用误差修正模型表示则是 $\Delta y_t = \alpha ecm_{t-1} + \sum\limits_{i=1}^{p-1} \Gamma_i \Delta y_{t-i} +$

ε_t，其中每个方程都是一个误差修正模型，$ecm_{t-1} = \beta' y_{t-1}$ 是误差修正项，反映变量之间的长期均衡关系，系数向量 α 反映变量之间均衡关系偏离长期均衡状态时，将其调整到均衡状态的速度；所有作为解释变量的差分项的系数反映各变量的短期波动对作为被解释变量的短期变化的影响。

4. 多项式分布滞后模型

对于经济系统而言，经济系统中相关经济政策的传导、经济行为的相互影响和渗透都需要一定的时间，因此要考虑变量之间的滞后关系，需要建立分布滞后模型。而一般的滞后模型在滞后期较多的情况下，会损失很多信息，也存在着高度多重共线性等问题，因此较多使用的方法是多项式分布滞后，即 Almon 分布滞后。一般情况下，p 阶 PDLs 模型假设系数 β_i 服从如下的 p 阶多项式形式：

$$\beta_i = \gamma_1 + \gamma_2 (i - \bar{c}) + \cdots + \gamma_{p+1} (i - \bar{c})^p, \quad i = 0, 1, \cdots, k, \; k > p \qquad (3-15)$$

其中，$\bar{c}$ 是事先定义的常数，当 p 为奇数时，取值为 $(k-1)/2$，当 p 为偶数时，取值为 k/2。将式（3-15）代入一般的分布滞后模型，则能估算出 γ，并最终得到 β 的各个系数。如果考虑到 x 对 y 当期值没有影响，可以加上一个近端约束；如果认为 x 对 y 的影响在 k 期后截止，可以加上一个远端约束。此时，参数的个数将发生变化。

5. 脉冲响应函数

脉冲响应函数是指系统对某一变量的一个冲击或新生所做出的反应。考虑一个 p 阶 VAR 模型：

$$Y_t = B + A_1 Y_{t-i} + \cdots + A_p Y_{t-p} + \varepsilon_t \qquad (3-16)$$

如果式（3-16）是可逆的，则能表示成一个向量移动平均模型（VMA），即：

$Y_t = C + \sum\limits_{s=0}^{\infty} \psi_s \varepsilon_{t-s}$，其中 ψ_s 是系数矩阵，C 为常数项。由于一般情况下，误差向量 ε_t 的协方差矩阵 Ω 不是对角矩阵，所以脉冲响应函数的计算通常是在一个经过变换后的 VMA 模型中进行。由于 Ω 是正定的，所以存在一个非奇异矩阵 P，使得 $PP' = \Omega$，基于此，上述 VMA 模型可以表示为：

$$Y_t = C + \sum\limits_{s=0}^{\infty} (\psi_s P)(P^{-1} \varepsilon_{t-s}) = C + \sum\limits_{s=0}^{\infty} (\psi_s P) \omega_{t-s} \qquad (3-17)$$

可以看出，原误差向量 ε_t 变成了标准的向量白噪声 ω_t，系数矩阵 $\omega_s P$ 的第 i

行，第 j 列元素表示变量 i 对 j 的一个标准误差的正交化冲击的 s 期脉冲响应。

6. 方差分解

方差分解是将系统的预测均方差误分解成系统各变量冲击所做的贡献。考察任意一个内生变量的预测均方差的分解。其思路如下：根据式

$$y_{it} = \sum_{j=1}^{k} (c_{ij}^{(0)}\varepsilon_{jt} + c_{ij}^{(1)}\varepsilon_{jt-1} + c_{ij}^{(2)}\varepsilon_{jt-2} + c_{ij}^{(3)}\varepsilon_{jt-3} + \cdots),$$

$$i = 1, 2, \cdots, k; \ t = 1, 2, \cdots, T \tag{3-18}$$

可知各个括号中的内容是第 j 个扰动项 ε_j 从无限过去到现在时点对 y_j 影响的总和。求其方差，假定 ε_j 无序列相关，则：

$$E\left[(c_{ij}^{(0)}\varepsilon_{jt} + c_{ij}^{(1)}\varepsilon_{jt-1} + c_{ij}^{(2)}\varepsilon_{jt-2} + c_{ij}^{(3)}\varepsilon_{jt-3} + \cdots)^2\right] = \sum_{q=0}^{\infty} (c_{ij}^{(q)})^2\sigma_{jj},$$

$$i, j = 1, 2, \cdots, k \tag{3-19}$$

这是把第 j 个扰动项对第 i 个变量从无限过去到现在时点的影响，用方差加以评价的结果。此处还假定扰动项向量的协方差矩阵 $\sum$ 是对角矩阵，则 y_i 的方差是上述方差的 k 项简单和：

$$\mathrm{var}(y_{it}) = \sum_{j=1}^{k} \left\{ \sum_{q=0}^{\infty} (c_{ij}^{(q)})^2\sigma_{jj} \right\}, \ i = 1, 2, \cdots, k; \ t = 1, 2, \cdots, T \tag{3-20}$$

y_i 的方差可以分解成 k 种不相关的影响，因此为了测定各个扰动项相对 y_i 的方差有多大程度的贡献，定义了如下尺度：

$$RVC_{j \to i}(\infty) = \frac{\displaystyle\sum_{q=0}^{\infty} (c_{ij}^{(q)})^2\sigma_{jj}}{\mathrm{var}(y_{it})} = \frac{\displaystyle\sum_{q=0}^{\infty} (c_{ij}^{(q)})^2\sigma_{jj}}{\displaystyle\sum_{j=1}^{k} \left\{ \sum_{q=0}^{\infty} (c_{ij}^{(q)})^2\sigma_{jj} \right\}}, \ i, j = 1, 2, \cdots, k$$

$$\tag{3-21}$$

即相对方差贡献率是根据第 j 个变量基于冲击的方差对 y_i 的方差的相对贡献度来观测第 j 个变量对第 i 个变量的影响。

实际上，不可能用 s = ∞ 的 $c_{ij}^{(q)}$ 项和来评价。如果模型满足平稳性条件，则 $c_{ij}^{(q)}$ 随着 q 的增大呈几何级数性的衰减，所以只需取有限的 s 项。VAR (p) 模型的前 s 期的预测误差是：

$$C_0\varepsilon_t + C_1\varepsilon_{t-1} + C_2\varepsilon_{t-2} + \cdots + C_{s-1}\varepsilon_{t-s+1}, \ C_0 = I_0 \tag{3-22}$$

可得近似的相对方差贡献率：

$$RVC_{j\to i}(\infty) = \frac{\sum\limits_{q=0}^{s-1}(c_{ij}^{(q)})^2\sigma_{jj}}{\sum\limits_{j=1}^{k}\{\sum\limits_{q=0}^{s-1}(c_{ij}^{(q)})^2\sigma_{jj}\}}, \quad i, j = 1, 2, \cdots, k \tag{3-23}$$

其中，$RVC_{j\to i}(s)$ 具有如下的性质：

① $0 \leqslant RVC_{j\to i}(s) \leqslant 1$，$i = 1, 2, \cdots, k$

② $\sum\limits_{j=1}^{k} RVC_{j\to i}(s) = 1$，$i = 1, 2, \cdots, k$

如果 $RVC_{j\to i}(s)$ 大时，意味着第 j 个变量对第 i 个变量的影响大；相反，$RVC_{j\to i}(s)$ 小时，可以认为第 j 个变量对第 i 个变量的影响小。[126]

（三）变量的统计特征描述

所有变量样本区间选取 1998 年一季度至 2010 年三季度的季度数据。相关数据全部来源于中经网产业数据库、中国人民银行网站及中国资讯行数据库。在进行具体实证建模前，需先对相关变量统计特征进行描述，以反映各变量在样本区间内的整体运行状况，并初步观察变量间的关联性。图 3-8 反映了该部分财富效应分析中社会消费品零售总额、城乡居民人均可支配收入及上证 A 股综合指数样本区间内的运动轨迹。

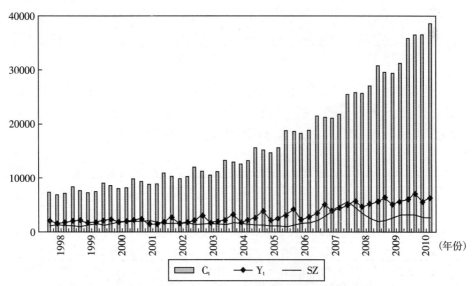

图 3-8 1998 年一季度至 2010 年三季度所选代表性变量运动轨迹

从图 3-8 可以看出，样本区间内，模型中代表变量社会消费品零售总额、城乡居民人均可支配收入及上证 A 股综合指数均有上升趋势，其中社会消费品零售总额及城乡居民人均可支配收入变量的运动轨迹均呈现稳步上升态势，总体变动趋势较为一致。相比较而言，上证 A 股综合指数变量 2007 年后的涨跌起伏趋势波动明显，这与 2008 年全面爆发的全球金融危机影响不无关系。

(四) 变量间作用程度检验及分析

1. 序列平稳性检验

由于变量为季度数据，采用 X12 法对其进行季节调整，调整后的变量分别记为 C_SA、Y_SA、SZ_SA。为消除异方差，对季节调整后的各变量均作自然对数变换。处理后的变量分别记为 LNC_t、LNY_t、$LNSZ$。

对各序列水平值进行平稳性检验时，以 ADF 检验为主，辅以 ERS 检验。如果一个时间序列的水平值用两种方法之一检验有单位根，则可以认为该序列存在单位根；反之，没有单位根。对具有单位根的序列需进行差分后再检验，如果两种检验结果均没有单位根，则视为无单位根，如果两种检验结论相反，则以 ADF 检验为准。以 SC 作为最优滞后期的判断标准，序列的平稳性检验结果如表 3-9 所示。

表 3-9　财富效应分析中各代表变量水平值平稳性检验

变量	ADF 值	类型	5%临界值	ERS 值	类型	5%临界值	结论
LNC_t	−1.037593	(C，T，0)	−3.502373	−0.944921	(C，T，1)	−3.190000	有单位根
LNY_t	−1.584797	(C，T，0)	−3.502373	−1.446143	(C，T，0)	−3.190000	有单位根
$LNSZ$	−3.380331	(C，T，1)	−3.504330	−3.461500	(C，T，1)	−3.190000	有单位根

注：检验类型中 (C，T，*) 分别表示常数项、趋势项和滞后期。

从表 3-9 可以看出，各代表变量序列 ADF 及 ERS 最优点的检验值 ADF 值、ERS 值均大于相对应的 5%临界值，检验结果均显示存在单位根，因此对各变量序列进行一阶差分后，继续进行检验，检验结果如表 3-10 所示。

表 3-10　财富效应分析中各代表变量一阶差分后平稳性检验

变量	ADF 值	类型	5%临界值	ERS 值	类型	5%临界值	结论
$DLNC_t$	−5.253776	(C，T，0)	−3.504330	−4.724140	(C，T，0)	−3.190000	无单位根
$DLNY_t$	−6.174798	(C，T，2)	−3.508508	−6.601534	(C，T，0)	−3.190000	无单位根
$DLNSZ$	−4.744205	(C，T，3)	−3.510740	−4.843718	(C，T，3)	−3.190000	无单位根

注：检验类型中 (C，T，*) 分别表示常数项、趋势项和滞后期。

表 3-10 的结果显示各代表变量社会消费品零售总额、城乡居民人均可支配收入及上证 A 股综合指数一阶差分后的 ADF、ERS 检验值均小于相对应的 5%临界值，表明已不具有单位根，可以判断原模型中代表变量均为 I (1) 序列，为进

一步对变量间的作用关系研究奠定了基础。

2. 长短期作用关系分析

为考察所选代表变量间最根本的关系，需对相关变量进行协整检验，对具有协整关系的变量建立协整模型，以分析变量间的长期作用程度，并通过误差修正模型考察短期作用强度。首先建立如表 3–11 所示的 VAR 模型。

表 3–11　LNC_t 与 LNY_t、LNSZ 的 VAR 模型

变量	LNC_t	LNY_t	LNSZ
LNC_t （−1）	1.318303	−0.244205	−2.652249
	(0.14265)	(0.68961)	(1.08337)
	[9.24141]	[−0.35412]	[−2.44814]
LNC_t （−2）	−0.289252	0.491934	2.717605
	(0.14755)	(0.71331)	(1.12061)
	[−1.96030]	[5.68965]	[2.42511]
LNY_t （−1）	−0.002750	0.808861	0.239875
	(0.03127)	(0.15119)	(0.23752)
	[−2.08793]	[5.35003]	[1.00992]
LNY_t （−2）	−0.017628	−0.095025	−0.143944
	(0.03133)	(0.15147)	(0.23796)
	[−3.56260]	[−0.62736]	[−0.60492]
LNSZ （−1）	0.018267	0.095990	1.493448
	(0.01394)	(0.06738)	(0.10586)
	[2.31053]	[1.42459]	[14.1084]
LNSZ （−2）	−0.015294	−0.068855	−0.678387
	(0.01390)	(0.06722)	(0.10560)
	[−3.09989]	[−1.02437]	[−6.42421]
C	−0.113749	−0.249151	0.097993
	(0.04403)	(0.21284)	(0.33437)
	[−2.58356]	[−1.17060]	[0.29306]
R^2	0.999485	调整后的 R^2	0.999412
F 统计量	13596.69	决定性方差协方差	3.16E−09
AIC	−10.20103	SC	−9.390251

从表 3–11 可以看出，VAR 方程性质优良，决定性方差协方差仅有 3.16E−09，AIC 和 SC 值均较小。虽有部分滞后变量系数不显著，但重点在于考察变量 LNC_t 与其他变量间的关系，这个方程中，系数是显著的，因此，可以认为所建立的 VAR 模型合理。

在 VAR 模型的基础上，确定变量之间的协整关系。为了确保合理地确定截

距项和趋势项等信息，将先对各种选择进行比较。通过综合比较 AIC、SC 和 LogL 的结果以及结合实际考虑，选择检验类型为有截距项、无趋势项的协整检验，表 3-12 为协整检验结果。协整检验残差 U 的平稳性检验结果如表 3-13 所示。

表 3-12　协整检验结果

滞后：1~2 期				
无约束的协整秩检验（迹）				
假设	特征根	迹统计量	5%临界值	P 值
无*	0.352249	38.09692	29.79707	0.0044
最多有一组*	0.253271	17.25299	15.49471	0.0269
最多有两组	0.065164	3.234463	3.841466	0.0721
无约束的协整秩检验（最大特征根）				
假设	特征根	最大特征根	5%临界值	P 值
无	0.352249	20.84393	21.13162	0.0548
最多有一组	0.253271	14.01853	14.26460	0.0546
最多有两组	0.065164	3.234463	3.841466	0.0721
一组协整关系方程 LogL				
LNC_t	LNY_t	LNSZ	C	
1.000000	−0.382660	−0.523706	−3.597638	
标准误	(0.19783)	(0.17929)	(0.18653)	
T 统计量	10.3586	4.2913	21.0796	

注：加 * 表示在 5%的置信水平拒绝原假设。

表 3-13　协整检验残差 U 的平稳性检验结果

残差序列	检验类型	ADF 检验值	1%临界值	5%临界值	10%临界值	P 值
U	(N，N，0)	−2.575259	−2.612033	−1.947520	−1.612650	0.0110

注：检验类型（C，T，*）中，C 表示截距项，T 表示趋势项，* 表示滞后阶数；N 表示不含截距项或趋势项；最优滞后阶数依据 AIC 准则判定。

进一步根据表 3-12，写出协整方程如下：

$$LNC_t = \underset{(21.0796)}{-3.5976} - \underset{(10.3586)}{0.3827 LNY_t} - \underset{(4.2913)}{0.5237 LNSZ} \tag{3-24}$$

从表 3-12、表 3-13 提供的信息可以看出，协整检验的残差 U 通过平稳性检验，所选代表变量社会消费品零售总额、城乡居民人均可支配收入、上证 A 股综合指数间至多存在两个协整关系，表明变量间存在长期稳定的作用关系。式（3-24）表明，在其他变量不变的情况下，城乡居民人均可支配收入每增加 1%，社会消费品零售总额增加 0.3827%；上证 A 股综合指数每增加 1%，社会消费品零售总额增加 0.5237%，股市的变化对社会消费品零售总额的影响程度相对较强。在样本区间内，我国经济发展实际体现为股市发展加速，对经济发展的影响程度亦逐渐增大，而居民收入增加的过程中，社会消费品的消费支出占总收入的比重相对下降，投资的比重逐年上升，股市是投资渠道之一；当股市发展形势向好时，居民财富增多，将进一步刺激其消费支出的增加。因此，实证分析的结果与我国经济的实际发展状况相符，并可以看出长期内我国股市具有一定的财富效应。

协整方程描述了变量间的长期关系，为了考察变量间的短期作用关系，需建立短期动态方程。根据 AIC 和 SC 准则，确定最优滞后期为 1，表 3–14 给出了 ECM 模型的相关信息。

表 3–14　各变量间的误差修正模型

变量	系数	标准误	T 统计量	P 值
EC（−1）	−0.485506	0.170079	−2.854594	0.0067
DLNC$_t$（−1）	0.975884	0.059733	16.33750	0.0000
DLNY$_t$（−1）	0.016977	0.032216	2.526963	0.0239
DLNSZ（−1）	0.016269	0.014693	0.807231	0.2745
R^2	0.249132	标准差	0.013628	
调整后的 R^2	0.195499	AIC 值	−5.670437	
SC 值	−5.511425	DW 值	1.936763	

依据前文的分析，ECM 模型可视为短期动态方程。社会财富效应的分析中，各自变量当期及其滞后各期的参数可以反映对实体经济领域消费的影响程度。根据表 3–14 的信息，得到短期动态方程如下：

$$DLNC_t = -0.4855EC_{t-1} + 0.9759DLNC_{t-1} + 0.0170DLNY_{t-1} + 0.0163DLNSZ_{t-1}$$
$$\quad\ \ (-2.8546) \qquad\quad (16.3375) \qquad\qquad (2.5270) \qquad\qquad (0.8072)$$

$$(3-25)$$

由式（3–25）可以看出，ECM 模型的误差修正项为 −0.4855 < 0，误差修正为负反馈机制，并在统计上显著，因此符合修正意义。这说明从短期来看，城乡居民人均可支配收入、上证 A 股综合指数的变动均会影响社会消费品零售总额情况，并以 48.55% 的速度对下一期 DLNC$_t$ 的值产生影响，并在经过短期误差修正后，最终实现长期均衡。理论上讲，修正速度的大小反映了动态模型由非均衡向均衡靠近的快慢程度，在该部分的研究中反映了股市变化对实体经济领域财富形成的影响。可以看出，模型具有一定的修正速度，进一步说明我国股市具有一定的财富效应。从短期效力来看，在其他变量不发生作用的情况下，城乡居民人均可支配收入每变动 1%，下一期引发社会消费品零售总额同向变动 0.017%；上证 A 股综合指数每变动 1%，下一期引发社会消费品零售总额同向变动 0.0163%。总体来说，我国股市发展变动对实体经济领域财富效应的作用效力仍较小，这与我国股市相比较于其他发达国家，起步较晚，发展尚不成熟，资本市场尚不完善

等不无关系。

3. 因果关系确认

从前面协整检验的分析中可以看出，变量社会消费品零售总额、城乡居民人均可支配收入及上证 A 股综合指数变量间存在协整关系，因此，有必要进一步进行变量间因果关系的确认。对变量 LNC_t、LNY_t 和 LNSZ 进行 Granger 因果关系检验，检验结果如表 3–15 所示。

表 3–15   财富效应分析代表变量间的 Granger 因果关系检验

Null 假设	F 值	P 值	滞后期	AIC 值
LNY_t 不是 LNC_t 的原因	6.55136	0.03146	1*	−8.280922
	6.42809	0.03443	2	−8.091758
	7.45659	0.01409	3	−7.879009
LNSZ 不是 LNC_t 的原因	1.02124	0.09474	1*	−7.344215
	4.35401	0.03264	2	−7.186209
	4.80498	0.02162	3	−7.107397
LNC_t 不是 LNY_t 的原因	6.69969	0.01279	1*	−8.280922
	4.11149	0.02307	2	−8.091758
	3.22280	0.03231	3	−7.879009
LNC_t 不是 LNSZ 的原因	4.77027	0.03460	1*	−7.344215
	5.71010	0.00624	2	−7.186209
	4.25164	0.01051	3	−7.107397

注：* 所对应的滞后期为根据 AIC 值确定的最优滞后阶数。

由表 3–15 可以看出，财富效应的分析中社会消费品零售总额与城乡居民人均可支配收入、上证 A 股综合指数变量相互间均存在双向 Granger 因果关系，这里主要分析城乡居民人均可支配收入及上证 A 股综合指数对实体经济财富效应代表变量社会消费品零售总额的作用关系。在选定最优滞后期的条件下，城乡居民人均可支配收入、上证 A 股综合指数是社会消费品零售总额变动原因的概率分别达到 96.85%、90.53%。因此，因果关系的检验结果进一步表明我国以股市为代表的金融领域的发展对社会财富效应造成影响，这与协整关系的分析结果相呼应。

4. 冲击响应分析

在以上分析的基础上，进一步基于脉冲响应函数和预测方差分解来确定变量间的冲击变动。进行脉冲响应和预测方差分解分析时，要求变量间所建立的 VAR 模型稳定。基于此，对变量 LNC_t 与 LNY_t、LNSZ 所建立的 VAR（1）模型进行稳定性诊断，诊断结果如图 3–9 所示〔此处 VAR（1）的结果见表 3–11〕。

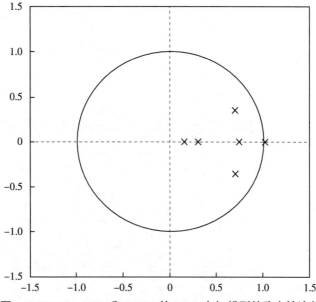

图 3-9　LNC_t、LNY_t 和 LNSZ 的 VAR（1）模型的稳定性诊断

由图 3-9 可以看出，所建立的 VAR（1）模型的特征方程的根没有全部落在单位圆内，说明该模型是非平稳的，需对变量差分后进一步检验。依据 AIC 和 SC 准则，确定最优滞后期，建立变量 $DLNC_t$ 与 $DLNY_t$、DLNSZ 之间的 VAR（2）模型，对 VAR（2）模型进行平稳性检验，VAR（2）模型如表 3-16 所示。

表 3-16　$DLNC_t$ 与 $DLNY_t$、DLNSZ 的 VAR（2）模型

变量	$DLNC_t$	$DLNY_t$	DLNSZ
	0.587504	0.618703	−2.209795
$DLNC_t$ （−1）	(0.15647)	(0.74655)	(1.24794)
	[3.75475]	[0.82875]	[−1.77076]
	0.007870	−0.013458	0.533900
$DLNC_t$ （−2）	(0.15976)	(0.76224)	(1.27416)
	[0.04926]	[−0.01766]	[0.41902]
	0.015485	−0.042808	0.262396
$DLNY_t$ （−1）	(0.03281)	(0.15655)	(0.26168)
	[0.47194]	[−0.27345]	[1.00272]
	−0.001407	−0.146280	0.134431
$DLNY_t$ （−2）	(0.03306)	(0.15776)	(0.26371)
	[−0.04254]	[−0.92723]	[0.50976]

续表

变量	DLNC$_t$	DLNY$_t$	DLNSZ
DLNSZ（−1）	0.020491	0.137534	0.633879
	(0.01942)	(0.09265)	(0.15488)
	[1.05518]	[1.48437]	[4.09267]
DLNSZ（−2）	−0.005495	−0.076221	−0.080353
	(0.01918)	(0.09153)	(0.15300)
	[−0.28644]	[−0.83278]	[−0.52520]
C	0.013846	0.009234	0.054883
	(0.00535)	(0.02551)	(0.04264)
	[2.58965]	[0.36198]	[1.28703]
R^2	0.375362	0.074312	0.438326
调整后的 R^2	0.283951	−0.061155	0.356129
F 统计量	4.106331	0.548560	5.332673
LogL	141.0593	66.05423	41.39273
AIC	−5.585806	−2.460593	−1.433030
SC	−5.312923	−2.187709	−1.160147
决定性方差协方差	6.09E−09		
LogL	249.6618		
AIC	−9.527577		
SC	−8.708926		

  VAR（2）模型的稳定性诊断显示，该模型根的倒数值均小于 1，说明该
VAR（2）模型稳定。基于此，进行脉冲响应和预测方差分解分析，图 3-10 为社
会消费品零售总额对城乡居民人均可支配收入的响应、图 3-11 为社会消费品零
售总额对上证 A 股综合指数的响应。

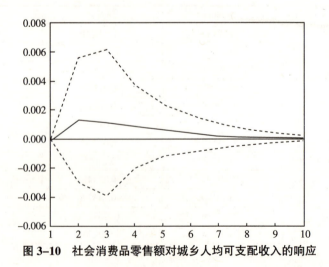

图 3-10　社会消费品零售额对城乡人均可支配收入的响应

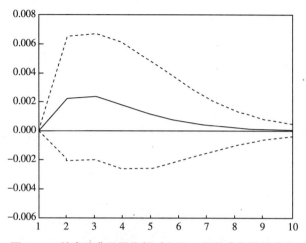

图 3-11　社会消费品零售额对上证 A 股综合指数的响应

从图 3-10 及图 3-11 脉冲响应结果可以看出，社会消费品零售总额对城乡居民人均可支配收入、上证 A 股综合指数的脉冲响应初始值在第 1 期均为 0。在城乡居民人均可支配收入的作用下，社会消费品零售总额对脉冲的响应在第 2 期达到最大值 0.162%，此后呈下降趋势，且趋势明显，第 7 期后逐渐趋于 0。社会消费品零售总额对上证 A 股综合指数的冲击响应从第 2 期起逐渐上升，且上升幅度较大，第 3 期达到峰值，此后呈下降趋势，尤其第 4 期后下降趋势明显，于第 8 期后趋于 0。以上结果说明，城乡居民人均可支配收入及上证 A 股综合指数的变动对社会消费品零售总额均会造成影响，而相比较而言股市变动对社会消费品零售总额变动冲击影响较明显。

图 3-12~图 3-14 是预测方差分解结果，反映了预测期内城乡居民人均可支配收入、上证 A 股综合指数的冲击作用对社会消费品零售总额预测误差的相对贡献度。脉冲响应函数描述的是 VAR 模型中一个变量的冲击给其他变量所带来的影响，而方差分解通过分析每一个冲击对变量变化的贡献度，进一步评价不同冲击的相对重要性。由预测方差分解结果可以看出，社会消费品零售总额的预测误差主要来自于自身变动的不确定性，第 1 期自身贡献率为 100%，此后逐渐降低，第 7 期开始逐步稳定在 93.5%左右；城乡居民人均可支配收入对社会消费品零售总额的贡献在第 1 期为 0，而后逐渐上升，第 4 期后上升比较稳定，第 8 期后稳定在 1.37%左右；上证 A 股综合指数对社会消费品零售总额的预测误差贡献当期为 0，第 2 期开始上升加速，贡献率逐步提升，第 7 期后贡献率稳定在 5.10%左右。

综合脉冲响应及预测方差分解的分析结果可以看出，样本区间内城乡居民人均可支配收入对社会消费品零售总额的冲击时滞相对较短，但伴随股市的发展，

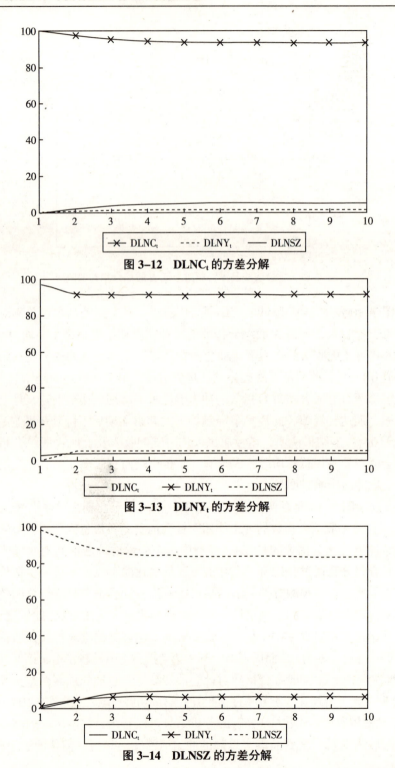

图 3-12 $DLNC_t$ 的方差分解

图 3-13 $DLNY_t$ 的方差分解

图 3-14 DLNSZ 的方差分解

股市变动对社会消费品零售总额的冲击作用逐渐增强，且对其预测误差的贡献率亦相对较高。因此，分析结论进一步说明，虚拟经济系统中股市的发展对社会财富效应的影响逐步增大，这与协整分析结果一致，亦符合我国的经济发展实际。

三、虚拟经济与实体经济投资扩张效应

虚拟经济发展过程中，虚拟资本的累积，有效地聚集了社会闲散资金并将其转化为投资，从而实现了投资规模的扩大。理论上认为，虚拟经济的运动以及虚拟资本的积累更好地优化了社会资源配置，对实体经济的投资扩张起到积极的促进作用，而这种扩张效应的运动过程主要通过虚拟资本的流动性功能、托宾 Q 效应以及资产负债效应等影响累积资本向投资的转化率及该部分资本的产出效率，并最终影响实体经济领域投资的扩张与经济增长。我国虚拟经济在特殊的国情背景下逐渐发展起来，对实体经济领域发展带来重要影响，在本章关于虚拟经济发展对投资的传导机制理论分析的基础上，有必要辅以定量分析工具具体分析虚拟资本的累积过程对实体经济投资扩张的影响状态。

(一) 指标选取及统计特征描述

分析我国虚拟经济发展对实体经济投资扩张效应时，将主要分析资本市场的发展情况对实体经济投资扩张的影响。反映实体经济投资规模的指标选取全社会固定资产投资额（GZ），虚拟经济的主要代表性指标，选取金融机构各项贷款额（DK）、股票成交额（GP）、国债成交额（ZQ）、证券投资基金成交额（ZT）等。由于固定资产投资变动直接受贷款利率的影响，因此将一年期贷款利率（DR）因素考虑进实证建模分析当中。样本区间选取 1998 年一季度至 2010 年三季度的季度数据。相关数据全部来源于中经网产业数据库。

图 3-15 反映了虚拟经济研究中代表变量的运动轨迹，从中可以看出，样本区间内，全社会固定资产投资额、金融机构各项贷款额逐年上升，其余虚拟经济代表变量股票成交额、国债成交额等亦呈波动上升趋势。2007 年中期以后，股票成交额的波动幅度较大，但总体呈上升态势。

(二) 变量间作用程度检验及分析

1. 序列平稳性检验

由于所采用数据为季度数据，需对相关数据进行季节调整，利用 X12 方法进行季节调整后的变量分别记为 GZ_SA、GP_SA、ZQ_SA、ZT_SA、DK_SA。为了消除异方差，对季节调整后的变量做自然对数变换，处理后的变量分别记为 LNGZ、LNGP、LNZQ、LNZT、LNDK。此处，一年期贷款利率不做处理，仍记为 DR。变量的平稳性检验结果如表 3-17 所示（以 SC 准则判断最优滞后期）。

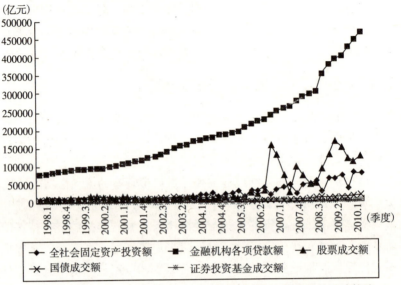

图 3-15　1998 年一季度至 2010 年三季度所选代表性变量的运动轨迹

表 3-17　投资扩张效应分析中各代表变量平稳性检验

变量	ADF 值	类型	5%临界值	ERS 值	类型	5%临界值	结论
LNGZ	−2.505420	(C, T, 0)	−3.502373	−2.260553	(C, T, 0)	−3.190000	有单位根
LNGP	−2.679921	(C, T, 0)	−3.502373	−2.693145	(C, T, 0)	−3.190000	有单位根
LNZQ	−1.274231	(C, T, 0)	−3.502373	−1.422844	(C, T, 0)	−3.190000	有单位根
LNZT	−1.961601	(C, T, 0)	−3.504330	−1.999568	(C, T, 0)	−3.190000	有单位根
LNDK	−1.188298	(C, T, 1)	−3.504330	−1.302552	(C, T, 1)	−3.190000	有单位根
DLNGZ	−9.171623	(C, T, 0)	−3.504330	−8.829552	(C, T, 0)	−3.190000	无单位根
DLNGP	−9.154885	(C, T, 0)	−3.504330	−9.333889	(C, T, 0)	−3.190000	无单位根
DLNZQ	−6.415416	(C, T, 0)	−3.504330	−6.375557	(C, T, 0)	−3.190000	无单位根
DLNZT	−8.482985	(C, T, 0)	−3.506374	−8.114904	(C, T, 0)	−3.190000	无单位根
DLNDK	−4.534981	(C, T, 0)	−3.504330	−4.472014	(C, T, 0)	−3.190000	无单位根

注：检验类型中（C, T, *）分别表示常数项、趋势项和滞后期；D 表示一阶差分。

　　由表 3-17 可以看出，变量 LNGZ、LNGP、LNZQ、LNZT 和 LNDK 的 ADF 及 ERS 检验最优点的检验值均大于相对应的 5%临界水平下的值，因此判定各变量检验结果均存在单位根，需进一步对差分后的各变量进行检验。一阶差分后的变量 DLNGZ、DLNGP、DLNZQ、DLNZT 和 DLNDK 的平稳性检验最优点的 ADF 值、ERS 值均小于 5%临界值，表明已不具有单位根，可以判断所选各代表变量均为 I（1）序列，可进一步进行变量间的作用关系分析。

2. 变量间影响作用程度分析

具体分析虚拟经济系统中代表变量对实体经济投资扩张效应的影响程度，需考察所选变量间的长短期作用关系，进一步判断虚拟经济领域代表变量对实体经济领域投资扩张效应的影响力度及作用方向。考察变量间的长期作用关系，可以进行变量间的协整关系检验。首先建立变量间的 VAR 模型。表 3–18 给出了变量 LNGZ 与 LNGP、LNZQ、LNZT、LNDK、DR 的 VAR 模型结果。

表 3–18　LNGZ 与 LNGP、LNZQ、LNZT、LNDK、DR 的 VAR 模型

变量	LNGZ	LNGP	LNZQ	LNZT	LNDK
LNGZ（−1）	0.472815	−0.507203	−0.396680	−1.723893	−0.017986
	(0.15434)	(0.84491)	(0.43989)	(0.80429)	(0.03034)
	[3.06344]	[−0.60030]	[−0.90178]	[−2.14336]	[−0.59271]
LNGZ（−2）	0.117606	−0.267056	−0.566035	0.077031	0.017479
	(0.16122)	(0.88256)	(0.45949)	(0.84013)	(0.03170)
	[2.72948]	[−0.30259]	[−1.23188]	[0.09169]	[0.55145]
LNGP（−1）	0.008754	0.318937	0.046748	−0.241413	−0.005394
	(0.04019)	(0.21999)	(0.11453)	(0.20941)	(0.00790)
	[3.21785]	[1.44978]	[0.40817]	[−1.15280]	[−0.68269]
LNGP（−2）	−0.007509	0.237307	0.040422	0.609979	−0.003137
	(0.03929)	(0.21507)	(0.11197)	(0.20473)	(0.00772)
	[−2.19113]	[1.10338]	[0.36100]	[2.97939]	[−0.40615]
LNZQ（−1）	0.009068	0.039477	0.807183	−0.066051	0.027077
	(0.05867)	(0.32117)	(0.16721)	(0.30573)	(0.01153)
	[4.15456]	[0.12292]	[4.82736]	[−0.21604]	[2.34743]
LNZQ（−2）	−0.043424	−0.575988	−0.015054	−0.668897	−0.029824
	(0.06047)	(0.33105)	(0.17236)	(0.31514)	(0.01189)
	[−0.71807]	[−1.73987]	[−0.08734]	[−2.12256]	[−2.50843]
LNZT（−1）	0.007778	0.117039	−0.042085	0.624989	0.000198
	(0.03755)	(0.20559)	(0.10703)	(0.19570)	(0.00738)
	[2.20710]	[0.56929]	[−0.39319]	[3.19354]	[0.02688]
LNZT（−2）	−0.047587	−0.142139	0.015139	−0.238868	0.001356
	(0.03472)	(0.19005)	(0.09894)	(0.18091)	(0.00683)
	[−1.37074]	[−0.74791]	[0.15300]	[−1.32037]	[0.19872]
LNDK（−1）	0.051000	−0.380841	0.854721	−1.571895	1.363303
	(0.75642)	(4.14087)	(2.15585)	(3.94180)	(0.14872)
	[3.06742]	[−0.09197]	[0.39647]	[−0.39878]	[9.16702]
LNDK（−2）	0.744611	2.812230	0.795982	4.837413	−0.338184
	(0.78111)	(4.27607)	(2.22624)	(4.07049)	(0.15357)
	[0.95327]	[0.65767]	[0.35755]	[1.18841]	[−2.20209]

变量	LNGZ	LNGP	LNZQ	LNZT	LNDK
	0.158989	−0.925960	0.492484	−1.308109	0.001670
DR（−1）	(0.13634)	(0.76139)	(0.39886)	(0.69700)	(0.02739)
	[1.16614]	[−1.21614]	[1.23472]	[−1.87678]	[0.06099]
	−0.027118	1.050448	−0.261442	1.445985	0.016982
DR（−2）	(0.12148)	(0.67840)	(0.35539)	(0.62102)	(0.02440)
	[−0.22324]	[1.54842]	[−0.73566]	[2.32839]	[0.69585]
	−5.004769	−12.42964	−9.414227	−16.52379	−0.175424
C	(1.65707)	(9.07137)	(4.72281)	(8.63526)	(0.32580)
	[−3.02025]	[−1.37021]	[−1.99335]	[−1.91353]	[−0.53845]
R^2	0.993024	调整后的 R^2	0.991138		
F 统计量	526.6774	决定性方差协方差	3.43E−10		
AIC	−8.311007	SC	−7.166923		

从表 3-18 可以看出，变量间所建立的 VAR 模型性质良好，AIC 和 SC 的值均较小，决定性方差协方差仅为 3.43E-10。变量 LNGZ 与其他变量间建立的 VAR 方程中，系数 T 检验值显著，因此，可以判断所建立的 VAR 模型合理。

在建立 VAR 模型的基础上，进一步确定变量间的协整关系，以分析变量间长期影响程度。依据 AIC、SC 准则，选择协整检验类型有截距项无趋势项，表 3-19 给出了变量间的协整关系检验结果。

表 3-19 LNGZ 与 LNGP、LNZQ、LNZT、LNDK、DR 的协整关系检验结果

滞后：1~2 期			
无约束的协整秩检验（迹）			
假设	特征根	迹统计量	5%临界值	P 值
---	---	---	---	---
无*	0.445283	89.11070	69.81889	0.0007
最多有一组*	0.376398	61.41369	47.85613	0.0016
最多有两组*	0.351921	39.21830	29.79707	0.0031
最多有三组	0.065164	3.234463	3.841466	0.0721
最多有四组	0.150200	10.80803	15.49471	0.2236
无约束的协整秩检验（最大特征根）				
假设	特征根	最大特征根	5%临界值	P 值
无	0.445283	27.69700	33.87687	0.2278
最多有一组	0.376398	22.19539	27.58434	0.2105
最多有两组*	0.266050	14.53777	14:26460	0.0453
最多有三组	0.351921	20.38592	21.13162	0.0633
最多有四组	0.150200	7.812189	14.26460	0.3981

注：*表示在 5%的置信水平拒绝原假设。

由表3-19可以看出，变量 LNGZ 与 LNGP、LNZQ、LNZT、LNDK、DR 间至多存在三组协整关系，写出其中一组协整方程如下：

$$LNGZ = -12.1907 + 0.2744LNGP + 0.2430LNZQ - 0.2558LNZT$$
$$\underset{(5.8613)}{} \quad \underset{(-6.0742)}{} \quad \underset{(4.6988)}{} \quad \underset{(-1.8751)}{}$$

$$+ 0.8439LNDK - 0.0214DR \tag{3-26}$$
$$\underset{(-3.3676)}{} \quad \underset{(-2.0113)}{}$$

协整检验结果显示，实体经济投资扩张的代表变量全社会固定资产投资额变量与虚拟经济发展的代表变量股票成交额、国债成交额、证券投资基金成交额及金融机构各项贷款额间存在长期稳定的作用关系。式（3-26）表明，在其他变量不变的情况下，股票成交额每增加1%，实体经济全社会固定资产投资额增加0.2744%；国债成交额每增加1%，全社会固定资产投资额增加0.243%；金融机构各项贷款额每增加1%，实体经济领域全社会固定资产投资额增加0.8439%。从变量间的长期作用关系来看，相比较而言，金融机构各项贷款规模的扩大引起的投资扩张效应较大，这亦与经济发展实际相符，金融机构各项贷款的增多有效地缓解了经济活动中的资金需求压力，其中一部分资金更流向实体经济领域的全社会固定资产投资建设中。此外，股票成交额对投资扩张效应较国债成交额对其的影响作用相对较大，这亦反映出伴随我国股票市场的日益发展，股票筹资额的增多，流向实体投资的资金增多，上市公司资源配置效率亦逐步提升。

为进一步考察所选代表变量间的短期作用动态关系，建立了变量间的短期动态方程。依据 AIC 准则，选取最优滞后期为2期，表3-20给出了误差修正模型的相关信息。

表3-20 各变量间的误差修正模型

变量	系数	标准误	T 统计量	P 值
EC（-1）	-0.369850	0.230968	-3.601307	0.0176
DLNGZ（-1）	-0.295934	0.162039	-1.826317	0.0761
DLNGZ（-2）	-0.139227	0.162546	-0.856543	0.3974
DLNGP（-1）	0.005352	0.039436	2.135710	0.0328
DLNGP（-2）	0.017114	0.039582	3.432366	0.0481
DLNZQ（-1）	0.019687	0.059001	0.333676	0.7406
DLNZQ（-2）	0.011762	0.061290	2.191906	0.0489
DLNZT（-1）	0.042803	0.039537	2.082596	0.0462
DLNZT（-2）	-0.027985	0.036321	-3.770499	0.0360
DLNDK（-1）	0.216121	0.957553	-0.225702	0.8227
DLNDK（-2）	0.301245	0.891589	2.786511	0.0369
DR（-1）	0.074962	0.139624	0.536884	0.5949
DR（-2）	-0.083501	0.152883	-0.546179	0.5886

续表

变量	系数	标准误	T 统计量	P 值
R²	0.491515	标准差	0.091013	
调整后的 R²	0.323065	AIC 值	−3.721653	
SC 值	−2.288639	DW 值	2.056351	

误差修正模型可以视为短期动态方程，各自变量当期及其滞后各期的参数可以反映对实体经济投资扩张效应的影响程度。依据表 3-20 的信息，得到短期动态方程如下：

$$DLNGZ = \underset{(-3.6013)}{-0.3699EC_{t-1}} \underset{(-1.8263)}{-0.2959DLNGZ_{t-1}} \underset{(-0.8565)}{-0.1392DLNGZ_{t-2}} + \underset{(2.1357)}{0.0054DLNGP_{t-1}}$$

$$+ \underset{(3.4324)}{0.0171DLNGP_{t-2}} + \underset{(0.3337)}{0.0197DLNZQ_{t-1}} + \underset{(2.1919)}{0.0118DLNZQ_{t-2}}$$

$$+ \underset{(2.0826)}{0.0428DLNZT_{t-1}} - \underset{(-3.7705)}{0.0280DLNZT_{t-2}} + \underset{(-0.2257)}{0.2161DLNDK_{t-1}}$$

$$+ \underset{(2.7865)}{0.3012DLNDK_{t-2}} + \underset{(0.5369)}{0.0750DR_{t-1}} - \underset{(-0.5462)}{0.0835DR_{t-2}} \qquad (3-27)$$

由式（3-27）可以看出，误差修正模型的误差修正项系数为−0.3699<0，误差修正为负反馈机制，并且在统计意义上显著，因此说明符合修正意义。这表明从短期来看，股票成交额、国债成交额、证券投资基金成交额、金融机构各项贷款额的变动均会影响实体经济领域的投资扩张，并以 36.99% 的速度对下一期 DLNGZ 的值产生影响，并经过短期误差修正后，最终实现长期均衡，修正速度的大小反映了虚拟经济领域的发展变化对实体经济领域投资扩张效应的影响程度。从短期影响作用程度来看，在其他变量不发生作用的条件下，股票成交额每增加 1%，当期和第 2 期分别引发投资扩张同向变动 0.0054%、0.0171%，总体影响程度为 0.0225%；国债成交额每增加 1%，当期和第 2 期分别引发投资扩张同向变动 0.0197%、0.0118%，总体影响程度为 0.0315%；证券投资基金成交额每增加 1%，当期引发实体经济领域投资扩张同向变动 0.0428%、第 2 期引发反向变动 0.0280%，总体影响程度为 0.0148%；金融机构各项贷款额每增加 1%，当期和第 2 期分别同向引发投资扩张 0.2161%、0.3012%，总体影响程度为 0.5173%。总体来说，金融机构各项贷款额对投资扩张效应的短期影响作用力度较大，其次为国债成交额、股票成交额，证券投资基金成交额的短期作用力度最小。

综合以上分析，得出结论：样本区间内所选的虚拟经济代表变量中金融机构各项贷款额短期和长期内对实体经济投资扩张效应的影响均较强，伴随我国股票市场的迅速发展，股市规模的扩张长期内对实体经济投资扩张效应的影响较债券市场强烈，同时，债券规模的增大仍是影响实体经济投资扩张效应放大的重要因素。总体来看，我国虚拟经济的快速发展对实体经济投资扩张效应的影响逐渐增强。

第四节　我国虚拟经济发展对实体
经济总量的影响

该部分将主要分析虚拟经济各代表层面的发展对我国实体经济整体发展情况的影响，在本书所界定的狭义虚拟经济范畴中，将主要研究我国以金融市场为代表的虚拟经济发展对实体经济总量的影响。其中，由于货币供给在一定程度上反映了我国经济社会虚拟资本的累积情况，并呈现了社会整体的货币供应量状况，不同货币层次反映的虚拟资本的累积程度不同，为此，将具体分析各货币层次对整体实体经济发展的作用力度。同时，社会各项贷款变量考虑其资金流向问题，而不能将其笼统归入其他虚拟经济代表指标，进行与整体实体经济发展状况间影响作用关系的研究，因此，将单独分析社会各项贷款规模变动对整体实体经济发展的影响作用程度。在以上分析的基础上，进一步分析以金融市场为代表的虚拟经济系统各流量指标对整体实体经济发展的作用程度以及虚拟资产总量对实体经济总量的影响。

一、实体经济与货币供给

（一）变量统计特征描述

分析货币供给变化对实体经济整体发展的影响程度时，主要分析不同货币层次与实体经济总量发展间的关系。凯恩斯学派认为，货币供给量变动对经济的影响是间接地通过利率变动加以实现的。依据凯恩斯理论，当货币供给量增加时，货币供给大于货币需求，供给相对过剩，利率下降，刺激投资，促进国民经济增长。凯恩斯假定利率变动是通过市场调节的，并且与货币供给量呈反方向变动。在我国利率是固定的，但仍可以利用政策手段，直接调整利率或投资，亦可以达到对经济发展进行宏观调控的目的。同时，货币学派主要强调货币供给量对经济的短期影响，而长期中，货币数量的作用在于影响价格以及其他用货币表示的量，而不能影响实际国内生产总值。基于以上考虑，此处将主要考察我国不同货币层次对经济发展的短期影响。

以实际 GDP 作为实体经济总量代表变量，考虑到虚拟资本的累积过程，这里货币供给变量主要选取实际狭义货币供应量 M_1、实际广义货币供应量 M_2（CPI

均以 1998 年一季度为基期进行调整），以及一年期存款利率 CR。样本区间选取 1998 年一季度至 2010 年三季度的季度数据。相关数据全部来源于中国人民银行网站及中经网产业数据库。图 3-16 反映了样本区间内我国 GDP、M_0、M_1、M_2 以及 M_0、M_1、M_2 的同比增长率变动轨迹。由图 3-16 可以看出，样本区间内，实体经济总量代表变量 GDP 以及货币供应量 M_0、M_1、M_2 上升趋势明显。其中，货币供应量 M_1、M_2 同比增长率 2008 年以来波动幅度较大。

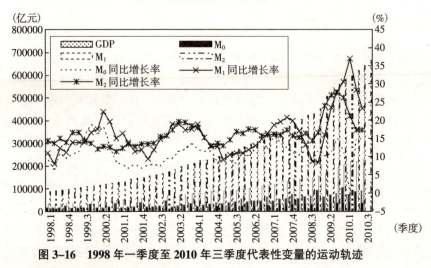

图 3-16　1998 年一季度至 2010 年三季度代表性变量的运动轨迹

（二）变量间影响程度检验及分析

1. 序列平稳性检验

由于所选样本区间内数据均为季度数据，需对数据进行季节调整，利用 X12 方法进行季节调整后的变量分别记为 GDP_SA、M1_SA、M2_SA。为消除异方差，对季节调整后的变量作自然对数变换，处理后的变量分别记为 LNGDP、LNM1、LNM2。这里一年期存款利率不做处理，仍记为 CR。以 SC 准则判断检验时的最优滞后期选取，变量的平稳性检验结果如表 3-21 所示。

表 3-21　各变量的平稳性检验

变量	ADF 值	类型	5%临界值	ERS 值	类型	5%临界值	结论
LNGDP	−3.138064	(C, T, 0)	−3.502373	−1.561725	(C, T, 1)	−3.190000	有单位根
LNM1	−1.301456	(C, T, 0)	−3.502373	−2.040968	(C, T, 1)	−3.190000	有单位根
LNM2	−1.753144	(C, T, 1)	−3.504330	−1.727069	(C, T, 1)	−3.190000	有单位根
DLNGDP	−10.11178	(C, T, 0)	−3.504330	−10.31184	(C, T, 0)	−3.190000	无单位根
DLNM1	−5.549174	(C, T, 0)	−3.504330	−5.358420	(C, T, 0)	−3.190000	无单位根
DLNM2	−5.225882	(C, T, 0)	−3.504330	−5.293830	(C, T, 0)	−3.190000	无单位根

注：检验类型中（C, T, *）分别表示常数项、趋势项和滞后期，N 表示不含截距项或趋势项；D 表示一阶差分。

由表 3-21 可以看出，序列 LNGDP、LNM1 和 LNM2 的 ADF 检验及 ERS 检验的最优值均大于其所对应的 5%临界值，因此可以判断各变量序列均存在单位根，需对其差分后再检验。一阶差分后的变量 DLNGDP、DLNM1 和 DLNM2 的平稳性检验结果显示，最优点的 ADF 值、ERS 值均小于 5%临界值，表明已不具有单位根，可以判断所选代表变量均为 I（1）序列，为进行变量间相互关系分析奠定了基础。

2. 变量间影响关系分析

为具体分析各货币层次对实体经济总量发展的影响，将在建立实体经济总量代表变量与各货币层次代表变量间的 VAR 模型基础上，进一步判断各货币层次代表变量与实体经济总量间是否存在长期作用关系及其影响程度。

表 3-22 给出了变量 LNGDP 与 LNM1、CR 之间 VAR 模型滞后期诊断比较结果，依据 AIC 准则，选取滞后 2 期，所建立的 VAR 模型如表 3-23 所示。从表 3-23 可以看出，变量 LNGDP 与 LNM1、CR 间所建立的 VAR 模型性质良好，AIC 及 SC 值均较小，决定性方差协方差值仅为 9.01E-07，因此可以判定所建立的 VAR 模型合理。

表 3-22　LNGDP 与 LNM1、CR 之间 VAR 模型滞后期比较

滞后期	LogL	LR	FPE	AIC	SC	HQ
0	9.183425	NA	0.002525	−0.305678	−0.226948	−0.276051
1	189.5360	337.6815	1.39E−06	−7.810044	−7.573855*	−7.721165
2	195.7077	11.03021*	1.27E−06*	−7.902455*	−7.508807	−7.754323*
3	197.2547	2.633116	1.41E−06	−7.798071	−7.246963	−7.590685
4	199.5005	3.631570	1.53E−06	−7.723425	−7.014858	−7.456787

注："*"表示最优滞后期所对应的值。

表 3-23　LNGDP 与 LNM1、CR 的 VAR 模型

变量	LNCT	LNYT	LNCR
LNGDP（−1）	0.474239	−0.008101	−1.195519
	(0.14156)	(0.03996)	(0.75343)
	[3.35011]	[−0.20272]	[−1.58677]
LNGDP（−2）	0.301422	0.057792	1.315928
	(0.13527)	(0.03818)	(0.77330)
	[2.22838]	[1.51353]	[1.70171]
LNM1（−1）	−0.175589	1.142840	−0.430968
	(0.50819)	(0.14346)	(2.76007)
	[−3.34552]	[7.96642]	[−0.15614]

续表

变量	LNCT	LNYT	LNCR
LNM1（−2）	0.402056	−0.182264	1.055615
	(0.50730)	(0.14321)	(0.14280)
	[1.29254]	[−1.27275]	[7.39209]
CR（−1）	0.000552	−0.014352	1.055615
	(0.02825)	(0.00747)	(0.14280)
	[2.01953]	[−1.92178]	[7.39209]
CR（−2）	0.008066	0.006211	−0.266273
	(0.02792)	(0.00738)	(0.14113)
	[0.28892]	[0.84156]	[−1.88673]
C	−0.144111	−0.043328	−1.322566
	(0.19653)	(0.05548)	(1.02009)
	[−2.73328]	[−2.78099]	[−1.29652]
R²	0.986297	调整后的 R²	0.985051
F 统计量	791.7272	决定性方差协方差	9.01E−07
AIC	−7.835611	SC	−7.449525

表 3-24 给出了变量 LNGDP 与 LNM2、CR 之间 VAR 模型滞后期诊断比较结果，依据相关标准的检验结果及实际经济意义，选择滞后 1 期。所建立的 VAR 模型如表 3-25 所示。从表 3-25 可以看出，变量 LNGDP 与 LNM2、CR 间所建立的 VAR 模型性质优良，AIC 及 SC 值均较小，决定性方差协方差值仅为 5.22E−07，可以判定所建立的 VAR 模型合理。

表 3-24　LNGDP 与 LNM2、CR 之间 VAR 模型滞后期比较

滞后期	LogL	LR	FPE	AIC	SC	HQ
0	9.183425	NA	0.002525	−0.305678	−0.226948	−0.276051
1	189.5360	337.6815	1.39E−06	−7.810044	−7.573855*	−7.721165
2	195.7077	11.03021*	1.27E−06*	−7.902455*	−7.508807	−7.754323*
3	197.2547	2.633116	1.41E−06	−7.798071	−7.246963	−7.590685
4	199.5005	3.631570	1.53E−06	−7.723425	−7.014858	−7.456787

注："*"表示最优滞后期所对应的值。

表 3-25　LNGDP 与 LNM2、CR 的 VAR 模型

变量	LNGDP	LNM2	CR
LNGDP（−1）	0.700845	0.021927	−0.168178
	(0.09238)	(0.01832)	(0.65434)
	[7.58679]	[1.19684]	[−0.25702]

续表

变量	LNGDP	LNM2	CR
LNM2 (−1)	0.271121	0.986509	0.261452
	(0.07885)	(0.01564)	(0.56022)
	[3.43858]	[63.0879]	[0.46670]
CR (−1)	0.019367	0.001242	0.856888
	(0.01273)	(0.00258)	(0.06967)
	[1.52122]	[0.48132]	[12.2993]
C	−0.157183	−0.025245	−1.124396
	(0.19203)	(0.03808)	(1.05716)
	[−0.81854]	[−0.66287]	[−1.06360]
R^2	0.985312	调整后的 R^2	0.984687
F 统计量	1576.475	决定性方差协方差	5.22E−07
AIC	−8.550421	SC	−8.320978

在分别建立变量间 VAR 方程的基础上，进一步进行变量间的协整关系检验，结果显示 LNGDP 与 LNM1、LNGDP 与 LNM2 间均不存在长期协整关系，这亦验证了货币学派的理论观点。为此，对差分后的变量 DLNGDP、DLNM1、DLNM2 间建立分布滞后模型，分别考察狭义货币供应量和广义货币供应量对经济发展的短期作用。建立 DLNGDP 与 DLNM1、CR 间的分布滞后模型，方程中选择含有截距项，依据 AIC 和 SC 准则，最优滞后期为 0，得到的模型结果如式（3−28）所示。DLNGDP 与 DLNM2、CR 间的分布滞后模型，依据 AIC 和 SC 准则，最优滞后期仍为 0，得到的含有截距项的方程如式（3−29）所示。

$$DLNGDP = \underset{(2.5258)}{0.7673} + \underset{(32.4071)}{0.8643DLNM1} - \underset{(-2.0438)}{0.0075CR} \qquad (3-28)$$

$$DLNGDP = \underset{(0.6647)}{0.1908} + \underset{(36.3034)}{0.7403DLNM2} - \underset{(-1.9204)}{0.0053CR} \qquad (3-29)$$

由式（3−28）、式（3−29）可以看出，短期内货币供应量各层次代表变量 M_1、M_2 对实体经济总量变化的影响作用均显著，且均呈现正向相关关系。M_1、M_2 与实体经济总量代表变量 GDP 间的弹性系数分别为 0.8643、0.7403，即 M_1 每增加 1%，将影响实体经济总量增长 0.8643%；M_2 每增加 1%，将影响实体经济总量增长 0.7403%。各层次货币供应量对实体经济总量影响程度不同，这与不同层次货币供应量流动性及规模变动状况不同等均有重要关联。为进一步分析各货币层次代表变量对实体经济总量不同时期的冲击状况，将进行冲击响应分析。

3. 冲击响应分析

进行变量间的冲击响应分析，首先对变量 LNGDP 与 LNM1、CR 所建立的 VAR 模型（模型一）、LNGDP 与 LNM2、CR 间的 VAR 模型（模型二）进行稳定性诊断，诊断结果如表 3-26 所示。

表 3-26　VAR 模型的稳定性诊断结果

模型一		模型二	
根	模	根	模
1.008702	1.008702	1.005991	1.005991
0.726185	0.726185	0.681364	0.681364
−0.390855	0.390855		
0.273047	0.273047		
1.008702	1.008702		

由表 3-26 可以看出，对变量 LNGDP 与 LNM1、CR 所建立的 VAR 模型（模型一）及 LNGDP 与 LNM2、CR 间的 VAR 模型（模型二）根的倒数值均未全部小于 1，说明所建立的 VAR 模型均是非平稳的，需对变量差分后建立的 VAR 模型进一步检验。依据 AIC 和 SC 准则，确定最优滞后期，分别建立变量 DLNGDP 和 DLNM1、CR，以及 DLNGDP 与 DLNM2、CR 间的 VAR 模型如表 3-27、表 3-28 所示。

表 3-27　DLNGDP 与 DLNM1、CR 的 VAR 模型

变量	DLNGDP	DLNM1	CR
DLNGDP （−1）	−0.342799	−0.032735	−0.667573
	(0.13888)	(0.03722)	(0.70413)
	[−2.46839]	[−0.87953]	[−0.94808]
DLNM1 （−1）	−0.213143	0.189120	0.107893
	(0.54245)	(0.14538)	(2.78886)
	[−0.39292]	[1.30090]	[0.03869]
CR （−1）	−0.012432	−0.001312	0.801487
	(0.01156)	(0.00313)	(0.05863)
	[−1.07531]	[−0.41899]	[13.6693]
C	0.049279	0.033596	0.481974
	(0.02392)	(0.00641)	(0.21216)
	[2.06010]	[5.24064]	[2.27173]
R^2	0.117433	调整后的 R^2	0.079061
F 统计量	3.060354	决定性方差协方差	1.20E−06
AIC	−7.711666	SC	−7.480015

表 3-28 DLNGDP 与 DLNM2、CR 的 VAR 模型

变量	DLNGDP	DLNM2	CR
	−0.346817	−0.008783	−0.734827
DLNGDP（−1）	(0.13866)	(0.02595)	(0.69818)
	[−2.50116]	[−0.33852]	[−1.05248]
	−0.479719	0.282644	0.801032
DLNM2（−1）	(0.75967)	(0.14214)	(0.05723)
	[−0.63149]	[1.98844]	[13.9960]
	−0.011285	0.002977	−3.424246
CR（−1）	(0.01138)	(0.00211)	(3.82234)
	[−0.99195]	[1.41366]	[−0.89585]
	0.060127	0.029157	0.625395
C	(0.03229)	(0.00604)	(0.22207)
	[1.86205]	[4.82571]	[2.81617]
R^2	0.122082	调整后的 R^2	0.083912
F 统计量	3.198343	决定性方差协方差	5.84E−07
AIC	−8.433512	SC	−8.201860

对 DLNGDP 和 DLNM1、CR，以及 DLNGDP 与 DLNM2、CR 间建立的 VAR 模型的稳定性诊断显示，所建模型根的倒数值均全部小于 1，说明所建立的 VAR 模型稳定。基于此，进行脉冲响应和预测方差分解分析。图 3-17、图 3-18 分别显示了实体经济总量代表变量对各货币层次代表变量的冲击响应结果。

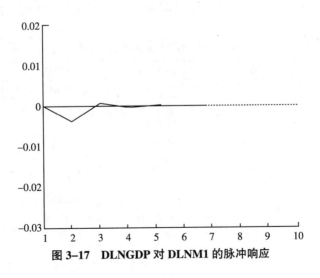

图 3-17 DLNGDP 对 DLNM1 的脉冲响应

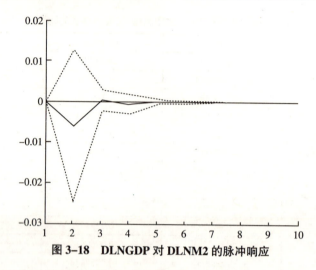

图 3-18 DLNGDP 对 DLNM2 的脉冲响应

由图 3-17、图 3-18 可以看出，实体经济总量对各货币层次代表变量的脉冲响应初始值在第 1 期均为 0。实体经济总量对货币层次 M_1 的脉冲响应在第 2 期下降波动明显，第 3 期逐渐上升，第 4 期后波动幅度逐渐降低，于第 5 期后趋于 0。实体经济总量变量对货币层次 M_2 的冲击响应情况与对 M_1 的冲击响应情况相似，响应在第 2 期最低，而后呈上升态势，第 3 期以后波动幅度较小，于第 5 期后趋于 0。以上结果表明，实体经济总量代表变量对货币供应量 M_1、M_2 的冲击响应第 2 期明显，第 3 期后整体冲击波动均不明显。

表 3-29、表 3-30 给出了相关变量间的预测方差分解结果，分别反映了预测期内货币层次 M_1、M_2 的冲击作用对实体经济总量预测误差的相对贡献度。

表 3-29 DLNGDP 的预测方差分解（1）

预测期	标准误	DLNGDP	DLNM1	CR
1	0.066250	100.0000	0.000000	0.000000
2	0.070502	99.10045	0.564169	0.335383
3	0.071092	99.03526	0.577474	0.387269
4	0.071206	98.95720	0.580372	0.462432
5	0.071229	98.91993	0.581190	0.498879
6	0.071241	98.89248	0.580997	0.526522
7	0.071248	98.87560	0.581000	0.543405
8	0.071252	98.86427	0.580946	0.554786
9	0.071254	98.85696	0.580926	0.562110
10	0.071256	98.85217	0.580908	0.566926

表 3-30　DLNGDP 的预测方差分解（2）

预测期	标准误	DLNGDP	DLNM2	CR
1	0.066199	100.0000	0.000000	0.000000
2	0.070486	99.27421	0.472319	0.253470
3	0.071041	99.16036	0.507376	0.332262
4	0.071147	99.07778	0.507805	0.414411
5	0.071175	99.01813	0.522786	0.459081
6	0.071190	98.98153	0.528901	0.489567
7	0.071199	98.95780	0.534224	0.507974
8	0.071204	98.94311	0.537235	0.519652
9	0.071208	98.93389	0.539234	0.526878
10	0.071210	98.92815	0.540453	0.531397

由表 3-29 可以看出，实体经济总量的预测误差主要来自于自身变动的不确定性，第 1 期自身贡献率为 100%，此后逐渐呈现降低趋势，第 5 期开始逐步稳定在 98.9%左右；货币层次 M_1 对实体经济总量的贡献第 1 期为 0，第 2 期后开始逐步上升，但幅度较小，第 4 期后逐步稳定在 0.58%左右。表 3-30 表明，货币层次 M_2 对实体经济总量的贡献从第 2 期开始逐步上升，而后上升幅度较小，第 8 期后逐步稳定在 0.54%左右。

综合实体经济总量变量与各货币层次代表变量间的脉冲响应及预测方差分解结果可以看出，样本区间内狭义货币供应量 M_1 对实体经济总量的冲击时滞相对较短，实体经济总量变量对 M_1 的冲击响应较明显，且 M_1 的冲击对实体经济总量预测误差的相对贡献度相较于货币层次 M_2 的贡献度高。这与实体经济总量与各货币层次相关关系弹性分析结果一致，进一步体现出货币供应量 M_1 规模的扩张对实体经济的短期冲击波动较明显。

二、实体经济与贷款规模

（一）变量统计特征描述

分析各项贷款规模变动对实体经济发展的影响，将主要考察各项贷款变量与实体经济总量代表变量间的长期及短期作用关系。以实际 GDP 作为实体经济总量代表变量，贷款规模变量选取金融机构人民币各项贷款，样本区间选取 1998 年一季度至 2010 年三季度数据。样本区间内各项贷款与 GDP 季度数据变动情况如图 3-19 所示。由图 3-19 可以看出，样本区间内，实体经济总量代表变量 GDP 与各项贷款规模均呈现波动上升趋势，尤其 2008 年一季度开始，贷款规模出现大幅度增长波动。

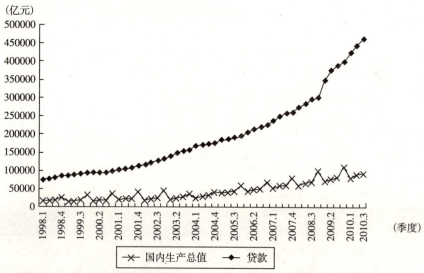

图 3-19 1998 年一季度至 2010 年三季度 GDP 与各项贷款的运动轨迹

(二) 代表变量间影响程度分析

对所选代表变量实体经济总量及各项贷款规模 (DK) 数据，利用 X12 方法进行季节调整，并对调整后的变量做自然对数变换，处理后的变量分别记为 LNGDP、LNDK。此处亦将一年期贷款利率考虑进模型，记为 DR。对 LNGDP、LNDK 序列进行 ADF、ERS 平稳性检验发现序列均存在单位根，而一阶差分后的序列均不具有单位根，因此，可判断所选变量均为 I (1) 序列，可进一步进行变量间的相关关系分析。一阶差分后的变量分别记为 DLNGDP、DLNDK。

为进行变量间的长期协整作用关系分析，需先建立变量间的 VAR 模型，表 3-31 给出了变量 LNGDP 与 LNDK、DR 间的 VAR 方程情况。由表 3-31 的结果可以看出，变量 LNGDP 与 LNDK、DR 间所建立的 VAR 模型性质优良，决定性方差协方差仅为 7.00E-07，AIC 及 SC 值均较小，且所建立的 VAR 模型系数显著，因此，可以判断所建立的 VAR 模型合理。

表 3-31 LNGDP 与 LNDK、DR 的 VAR 模型

变量	LNGDP	LNDK	DR
LNGDP (−1)	0.453845	0.005864	−0.510923
	(0.14262)	(0.03643)	(0.70326)
	[3.18219]	[0.16096]	[−0.72650]
LNGDP (−2)	0.306430	0.047797	1.528583
	(0.13961)	(0.03566)	(0.69418)
	[2.19494]	[1.34039]	[2.20199]

续表

变量	LNGDP	LNDK	DR
LNDK（-1）	-0.521966	1.338758	5.270142
	(0.53072)	(0.13556)	(3.05543)
	[-0.98350]	[9.87591]	[1.72484]
LNDK（-2）	0.792513	-0.380166	-3.260503
	(0.53419)	(0.13644)	(2.82751)
	[2.48358]	[-2.78625]	[-1.15314]
DR（-1）	0.010471	0.003323	1.213381
	(0.03349)	(0.00829)	(0.15062)
	[3.31264]	[0.40083]	[8.05607]
DR（-2）	-0.020923	0.000751	-0.405513
	(0.03055)	(0.00756)	(0.13737)
	[-2.68495]	[0.09929]	[-2.95200]
C	-0.649506	-0.046009	0.370813
	(0.24385)	(0.06229)	(0.19765)
	[-2.66352]	[-0.73868]	[1.87607]
R²	0.986487	调整后的 R²	0.985258
F 统计量	803.0110	决定性方差协方差	7.00E-07
AIC	-8.088807	SC	-7.702722

注：依据 AIC 和 SC 准则，最优滞后期选择 2 期。

表 3-32 协整检验结果

滞后：1~2 期			
无约束的协整秩检验（迹）			
假设	特征根	迹统计量	5%临界值	P 值
无 *	0.247637	20.30839	15.49471	0.0087
最多有一组 *	0.129384	6.650626	3.841466	0.0099
无约束的协整秩检验（最大特征根）				
假设	特征根	最大特征根	5%临界值	P 值
无	0.247637	13.65777	14.26460	0.0622
最多有一组 *	0.129384	6.650626	3.841466	0.0099
一组协整关系方程 LogL				
LNGDP	LNDK	DR	C	
1.000000	-0.945610	0.021452	-0.788306	
标准误	(0.11702)	(0.01543)	0.316293	
T 统计量	-2.492325	-3.206492	36.03649	

注：加 * 表示在 5%的置信水平拒绝原假设。

在建立 VAR 模型的基础上，进一步进行变量间长期协整关系检验，通过综合比较 AIC、SC 准则的判定结果及结合实际综合考虑，选择有截距项无趋势项的协整检验类型，检验结果如表 3-32 所示。协整检验结果显示，变量间存在长期均衡的协整关系，其中一组协整方程反映，贷款规模每增加 1%，实体经济总量将增长 0.9456%。可见，长期内贷款规模扩张对实体经济增长作用程度较强。

为了进一步考察变量间的短期作用关系，建立变量间的短期动态方程，根据 AIC 准则，选择滞后期为 2 期，所建立的 ECM 方程如下：

$$LNGDP = \underset{(-2.3822)}{-0.3582EC_{t-1}} + \underset{(0.4857)}{0.4858LNGDP_{t-1}} + \underset{(1.1544)}{0.1544LNGDP_{t-2}}$$

$$+ \underset{(2.0277)}{0.4762DLNDK_{t-1}} + \underset{(-1.0432)}{0.2108DLNDK_{t-2}} + \underset{(-2.1764)}{0.0243DR_{t-1}} - \underset{(0.1968)}{0.0146DR_{t-2}}$$

$$(3-30)$$

由式（3-30）可以看出，ECM 模型的误差修正项为 -0.3582 < 0，误差修正为负反馈机制，并且统计意义显著，因此符合修正意义。动态方程结果显示，从短期来看，贷款规模变动对实体经济总量造成的影响，以 35.82% 的速度对下一期的 DLNGDP 的值产生影响，并经过短期误差修正后，最终实现长期均衡。从短期作用强度来看，贷款规模每变动 1%，当期和第 2 期分别引发实体经济总量同向变动 0.4762%、0.2108%，总体作用强度为 0.687%。可见，贷款规模变动对实体经济总量影响的短期作用程度亦较强。

总体来看，贷款规模变量长短期内均对实体经济整体发展的影响显著，尤其对实体经济长期影响作用强烈，进一步显现贷款规模的增长有利于缓解经济领域的资金需求压力，可有效促进实体经济投资效应扩张，并最终影响整体实体经济的发展。

三、实体经济与以资本市场为代表的金融市场

（一）变量说明及统计特征描述

在以上分析货币供给与贷款规模对实体经济发展影响的基础上，进一步以金融市场为代表的虚拟经济运行状况为例，分析金融市场发展各代表变量与实体经济发展总量间的长短期作用关系。这里主要分析虚拟经济发展中以资本市场为代表的金融市场各层面如资本市场、外汇市场、金融衍生品市场及保险市场的各主要代表性流量指标与实体经济间的影响作用程度。实体经济总量代表变量选取实际 GDP，虚拟经济各层面代表性变量分别选取股票成交额、国债成交额、证券投资基金成交额、商品期货成交额、外汇成交额和保费收入。

所有变量样本区间选取 1998 年一季度至 2010 年三季度的季度数据。图 3-20 反映了该部分研究中所选代表变量 GDP、股票成交额、国债成交额、证券投资基

金成交额、商品期货成交额、外汇成交额和保费收入的运动轨迹。由图 3-20 可以看出，各代表变量总体上呈现波动上升态势，尤其股票成交额变量 2007 年一季度开始出现大幅度起伏波动，成交规模大幅度上升。

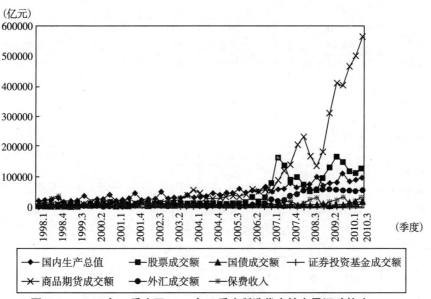

图 3-20 1998 年一季度至 2010 年三季度所选代表性变量运动轨迹

（二）变量间作用程度检验及分析

1. 序列平稳性检验

实体经济与虚拟经济各层面代表变量实际国内生产总值、股票成交额、国债成交额、证券投资基金成交额、商品期货成交额、外汇成交额和保费收入分别记为 GDP、GP、ZQ、ZT、SQ、WH、BF，利用 X12 法对变量进行季节调整，调整后的变量分别记为 GDP_SA、GP_SA、ZQ_SA、ZT_SA、SQ_SA、WH_SA、BF_SA。为消除异方差，对季节调整后的变量做自然对数处理。处理后的变量分别记为 LNGDP、LNGP、LNZQ、LNZT、LNSQ、LNWH、LNBF。

对各代表变量进行平稳性检验，检验结果如表 3-33 所示。由平稳性检验结果可以看出，LNGDP、LNGP、LNZQ、LNZT、LNSQ、LNWH、LNBF 的 ADF 和 ERS 检验结果显示各变量均存在单位根，对一阶差分后的变量继续进行平稳性检验，DLNGDP、DLNGP、DLNZQ、DLNZT、DLNSQ、DLNWH、DLNBF 的 ADF 和 ERS 最优点的检验值均小于所对应的 5% 临界值。因此，通过变量的平稳性检验可以认为，各代表变量均为 I（1）序列，可进一步进行变量间的相关关系分析。

表 3-33　各代表变量平稳性检验

变量	ADF 值	类型	5%临界值	ERS 值	类型	5%临界值	结论
LNGDP	−3.138064	(C，T，0)	−3.502373	−1.561725	(C，T，1)	−3.190000	有单位根
LNGZ	−2.505420	(C，T，0)	−3.502373	−2.260553	(C，T，0)	−3.190000	有单位根
LNGP	−2.679921	(C，T，0)	−3.502373	−2.693145	(C，T，0)	−3.190000	有单位根
LNZQ	−1.274231	(C，T，0)	−3.502373	−1.422844	(C，T，0)	−3.190000	有单位根
LNZT	−1.961601	(C，T，0)	−3.504330	−1.999568	(C，T，0)	−3.190000	有单位根
LNSQ	−2.912596	(C，T，0)	−3.502373	−2.170435	(C，T，0)	−3.190000	有单位根
LNWH	−3.000474	(C，T，0)	−3.502373	−1.809549	(C，T，0)	−3.190000	有单位根
LNBF	−3.130991	(C，T，0)	−3.502373	−3.180450	(C，T，0)	−3.190000	有单位根
DLNGDP	−10.11178	(C，T，0)	−3.504330	−10.31184	(C，T，0)	−3.190000	无单位根
DLNGZ	−9.171623	(C，T，0)	−3.504330	−8.829552	(C，T，0)	−3.190000	无单位根
DLNGP	−9.154885	(C，T，0)	−3.504330	−9.333889	(C，T，0)	−3.190000	无单位根
DLNZQ	−6.415416	(C，T，0)	−3.504330	−6.375557	(C，T，0)	−3.190000	无单位根
DLNZT	−8.482985	(C，T，0)	−3.506374	−8.114904	(C，T，0)	−3.190000	无单位根
DLNSQ	−11.12044	(C，T，0)	−3.504330	−10.76924	(C，T，0)	−3.190000	无单位根
DLNWH	−7.644060	(C，T，0)	−3.504330	−7.594537	(C，T，0)	−3.190000	无单位根
DLNBF	−11.11294	(C，T，0)	−3.504330	−3.367116	(C，T，0)	−3.190000	无单位根

注：检验类型中（C，T，*）分别表示常数项、趋势项和滞后期；D 表示一阶差分。

2. 长短期作用关系分析

为了考察实体经济代表变量与虚拟经济各层面代表变量间的最根本作用关系，对变量间进行协整检验，以分析变量间的长期作用程度，并通过误差修正模型建立短期动态方程，考察变量间的短期作用程度。首先须建立所选变量间的 VAR 模型，建模前需对 VAR 模型的滞后期进行选择，表 3-34 给出了需建立的 VAR 模型的各准则下滞后期的选取比较。

表 3-34　LNGDP 与 LNGP、LNZQ、LNZT、LNSQ、LNWH、LNBF 间 VAR
模型滞后期比较

滞后期	LogL	LR	FPE	AIC	SC	HQ
0	−97.92659	NA	2.26E−07	4.562026	4.840297	4.666268
1	159.2698	424.9331	2.71E−11	−4.489989	−2.263817*	−3.656052*
2	214.4343	74.35220*	2.41E−11*	−4.758013	−0.583940	−3.194380
3	242.1030	28.87169	9.27E−11	−3.830565	2.291409	−1.537237
4	319.9688	57.55301	6.97E−11	−5.085601*	2.984273	−2.062578

注："*"表示最优滞后期所对应的值。

根据表 3-34，依据 SC 准则，建立 LNGDP 与 LNGP、LNZQ、LNZT、LNSQ、LNWH、LNBF 间 VAR（1）模型选择滞后 1 期，所建立的模型如表 3-35 所示。

表 3-35　LNGDP 与 LNGP、LNZQ、LNZT、LNSQ、LNWH、LNBF 之间 VAR（1）模型

变量	LNGDP	LNGP	LNZQ	LNZT	LNSQ	LNWH	LNBF
LNGDP（-1）	0.751606	1.148593	-0.919026	1.946935	0.496176	0.147438	-0.062178
	(0.10892)	(0.71798)	(0.35774)	(0.71641)	(1.20219)	(0.35090)	(0.34578)
	[6.90044]	[1.59976]	[-2.56897]	[2.71761]	[0.41273]	[0.42017]	[-0.17982]
LNGP（-1）	0.031893	0.404527	-0.041332	-0.075067	-0.182642	-0.016242	-0.122698
	(0.03040)	(0.20038)	(0.09984)	(0.19994)	(0.33552)	(0.09793)	(0.09650)
	[2.04914]	[2.01879]	[-0.41398]	[-0.37544]	[-0.54436]	[-0.16585]	[-1.27143]
LNZQ（-1）	-0.040208	-0.215537	0.860730	-0.180905	-0.332549	-0.174305	-0.000181
	(0.02350)	(0.15490)	(0.07718)	(0.15456)	(0.25936)	(0.07570)	(0.07460)
	[-3.71106]	[-1.39150]	[11.1525]	[-1.17046]	[-1.28219]	[-2.30247]	[-0.00243]
LNZT（-1）	0.035017	-0.260442	0.401359	-0.252956	0.237324	0.279652	0.428773
	(0.05172)	(0.34091)	(0.16986)	(0.34017)	(0.57082)	(0.16662)	(0.16418)
	[1.67708]	[-0.76396]	[2.36285]	[-0.74362]	[0.41576]	[1.67843]	[2.61155]
LNSQ（-1）	-0.055922	0.285260	-0.256253	0.771494	0.575242	-0.221954	-0.307997
	(0.04070)	(0.26829)	(0.13368)	(0.26771)	(0.44923)	(0.13113)	(0.12921)
	[-2.37395]	[1.06324]	[-1.91691]	[2.88184]	[1.28050]	[-1.69269]	[-2.38368]
LNWH（-1）	0.038806	0.326622	0.059432	0.484559	0.126189	0.808262	-0.042463
	(0.03575)	(0.23565)	(0.11742)	(0.23514)	(0.39458)	(0.11517)	(0.11349)
	[3.08549]	[1.38603]	[0.50616]	[2.06073]	[0.31981]	[7.01783]	[-0.37415]
LNBF（-1）	0.072795	-0.644015	0.474867	-1.741829	-0.093773	0.300777	1.206152
	(0.07841)	(0.51685)	(0.25752)	(0.51572)	(0.86541)	(0.25260)	(0.24892)
	[7.92840]	[-1.24605]	[1.84397]	[-3.37746]	[-0.10836]	[1.19071]	[4.84563]
C	1.866463	-1.606876	5.815130	-4.016970	0.457310	-1.154714	-0.290605
	(0.77901)	(5.13499)	(2.55856)	(5.12380)	(8.59806)	(2.50966)	(2.47303)
	[2.39595]	[-0.31293]	[2.27281]	[-0.78398]	[0.05319]	[-0.46011]	[-0.11751]
R²	0.984699	0.875779	0.859175	0.873160	0.685993	0.984046	0.931489
调整后的 R²	0.982086	0.854571	0.835132	0.851505	0.632383	0.981322	0.919793
F 统计量	376.9275	41.29384	35.73454	40.32036	12.79579	361.2620	79.63549
AIC	-8.476173	SC	-7.685907	决定性方差协方差	5.48E-11		

从表 3-35 可以看出，LNGDP 与 LNGP、LNZQ、LNZT、LNSQ、LNWH、LNBF 间 VAR（1）模型性质优良，决定性方差协方差仅有 5.48E-11，AIC 和 SC 值均较小。虽有部分滞后变量系数不显著，但重点在于考察变量 LNGDP 与其他变量间的关系，这个方程中，系数均是显著的，因此，可以判断所建立的 VAR

模型是合理的。

在建立 VAR 模型的基础上，进一步确定变量间的长期协整关系。首先确定协整检验中截距项和趋势项等信息，通过综合比较 AIC、SC 和 LogL 的结果以及结合实际考虑，选择检验类型为有截距项无趋势项的协整检验，表 3-36 为协整检验结果。

表 3-36　协整检验结果

滞后：1~2 期				
无约束的协整秩检验（迹）				
假设	特征根	迹统计量	5%临界值	P 值
无 *	0.674990	154.9431	125.6154	0.0002
最多有一组 *	0.528230	100.9960	95.75366	0.0207
最多有两组	0.465850	64.93531	69.81889	0.1153
最多有三组	0.307030	34.83555	47.85613	0.4567
最多有四组	0.186036	17.23066	29.79707	0.6230
最多有五组	0.141892	7.350396	15.49471	0.5372
最多有六组	0.000108	0.005173	3.841466	0.9417
无约束的协整秩检验（最大特征根）				
假设	特征根	最大特征根	5%临界值	P 值
无	0.674990	53.94711	46.23142	0.0063
最多有一组	0.528230	36.06070	40.07757	0.1324
最多有两组	0.465850	30.09976	33.87687	0.1323
最多有三组	0.307030	17.60489	27.58434	0.5283
最多有四组	0.186036	9.880266	21.13162	0.7558
最多有五组	0.141892	7.345224	14.26460	0.4491
最多有六组	0.000108	0.005173	3.841466	0.9417

注：加 * 表示在 5%的置信水平拒绝原假设。

由表 3-36 协整检验结果可以看出，变量 LNGDP 与 LNGP、LNZQ、LNZT、LNSQ、LNWH、LNBF 间至多存在两组协整关系，写出其中一组协整方程如下：

$$LNGDP = \underset{(7.3724)}{0.1390LNGP} + \underset{(-11.2523)}{0.1398LNZQ} + \underset{(4.0713)}{0.0965LNZT} + \underset{(-5.9020)}{0.2012LNSQ}$$

$$+ \underset{(4.7539)}{0.0128LNWH} + \underset{(-4.4693)}{0.0215LNBF} \tag{3-31}$$

式（3-31）表明，在其他变量不变的情况下，股票成交额每增加 1%，实体经济总量 GDP 增加 0.1390%；国债成交额每增加 1%，GDP 增加 0.1398%；证券投资基金成交额每增加 1%，GDP 增加 0.0965%；商品期货成交额每增加 1%，GDP 增加 0.2012%；外汇成交额每增加 1%，GDP 增加 0.0128%；保费收入每增加 1%，GDP 增加 0.0215%。通过协整检验分析，得出结论：实体经济与虚拟经济各层面所选代表变量间存在长期协整关系，股票成交额对 GDP 的长期作用强度与国债成交额对 GDP 的作用强度接近，这与我国股市发展实际状况相关，伴随我国股票市场的发展及股票成交规模的扩大，股市融资对实体经济发展的影响亦逐渐增大；以商品期货市场为代表的金融衍生品市场的发展对实体经济的作用强度，相较于外汇市场、保险市场亦较高。总体而言，虚拟经济发展各层面中资本市场对实体经济的长期作用强度最大，其次为金融衍生品市场。

协整方程描述了变量间的长期作用关系，为进一步考察变量间的短期作用程度，需建立短期动态方程。根据 AIC 和 SC 准则，确定最优滞后期为 1 期，表 3-37 给出了 ECM 模型的相关信息。

表 3-37 各变量间的误差修正模型

变量	系数	标准误	T 统计量	P 值
EC（−1）	−0.217991	0.026714	−3.299120	0.0364
DLNGDP（−1）	−0.338128	0.020454	−2.247379	0.0303
DLNGP（−1）	0.075010	0.029514	−2.025036	0.0453
DLNZQ（−1）	0.106205	0.041671	−2.548642	0.0149
DLNZT（−1）	0.045665	0.042247	4.080910	0.0264
DLNSQ（−1）	0.060691	0.033325	1.620747	0.0836
DLNWH（−1）	0.039753	0.048750	2.016217	0.0475
DLNBF（−1）	−0.007932	0.074733	−0.106141	0.9160
R^2	0.353803	标准差	0.021446	
调整后的 R^2	0.221250	AIC 值	−7.573955	
SC 值	−6.223105	DW 值	1.935039	

$$DLNGDP = \underset{(-3.2991)}{-0.2180EC_{t-1}} - \underset{(-2.2474)}{0.3381DLNGDP_{t-1}} + \underset{(-2.0250)}{0.075DLNGP_{t-1}} + \underset{(-2.5486)}{0.1062DLNZQ_{t-1}}$$

$$+ \underset{(4.0809)}{0.0457DLNZT_{t-1}} + \underset{(1.6207)}{0.0607DLNSQ_{t-1}} + \underset{(2.0162)}{0.0398DLNWH_{t-1}}$$

$$- \underset{(-0.1061)}{0.0079DLNBF_{t-1}} \tag{3-32}$$

依据表 3-37 的信息，写出变量间的短期动态方程如式（3-32）所示。由式（3-32）可以看出，ECM 模型的误差修正项为−0.2180＜0，并在统计上显著，符合修正意义。这说明从短期来看，虚拟经济发展各层面代表变量股票成交额、国债成交额、证券投资基金成交额、商品期货成交额、外汇成交额和保费收入均会影响实体经济发展情况，并以 21.8%的速度对下一期 DLNGDP 的值产生影响，并在经过短期误差修正后，最终实现长期均衡。从短期作用强度来看，在其他变量不发生作用的情况下，股票成交额每变动 1%，下一期引发实体经济发展同向变动 0.075%；国债成交额每变动 1%，下一期引发实体经济总量变动 0.1062%；证券投资基金成交额、商品期货成交额、外汇成交额每变动 1%，下一期分别引发实体经济发展同向变动 0.0457%、0.0607%、0.0398%；保费收入每变动 1%，下一期引发实体经济反向变动-0.0079%。总体来说，资本市场及期货市场对实体经济的短期影响作用程度较强。

3. 因果关系确认

协整检验显示各代表变量间存在长期协整关系，有必要进一步对变量间的因果关系进行确认。表 3-38 给出了实体经济与虚拟经济各层间代表变量间的 Granger 因果关系检验结果。由表 3-38 可以看出，虚拟经济各层面代表变量股票成交额、国债成交额、证券投资基金成交额、商品期货成交额、外汇成交额和保费收入均与实体经济代表变量 GDP 间存在双向或单向的 Granger 原因，这里将主要分析虚拟经济层面各代表变量与实体经济发展间的作用关系。因果关系检验结果显示，股票成交额、国债成交额、证券投资基金成交额、商品期货成交额、外汇成交额变动是实体经济发展变动原因的概率分别为 96.749%、96.421%、98.13%、95.77%、95.381%；而实体经济发展与保费收入间存在单向的因果关系，前者是后者的原因。总体而言，虚拟经济各层面代表变量与实体经济发展间存在较显著的因果关系。

表 3-38　实体经济与虚拟经济各层面代表变量间 Granger 因果关系检验

Null 假设	F 统计量	P 值
LNGP 不是 LNGDP 的 Granger 原因	6.06998	0.03251
LNGDP 不是 LNGP 的 Granger 原因	3.45009	0.04056
LNZQ 不是 LNGDP 的 Granger 原因	4.08413	0.03579
LNGDP 不是 LNZQ 的 Granger 原因	3.60839	0.04874
LNZT 不是 LNGDP 的 Granger 原因	5.88846	0.01870
LNGDP 不是 LNZT 的 Granger 原因	1.92214	0.04231
LNSQ 不是 LNGDP 的 Granger 原因	6.05893	0.00474
LNGDP 不是 LNSQ 的 Granger 原因	1.55519	0.22253
LNWH 不是 LNGDP 的 Granger 原因	4.79901	0.04619
LNGDP 不是 LNWH 的 Granger 原因	3.99599	0.02543
LNBF 不是 LNGDP 的 Granger 原因	1.17789	0.31745
LNGDP 不是 LNBF 的 Granger 原因	26.6174	2.7E-08

注：Granger 因果关系检验最优滞后阶数依据 AIC 准则均选取滞后 2 阶。

4. 冲击响应分析

在以上分析的基础上，进一步借助脉冲响应函数和预测方差分解分析来确定变量间的冲击变动。进行脉冲响应和预测方差分解前，首先对变量 LNGDP 与 LNGP、LNZQ、LNZT、LNSQ、LNWH、LNBF 间 VAR（1）模型进行稳定性诊断，诊断结果如图 3-21 所示。

表 3-39　DLNGDP 与 DLNGP、DLNZQ、DLNZT、DLNSQ、DLNWH、DLNBF 之间 VAR（2）模型

变量	DLNGDP	DLNGP	DLNZQ	DLNZT	DLNSQ	DLNWH	DLNBF
	-0.320145	0.351688	0.033448	0.273157	3.818923	0.725874	2.231248
DLNGDP（-1）	(0.13634)	(1.09551)	(0.54201)	(1.07086)	(1.61624)	(0.53222)	(0.52458)
	[-2.34810]	[0.32103]	[0.06171]	[0.25508]	[2.36284]	[1.36385]	[4.25343]
	-0.047618	-0.440886	0.046601	-0.423966	-0.152673	-0.045659	-0.008942
DLNGP（-1）	(0.02787)	(0.22396)	(0.11081)	(0.21892)	(0.33042)	(0.10881)	(0.10724)
	[-1.70838]	[-1.96858]	[0.42057]	[-1.93660]	[-0.46206]	[-0.41964]	[-0.08338]
	-0.108665	-0.131188	0.136387	-0.142298	0.046774	-0.273300	0.058352
DLNZQ（-1）	(0.04038)	(0.32448)	(0.16054)	(0.31718)	(0.47872)	(0.15764)	(0.15538)
	[-2.69082]	[-0.40430]	[0.84956]	[-0.44863]	[0.09771]	[-1.73368]	[0.37556]
	0.051171	0.061425	0.259862	-0.156713	0.984827	0.109439	0.387115
DLNZT（-1）	(0.03759)	(0.30203)	(0.14943)	(0.29524)	(0.44560)	(0.14673)	(0.14463)
	[1.36130]	[0.20337]	[1.73901]	[-0.53080]	[2.21012]	[0.74583]	[2.67666]
	-0.001969	0.138286	-0.278436	0.225947	-1.048395	0.013067	-0.360212
DLNSQ（-1）	(0.03175)	(0.25510)	(0.12621)	(0.24936)	(0.37635)	(0.12393)	(0.12215)
	[-0.06203]	[0.54209]	[-2.20613]	[0.90611]	[-2.78566]	[0.10543]	[-2.94888]
	0.105960	0.465147	-0.183915	0.686603	0.813495	-0.007416	0.225267
DLNWH（-1）	(0.04361)	(0.35039)	(0.17336)	(0.34251)	(0.51694)	(0.17023)	(0.16778)
	[2.42983]	[1.32752]	[-1.06091]	[2.00465]	[1.57367]	[-0.04357]	[1.34263]
	-0.001154	-0.666321	0.562428	-1.071952	1.388413	0.086799	0.900495
DLNBF（-1）	(0.07040)	(0.56565)	(0.27986)	(0.55293)	(0.83453)	(0.27481)	(0.27086)
	[-0.01639]	[-1.17796]	[2.00968]	[-1.93867]	[1.66370]	[0.31585]	[3.32457]
	0.035743	0.042847	0.009444	0.043279	-0.264902	0.067474	-0.110767
C	(0.01035)	(0.08317)	(0.04115)	(0.08130)	(0.12270)	(0.04041)	(0.03983)
	[3.45310]	[0.51518]	[0.22950]	[0.53235]	[-2.15889]	[1.66990]	[-2.78133]
R²	0.352321	0.182636	0.118933	0.289942	0.403153	0.174135	0.485853
调整后的 R²	0.238977	0.039598	-0.035254	0.165682	0.298705	0.029609	0.395878
F 统计量	3.108424	1.276831	0.771358	2.333349	3.859843	1.204867	5.399831
AIC	-0.848928	SC	1.334140	决定性方差协方差	9.79E-11		

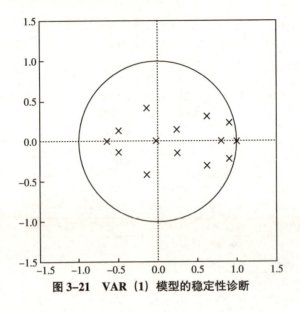

图 3-21 VAR（1）模型的稳定性诊断

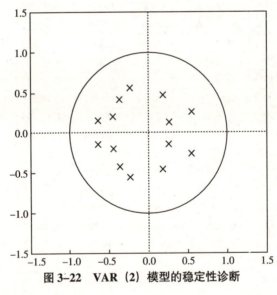

图 3-22 VAR（2）模型的稳定性诊断

由图 3-21 可以看出，该 VAR（1）模型的特征方程的根没有全部落在单位圆内，说明该模型是非平稳的。基于此，需对差分后的变量间建立的 VAR（2）模型进一步进行稳定性诊断。DLNGDP 与 DLNGP、DLNZQ、DLNZT、DLNSQ、DLNWH、DLNBF 间的 VAR（2）模型（据 AIC、SC 准则，最优滞后期选择 1 期）如表 3-39 所示。对 VAR（2）模型的稳定性诊断结果如图 3-22 所示，由图 3-22 可以看出，VAR（2）模型的根全部落在单位圆内，说明 VAR（2）模型稳

定，可以进一步依据该模型进行变量间的脉冲响应和预测方差分解分析。图 3-23
给出了实体经济代表变量 GDP 对虚拟经济各层面代表变量股票成交额、国债成
交额、证券投资基金成交额、商品期货成交额、外汇成交额、保费收入的冲击响
应情况。

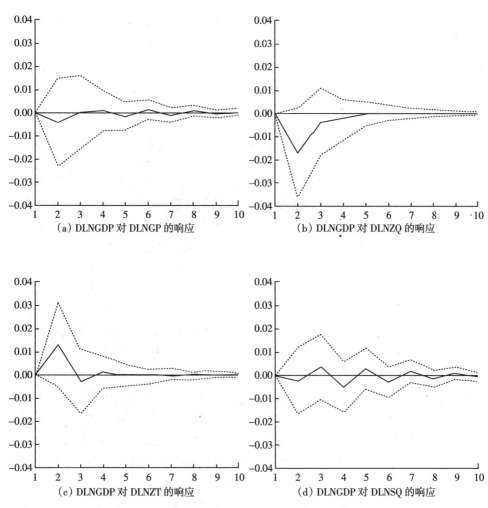

图 3-23　DLNGDP 对虚拟经济各代表变量的冲击响应结果

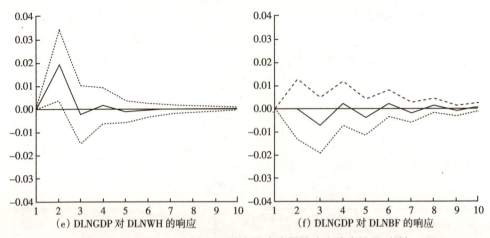

(e) DLNGDP 对 DLNWH 的响应　　　　　(f) DLNGDP 对 DLNBF 的响应

图 3-23　DLNGDP 对虚拟经济各代表变量的冲击响应结果（续）

由图 3-23 可以看出，实体经济代表变量 GDP 对虚拟经济各代表变量股票成交额、国债成交额、证券投资基金成交额、商品期货成交额、外汇成交额、保费收入的冲击响应在第 1 期均为 0。在股票成交额的作用下，实体经济发展对其冲击的响应在第 2 期下降，而后呈上升趋势，第 5 期后呈波动起伏状态，于第 9 期后趋于 0；GDP 对国债成交额的冲击响应在第 2 期下降趋势明显，而后上升迅速，第 4 期后波动幅度较小，于第 6 期后趋于 0；GDP 对证券投资基金成交额冲击的响应在第 2 期达到峰值，此后呈现下降趋势，第 4 期后出现弱波动起伏状态，于第 9 期后趋于 0；在商品期货成交额的作用下，GDP 对冲击的响应第 3 期达到峰值，而后呈上下波动起伏趋势，第 7 期后波动幅度逐渐减小，于第 9 期后趋于 0；GDP 对外汇成交额的冲击响应在第 2 期达到峰值，此后下降，第 4 期后出现上下波动趋势，波动幅度逐步降低，于第 8 期后趋于 0；在保费收入变量的作用下，GDP 对冲击的响应在第 1 期和第 2 期均为 0，第 3 期下降，而后呈现起伏波动，于第 4 期达到峰值，第 7 期后波动幅度逐渐减小，于第 9 期后趋于 0。以上结果说明，虚拟经济各层面代表变量均会对实体经济发展造成影响，相比较而言，资本市场、外汇市场、金融衍生品市场的变动对实体经济的冲击影响较明显。

表 3-40 是预测方差分解结果，反映了预测期内虚拟经济各层面代表变量的冲击作用对实体经济代表变量 GDP 预测误差的相对贡献度。由方差分解结果可以看出，GDP 的预测误差第 1 期自身贡献率为 100%，第 2 期开始下降明显，第 5 期后逐渐降低，第 8 期开始逐步稳定在 81.4% 左右。股票成交额对 GDP 的贡献在第 1 期为 0，而后逐渐上升，第 8 期后稳定在 0.4% 左右；国债成交额对 GDP 的贡献第 2 期后逐渐上升，第 5 期开始逐步稳定在 5.6% 左右；证券投资基金成交额变量对 GDP 的贡献从第 2 期以后上升平稳，第 5 期开始稳定在 3.2% 左右；

商品期货成交额对 GDP 的贡献从第 2 期后逐渐上升，第 3 期开始增速加快，第 6 期后开始逐步上升，第 8 期后稳定在 1.2%左右；保费收入对 GDP 的贡献第 3 期开始逐渐上升，第 7 期后逐步稳定在 1.4%左右。综合来看，资本市场代表变量股票成交额、国债成交额、证券投资基金成交额的冲击作用对 GDP 预测误差的相对贡献度较高。

表 3-40　DLNGDP 的预测方差分解

预测期	标准误	DLNGDP	DLNGP	DLNZQ	DLNZT	DLNSQ	DLNWH	DLNBF
1	0.060743	100.0000	0.000000	0.000000	0.000000	0.000000	0.000000	0.000000
2	0.072605	83.97351	0.325492	5.513472	3.201766	0.101422	6.884125	0.000214
3	0.073636	82.70309	0.316444	5.605161	3.259685	0.349653	6.805779	0.960190
4	0.074123	82.18841	0.323452	5.639373	3.239998	0.817756	6.749635	1.041374
5	0.074303	81.80199	0.361680	5.612202	3.225185	0.971640	6.742157	1.285142
6	0.074410	81.57102	0.389346	5.599056	3.225410	1.117244	6.731772	1.366148
7	0.074459	81.46292	0.407525	5.592192	3.223737	1.178418	6.722961	1.412248
8	0.074491	81.39567	0.418357	5.589378	3.225818	1.211625	6.719712	1.439439
9	0.074505	81.36588	0.423755	5.587293	3.226760	1.228710	6.717801	1.449803
10	0.074512	81.35051	0.426614	5.586388	3.227387	1.236274	6.716857	1.455973
11	0.074516	81.34308	0.427975	5.585923	3.227799	1.240183	6.716534	1.458507
12	0.074518	81.33968	0.428636	5.585698	3.227973	1.241917	6.716332	1.459767

综合协整检验及变量间短期动态波动关系、脉冲响应和方差分解的分析结果可以看出，虚拟经济系统各层面中资本市场发展的代表变量股票成交额、国债成交额、证券投资基金成交额，以及金融衍生品市场商品期货成交额的变动对实体经济代表变量 GDP 的长期作用程度相对较强，外汇市场发展变动引发的实体经济短期波动较明显，而保险市场对实体经济的冲击作用程度相对较弱。

四、实体经济与虚拟资产总量

在以上分析我国虚拟经济发展中货币供给、贷款规模、以资本市场为代表的金融市场的发展对实体经济总量的具体影响的基础上，进一步分析虚拟资产总量与实体经济总量间的相关关系。以我国银行金融机构资产、股市市值及债券存量的总和作为虚拟资产总量，[①] 实体经济总量代表变量选取实际 GDP，变量样本区间选取 1998 年一季度至 2010 年三季度的季度数据。所有数据来源于中国人民银

---

① 根据汪同三 2010 年 3 月中国矿业大学管理学院所做的报告，借鉴其对于我国虚拟资产总量的计算方法《当前中国宏观经济形势分析》。

行网站、中国国家统计局网站、中经网产业数据库等。

（一）变量的平稳性检验

将虚拟资产总量指标记为 FT、实体经济总量指标记为 GDP，利用 X12 方法对各指标变量样本区间内数据进行季节调整，调整后的数据分别记为 FT_SA、GDP_SA。为消除异方差，对季节调整后的变量作自然对数变换，处理后的变量分别记为 LNFT、LNGDP。以 SC 准则判断检验时的最优滞后期选取，变量的平稳性检验如表 3-41 所示。

表 3-41 变量的平稳性检验

变量	ADF 值	类型	5%临界值	ERS 值	类型	5%临界值	结论
LNGDP	−3.138064	(C, T, 0)	−3.502373	−1.561725	(C, T, 1)	−3.190000	有单位根
LNFT	−2.091192	(C, T, 0)	−3.502373	−1.811900	(C, T, 0)	−3.190000	有单位根
DLNGDP	−10.11178	(C, T, 0)	−3.504330	−10.31184	(C, T, 0)	−3.190000	无单位根
DLNFT	−8.606612	(C, T, 0)	−3.504330	−8.786641	(C, T, 0)	−3.190000	无单位根

注：检验类型中（C，T，*）分别表示常数项、趋势项和滞后期，N 表示不含截距项或趋势项；D 表示一阶差分。

由表 3-41 可以看出，变量 LNGDP 与 LNFT 的 ADF 检验及 ERS 检验的最优值均大于其所对应的 5%临界值，可以判断变量序列 LNGDP 与 LNFT 均存在单位根，需对其进行差分后再检验。一阶差分后的变量序列 DLNGDP 与 DLNFT 的平稳性检验结果显示，最优点的 ADF 值、ERS 值均小于 5%临界值，表明已不具有单位根，可以判断实体经济总量及虚拟资产总量变量均为 I（1）序列，可以进一步进行协整检验。

（二）协整关系检验及误差修正模型

为了进行实体经济总量与虚拟资产总量变量间的协整关系检验，需在建立变量的 VAR 模型基础上进行。依据 AIC 准则确定变量 LNGDP 与 LNFT 间 VAR 模型的滞后期为 2，所建立的 VAR 模型显示性质优良，可在此基础上进行协整检验，变量 LNGDP 与 LNFT 间的协整关系检验结果如表 3-42 所示。

表 3-42 协整检验结果

滞后：1~2 期			
无约束的协整秩检验（迹）			
假设	特征根	迹统计量	5%临界值	P 值
无*	0.206843	16.56414	15.49471	0.0372
最多有一组	0.086467	3.340920	3.841466	0.0505

续表

滞后：1~2 期				
无约束的协整秩检验（最大特征根）				
假设	特征根	最大特征根	5%临界值	P 值
无*	0.206843	15.12322	14.26460	0.0481
最多有一组	0.086467	3.051206	3.403278	0.0672

注：加 * 表示在 5%的置信水平拒绝原假设。

由表 3-42 可以看出，变量 LNGDP 与 LNFT 间至多存在一组协整关系，写出协整方程如下：

$$LNGDP = 1.1065 + 0.7624LNFT \tag{3-33}$$
$$\underset{(4.8102)}{} \quad \underset{(41.3234)}{}$$

式（3-33）表明，虚拟资产总量每增加 1%，实体经济总量将增加 0.7624%。因此，通过协整分析得出结论：我国实体经济总量与虚拟资产总量变量间存在长期协整关系，虚拟资产总量的变动对实体经济总量的长期影响作用较强，表明长期内虚拟经济发展与实体经济间的关系越来越密切，虚拟经济对实体经济发展的影响逐渐增强。为进一步考察变量间的短期作用程度，建立短期动态方程，根据 AIC 和 SC 准则，确定最优滞后期为 2 期，表 3-43 给出了变量间误差修正模型的相关信息。

表 3-43 变量间的误差修正模型

变量	系数	标准误	T 统计量	P 值
EC（-1）	-0.321519	0.488165	-2.707115	0.0099
DLNGDP（-1）	0.985622	0.464326	2.122691	0.0399
DLNGDP（-2）	0.227513	0.177050	1.285020	0.2060
DLNFT（-1）	0.397961	0.112507	2.870706	0.0490
DLNFT（-2）	0.232744	0.106948	-3.025660	0.0397
拟合优度	0.253705	标准差	0.031426	
调整后的拟合优度	0.191258	AIC 值	-7.674905	
SC 值	-6.723219	DW 值	2.012100	

由表 3-43 写出变量间短期动态方程如下：

$$DLNGDP = -0.3215EC_{t-1} + 0.9856DLNGDP_{t-1} + 0.2275DLNGDP_{t-2}$$
$$\underset{(-2.7071)}{} \quad \underset{(2.1227)}{} \quad \underset{(1.2850)}{}$$
$$+ 0.3980DLNFT_{t-1} + 0.2327DLNFT_{t-2} \tag{3-34}$$
$$\underset{(2.8707)}{} \quad \underset{(-3.0257)}{}$$

由式（3-34）可以看出，误差修正模型的误差修正项为-0.3215<0，并且统计意义上显著，因此符合修正意义。短期动态方程结果显示，从短期来看，虚拟

资产总量变动对实体经济总量造成的影响，以 32.15% 的速度对下一期的 DLNGDP 值产生影响，并经过短期误差修正后，最终实现长期均衡。从变量间的短期影响来看，虚拟资产总量每变动 1%，当期和第 2 期分别引发实体经济总量同向变动 0.3980%、0.2327%，总体作用强度为 0.6307%。可见，虚拟资产总量变动对实体经济总量影响的短期作用程度亦较强。

（三）Granger 因果关系检验

为进一步确定所选变量间的因果关系，进行 Granger 因果关系检验。表 3-44 给出了实体经济总量与虚拟资产总量变量间的 Granger 因果关系检验结果。

表 3-44　实体经济总量与虚拟资产总量变量间 Granger 因果关系检验

Null 假设	F 统计量	P 值
LNFT 不是 LNGDP 的 Granger 原因	4.68027	0.01436
LNGDP 不是 LNFT 的 Granger 原因	3.01296	0.04369

注：Granger 因果关系检验最优滞后阶数依据 AIC 准则均选取滞后 2 阶。

表 3-44 表明，虚拟资产总量变动是实体经济总量变动原因的概率为 98.564%，实体经济总量变动是虚拟资产总量变动原因的概率为 95.631%。虚拟资产总量与实体经济总量间互为 Granger 成因，进一步表明我国整体经济发展过程中，虚拟经济与实体经济相互间联系越来越紧密。

综合以上，实体经济总量与虚拟资产总量变量间的协整检验、短期动态波动关系及 Granger 因果关系分析认为，虚拟经济整体的发展对实体经济总量的长期和短期影响均显著，并且虚拟经济发展对实体经济的长期和短期影响作用均较强，实体经济总量变量与虚拟资产总量变量间互为 Granger 成因，在整体经济系统发展运行的过程中，虚拟经济与实体经济的联系密切，且虚拟经济对实体经济发展的影响逐步越来越强。

第五节　我国虚拟经济发展对实体经济影响的综合分析

分析虚拟经济对实体经济的影响作用情况，主要检验了虚拟经济发展对实体经济代表层面的影响作用强度及对整体实体经济发展的影响。样本区间选取 1998 年一季度至 2010 年三季度的季度数据，研究虚拟经济发展对实体经济代表层面的作用程度时，分析了我国虚拟经济资源配置对实体经济产业结构、社会财富效应以及实体经济投资扩张效应的影响。在此基础上，进一步分析虚拟经济发展对整体实体经济发展状况的影响作用程度，主要从货币供给、贷款规模及以金融市场为代表的虚拟经济系统层面、虚拟资产总量角度出发，研究虚拟经济发展对实体经济总量的影响。样本区间内我国虚拟经济对实体经济影响的实证分析的主要结论如下：

（1）虚拟经济发展对实体经济代表层面的影响。①以股市为代表的虚拟经济资源配置的宏观效率对实体经济的影响。虚拟经济资源配置在地区结构上呈现不均衡现象，东部地区股市资源配置率最高，其次为中部地区，西部地区最低，这在一定程度上加剧了我国东、中、西部地区经济发展的差距。在股市资源配置的行业结构方面，第二产业中的石油化学、机械、金属及非金属等行业融资比例一直较高；进入21世纪以来伴随国家对信息技术行业的支持及对金融市场改革的迫切性，第三产业中的信息技术行业、金融及保险业的融资比例大幅度上升；2007年以来第一产业的农、林、牧、副、渔业的融资比例上升，其A股IPO融资占比排在了行业融资的第二位；但总体而言，第二产业的融资占比仍较大，第一产业及第三产业的融资占比逐渐提升。通过分析股市资源配置对三次产业结构的影响发现，股市资源配置状况对第一及第二和第三产业结构变动的影响作用均较大，相较于对第一产业结构水平提升的影响，其对第二和第三产业占国内生产总值比重的提升影响程度更大。②虚拟经济发展对社会财富效应的影响。在建立消费函数模型的基础上，选取体现社会财富效应及虚拟经济发展的代表变量进行实证分析，发现变量间存在长期协整关系，并互为格兰杰成因。总体来看，股市发展对社会财富效应的冲击影响时滞较短，虽然短期作用效应较小，但长期来看，我国股市具有一定的财富效应，伴随股票市场的快速发展，其对财富效应的影响逐步增大。③虚拟经济发展对实体经济的投资扩张效应。实证分析结果显示所选实体经济投资扩张变量与虚拟经济发展各代表变量间存在长期协整关系，其中贷款规模对实体经济投资扩张效应的长短期作用强度均最大，其次为债券市场和股票市场。总体来看，我国虚拟经济的快速发展对实体经济投资扩张效应的影响逐渐增强。

（2）虚拟经济发展对整体实体经济的影响。①实体经济与货币供给间的关系。通过分析狭义货币供应量与广义货币供应量短期内对实体经济发展的冲击影响，发现前者相较于后者对实体经济发展的冲击时滞较短，冲击响应亦较明显，且狭义货币供应量对实体经济总量预测误差的相对贡献度较高。②实体经济与贷款规模。实证检验结果认为，贷款规模与实体经济总量间存在长期协整关系，且贷款规模扩张对实体经济增长的长短期作用程度较强，进一步说明贷款规模的扩张有利于促进实体经济投资效应扩张，并最终影响整体实体经济的发展。③实体经济与金融市场各层面的作用程度分析。通过实证检验以金融市场为代表的虚拟经济系统各层面与整体实体经济发展间的关系发现，虚拟经济各代表变量与实体经济间存在长期均衡关系，尤其资本市场及金融衍生品市场的代表变量股票成交额、国债成交额、证券投资基金成交额和商品期货成交额对实体经济代表变量GDP 的长短期作用程度均较大，外汇市场、保险市场对实体经济的影响程度相对较弱。④虚拟资产总量变动对实体经济总量的长期和短期影响均显著，且对实体经济整体发展的长短期影响均较强，虚拟资产总量与实体经济总量间互为Granger 成因，在整体经济系统发展过程中，虚拟经济与实体经济间的联系越来越密切。

综合我国虚拟经济发展实际对实体经济影响的实证分析发现，虚拟经济资源配置的宏观效率状况对实体经济产业结构的变动产生影响，尤其对第二、三产业作用程度较强；伴随股票市场的发展壮大，其对社会财富效应及实体经济投资扩张效应的影响亦逐渐增强，同时，贷款规模的扩大通过推动实体经济投资扩张效应，进而对实体经济发展产生有效影响；虚拟经济系统中以金融市场为代表的各虚拟经济层面与实体经济发展间关系密切，尤其资本市场及金融衍生品市场的影响作用较为强烈；在整体经济系统的运行过程中，整体实体经济与虚拟经济发展联系越来越密切，且虚拟资产总量变动对整体实体经济的长期和短期影响均较强。

本章小结

本章阐释了虚拟经济发展对实体经济的传导机制与作用机理，具体分析了虚拟经济系统与实体经济系统间的整体传导运作状况，并详细刻画了虚拟经济发展对消费、投资的传导过程。在此理论分析的基础上，借助相关定量分析方法，依据我国经济发展实际，对所界定的研究范畴内，虚拟经济对我国实体经济代表层面以及整体实体经济的发展影响进行了分析，具体检验了各代表变量间的长短期作用程度、因果关系、冲击响应等情况。研究虚拟经济发展对实体经济代表层面的作用程度，主要分析了虚拟经济资源配置对实体经济产业结构的影响、虚拟经济发展中的财富效应及对实体经济投资扩张的影响，研究结论认为：我国第二、三产业股市融资占比高、股市资源配置向第二和第三产业集中与转移趋势明显，股市发展对第二、三产业结构比重提升的影响较第一产业的大；在样本区间内，伴随我国股票市场的快速发展，虚拟经济系统中股市的发展对社会财富效应的影响逐步增大，我国股市存在一定程度的财富效应；股票及债券规模的扩大长期内对实体经济投资扩张效应影响显著，虚拟经济的快速发展对实体经济投资扩张效应的影响逐渐增强。研究我国虚拟经济对整体实体经济发展的影响状况，认为：狭义货币供应量相较于广义货币供应量，短期内对实体经济的冲击时滞较短，并且冲击波动较明显；贷款规模长短期内均对实体经济整体发展的影响显著，尤其对实体经济整体长期影响作用强烈；以金融市场为代表的虚拟经济系统各层面中资本市场及金融衍生品市场对实体经济整体发展的长期作用程度相对较高；虚拟资产总量变动对实体经济总量的长期和短期影响均较强。

第四章　我国虚拟经济与实体经济协调发展分析

本章在虚拟经济与实体经济的协调发展机制理论分析的基础上，进一步结合我国虚拟经济与实体经济发展的具体情况，运用相关判定方法对我国虚拟经济与实体经济的协调状态进行分析。在依据我国经济发展实际，借鉴经验性分析方法对我国虚拟经济与实体经济的整体协调状态分析的基础上，结合第三章我国虚拟经济发展对实体经济具体影响的分析，进一步筛选反映虚拟经济系统与实体经济系统的发展指标，借助相关测算方法，分析各时期我国虚拟经济与实体经济系统间的协调发展状况，判断出现非协调状态的可能原因，以及依据虚拟经济与实体经济的总体发展状况，进行两系统间的溢出效应分析，进一步阐释两系统间的影响关系。在此基础上，本章对未来一定期限内我国虚拟经济系统与实体经济系统的整体协调状态进行预测，为提出促进我国虚拟经济与实体经济协调发展的对策建议奠定基础。

第一节　虚拟经济与实体经济协调发展机制分析

虚拟经济与实体经济的协调发展机制，在分析虚拟经济与实体经济协调发展影响因素的基础上，主要探讨虚拟经济与实体经济偏离协调发展路径后，整体经济发展状态如何重新达到协调发展状态，具体分析虚拟经济与实体经济发展的内在协调机制、外部冲击状态下虚拟经济与实体经济协调状态的恢复与变化机制。

一、虚拟经济与实体经济协调发展的影响因素

虚拟经济与实体经济的协调发展既受虚拟经济系统内部、实体经济系统自身的影响，同时又受虚拟经济与实体经济间整体协调状况、外部环境冲击等方面因素的影响。例如，在本书所界定的狭义虚拟经济研究范畴内，虚拟经济系统内部因素方面需注重货币市场、股票市场、债券市场、基金市场、金融衍生品市场、

外汇市场、保险市场、房地产市场（主要指房地产市场的虚拟部分）等的健康、有序发展，通过推动虚拟经济系统内部子市场的健康发展，进一步促进整体虚拟经济稳健发展。实体经济作为虚拟经济产生与发展的基础，需注重自身的平稳较快发展，积极推进产业结构升级调整，并采取相应措施优化虚拟经济资源在实体经济领域的配置，以提高资源配置效率、有效促进实体经济领域的发展。在此基础上，需进一步重视虚拟经济系统与实体经济系统间的整体协调状况，有效衡量虚拟经济扩张的规模和速度是否与实体经济发展的速度和规模相匹配，这亦是影响虚拟经济与实体经济协调发展的重要因素。此外，需考虑国际经济环境因素如国际环境因素、他国经济危机或金融危机对本国的传染作用等方面因素的影响。虚拟经济与实体经济协调发展的影响因素如图4-1所示。

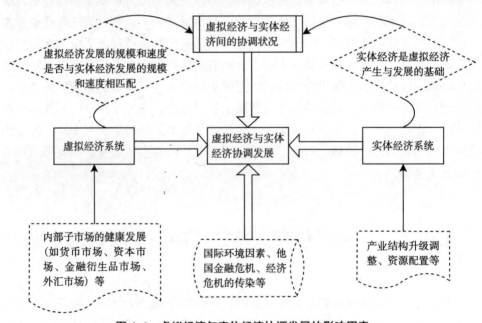

图4-1　虚拟经济与实体经济协调发展的影响因素

二、虚拟经济与实体经济内在协调机制

虚拟经济与实体经济偏离协调发展路径时，二者如何恢复到协调状态？本书就充分竞争条件下，虚拟经济与实体经济偏离协调发展路径后的内在恢复机制进行分析。

在充分竞争的市场条件下，虚拟经济与实体经济之间的发展存在以下状况：

（1）如果虚拟经济与实体经济整体系统达到协调状态，那么虚拟经济与实体经济的内部协调发展，可通过投资者的投资组合选择与消费者的消费选择予以实现。

（2）如果实体经济系统内部发展失衡，必然会出现结构性供需失衡。在消费者选择的作用下，供不应求时，产品价格将上升，投资收益率将提高；供大于求时，产品价格将下降，投资收益率将降低。此外，在利益机制的作用下，生产者将增加供不应求产品的投资，以进一步扩大供给量；同时，减少对供过于求产品的投资支出，以缩小该种类产品的供应量，直至供求恢复均衡为止。

（3）如果虚拟经济系统内部发展失衡，将导致虚拟经济产品的供求失衡，各类资产风险与收益的均衡状态将被打破，影响投资者改变其投资组合，例如，增加对风险低、收益高的虚拟经济产品的投资，并减少对风险高、收益率低的虚拟经济产品的投资，将导致这两类产品的价格波动发生反向变化。在经济发展规律的作用下，虚拟经济系统发展过程中，将增加（或减少）对价格上升（或价格下降）产品的供给，直至虚拟经济系统中产品的供求达到新的均衡关系为止。

具体来看，虚拟经济与实体经济向协调状态收敛表现在以下方面：

（1）虚拟经济发展滞后于实体经济时。虚拟经济的发展滞后于实体经济发展的需要，将对实体经济发展造成不利影响，如将会降低资产配置效率，导致资源浪费；或导致实体经济的运营效率降低，增加经营成本；或因缺少风险规避手段而导致经营风险增大，实体经济投资收益率降低。然而，虚拟经济系统因供给不足，造成其投资收益率提高。在没有准入限制的情况下，投资者一般将增加对虚拟经济领域的投资，而相对减少对实体经济领域的投资。同时，虚拟经济领域资金流入逐渐增多，将逐步导致虚拟资产价格上升，预期收益率提高。实体经济领域，在过量投资的背景下，导致供给能力超过既定收入水平下的社会消费能力，进而导致产品及服务价格下降。在此情况下，消费者为追求未来收益最大化，将减少消费资金的投入比重，增加对虚拟资产的投资，导致资金由实体经济领域流向虚拟经济领域，促使虚拟经济与实体经济向协调状态收敛。这一情况下，虚拟经济与实体经济向协调状态收敛的过程如图4-2所示。

（2）虚拟经济规模迅速膨胀，导致虚拟经济发展过度时。当资本金过量流入虚拟经济领域，出现虚拟经济的过度发展时，实体经济领域将因资金供给不足而出现萎缩，产品及服务价格因其供给能力低于既定收入水平下消费者的消费能力而上升，实体经济领域投资收益率提高，进而吸引部分资产由虚拟经济领域流向实体经济领域。然而，虚拟经济领域由于资产的过量流入，将导致虚拟资产价格的膨胀，产生经济泡沫。投机活动的存在进一步催生了虚拟资产价格的膨胀，并使更多的资金流入虚拟经济领域；但虚拟资产价格与实体资产价值严重背离的情况下，理性投资者必将出售虚拟资产，而购买价值被低估的实体资产，这一举措

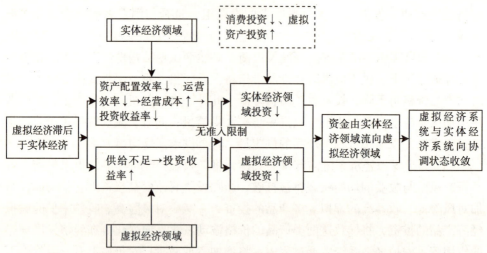

图4-2　虚拟经济发展滞后于实体经济发展情况下两系统向协调状态收敛过程

促使资本金由虚拟经济领域流向实体经济领域，虚拟资产的价格泡沫现象将因资本金的流出而减轻，有利于虚拟经济领域的发展与实体经济的发展向协调状态收敛。此外，从消费者的一般情况看，虚拟资产价格膨胀为其带来巨额财富，而这种财富效应可以有效刺激消费者出售部分虚拟资产以增加消费支出，将导致资本金由虚拟经济领域流向实体经济领域，过度发展的虚拟经济领域资金的流出，将进一步调整虚拟经济领域发展的秩序，使虚拟经济系统与实体经济系统的发展向协调状态收敛。虚拟经济过度发展情况下，虚拟经济系统与实体经济系统向协调状态收敛的过程如图4-3所示。

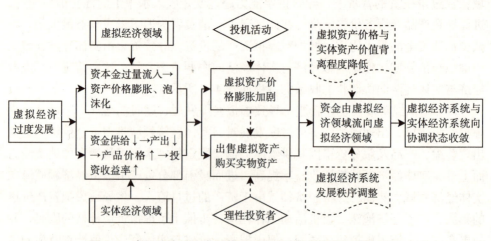

图4-3　虚拟经济过度发展情况下两系统向协调状态收敛过程

图 4-2 及图 4-3 所反映的是不存在制度障碍和充分竞争条件下虚拟经济系统及实体经济系统向协调状态的收敛过程，当存在制度限制的情况下，将对两系统的收敛过程造成影响，且资源配置因市场失灵亦呈现扭曲状态。

三、虚拟经济与实体经济偏离协调状态的恢复机制

在经济系统的发展过程中，一些学者认为虚拟经济与实体经济偏离协调状态的现象为一种常态。王爱俭等（2007）通过建立虚拟经济与实体经济的总量关系模型，分析了两系统间的协调关系，本书在借鉴该理论的基础上，进一步分析虚拟经济与实体经济偏离协调状态的自我恢复机制。[123]

虚拟经济与实体经济的总量关系模型中，假设整体经济系统中存在虚拟与实体两个经济部门，虚拟资本和实体资本是两种重要的投入，产出取决于投入和全要素生产率水平，则生产函数可表示为式（4-1）。

$$Y = A \cdot F(K_r, K_f) \tag{4-1}$$

其中，Y 表示产出，K_r 表示实体资本存量，K_f 表示虚拟资本存量，A 表示全要素生产率。[1] 该生产函数满足新古典模型的假设，进一步假定资本是同质的，则生产函数可变换为：

$$Y = AK_r \cdot F\left(1, \frac{K_f}{K_r}\right) \tag{4-2}$$

$$即 \frac{Y}{AK_r} = f\left(\frac{K_f}{K_r}\right) \tag{4-3}$$

令 $y = \dfrac{Y}{AK_r}$ 表示产出与全要素生产率和实体资本存量乘积的比率，$k = \dfrac{K_f}{K_r}$ 表示虚拟资本存量与实体资本存量的比率，则生产函数变换为：

$$y = f(k) \tag{4-4}$$

$$则 Y = AK_r y = AK_r \cdot f(k) \tag{4-5}$$

对式（4-5）中的 K_r、K_f 分别求偏导，得到：

$$\frac{\partial Y}{\partial K_r} = A \cdot [f(k) - kf'(k)] \tag{4-6}$$

$$\frac{\partial Y}{\partial K_f} = A \cdot f'(k) \tag{4-7}$$

对式（4-4）的对数形式求微分，得到：

$$(\ln y)' = [\ln f(k)]' \tag{4-8}$$

---

[1] 对产出变化的解释除 K_r 和 K_f 的变化所解释的部分外，均由 A 的变化体现。

即 $\dfrac{\dot{y}}{y} = \dfrac{\dot{k} \cdot f'(k)}{f(k)} = \dfrac{\dot{k} \cdot f'(k)}{f(k)} \cdot \dfrac{k}{k} = \dfrac{k \cdot f'(k)}{f(k)} \cdot \dfrac{\dot{k}}{k}$ (4-9)

令 $\alpha_{K_f}(k) = \dfrac{k \cdot f'(k)}{f(k)}$ 表示虚拟资本存量的产出弹性，则有

$$\dfrac{\dot{y}}{y} = \alpha_{K_f}(k) \cdot \dfrac{\dot{k}}{k} \qquad\qquad (4-10)$$

由于 $\dfrac{\dot{y}}{y} = \dfrac{\dot{Y}/(AK_r) - \dot{A}Y/(K_rA^2) - \dot{K_r}Y/(AK_r^2)}{Y/(AK_r)} = \dfrac{\dot{Y}}{Y} - \dfrac{\dot{A}}{A} - \dfrac{\dot{K_r}}{K_r}$ (4-11)

$$\dfrac{\dot{k}}{k} = \dfrac{\dot{K_f}/K_r - \dot{K_r}K_f/K_r^2}{K_f/K_r} = \dfrac{\dot{K_f}}{K_f} - \dfrac{\dot{K_r}}{K_r} \qquad (4-12)$$

由式（4-10）、式（4-11）、式（4-12）可得：

$$\dfrac{\dot{y}}{y} = \dfrac{\dot{Y}}{Y} - \dfrac{\dot{A}}{A} - \dfrac{\dot{K_r}}{K_r} = \alpha_{K_f}(k) \cdot \dfrac{\dot{k}}{k} = \alpha_{K_f}(k) \cdot \left(\dfrac{\dot{K_f}}{K_f} - \dfrac{\dot{K_r}}{K_r} \right) \qquad (4-13)$$

令 $\dfrac{\dot{K_f}}{K_f} = g$ 表示虚拟资本存量增长率，$\dfrac{\dot{K_r}}{K_r} = n$ 表示实体资本存量增长率，

$\dfrac{\dot{A}}{A} = a$ 表示全要素生产率增长率，则有

$$\dfrac{\dot{Y}}{Y} - a - n = \alpha_{K_f}(k) \cdot (g - n) \qquad\qquad (4-14)$$

即 $\dfrac{\dot{Y}}{Y} = \alpha_{K_f}(k) \cdot g + [1 - \alpha_{K_f}(k)] \cdot n + a$ (4-15)

式（4-15）表示出了虚拟资本存量增长率、实体资本存量增长率与产出增长率之间的关系。其中，虚拟资本存量每增长 1%，产出增长 $\alpha_{K_f}(k)$%，即虚拟资本存量的产出弹性为 $\alpha_{K_f}(k)$；实体资本存量每增长 1%，产出增长 $[1 - \alpha_{K_f}(k)]$%，即实体资本存量的产出弹性为 $1 - \alpha_{K_f}(k)$。

假设 $\dot{K_f} = bY$，则式（4-12）可变换为：

$$\dot{k} = k \cdot \left(\dfrac{bY}{K_f} - n \right) = b \cdot \dfrac{Y}{K_f} \cdot \dfrac{K_f}{K_r} - nk = Ab \cdot f(k) - nk \qquad (4-16)$$

其中，b 表示虚拟资本存量的变化与产出的比率。

令 $m = Ab$，则有

$$\dot{k} = m \cdot f(k) - nk \qquad\qquad (4-17)$$

图 4-4 显示了式（4-17）的运作关系。

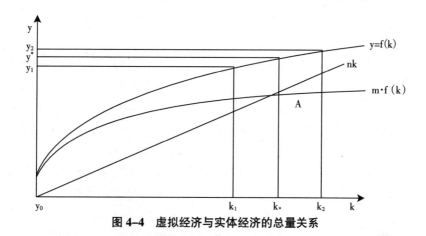

图 4-4　虚拟经济与实体经济的总量关系

图 4-4 中，曲线 $y = f(k)$ 表示生产函数曲线，由于 $f'(k) > 0$，曲线 $f(k)$ 和 $m \cdot f(k)$ 均有正的斜率，随着 k 增加变得越来越平坦（因为 $f''(k) < 0$）。式（4-17）中 nk 项在图 4-4 中由一条从原点开始的具有正斜率 n 的曲线表示。曲线 $f(k)$ 和 $m \cdot f(k)$ 均不通过原点，且均存在正的截距，即 $k = 0$ 时，$y = y_0 = f(0) > 0$，由于 $Y = AK_r y$，因而，此时 $Y > 0$，表明当虚拟资产存量与实体资产存量的比率为 0，即虚拟资产存量为 0 时，产出不等于 0，这是因为在没有虚拟资产的情况下，尽管产出水平较低，但仍能创造一定量的产出，如物物交换时代。

由图 4-4 可以看出，曲线 $m \cdot f(k)$ 和 nk 线相交于点 A，该点对应于式（4-17）中的 $\dot{k} = 0$，相应的 k 值被表示为 k^*。在该点处，虚拟经济与实体经济达到稳定状态，并将这一稳定状态定义为虚拟经济与实体经济发展最为协调的状态。在与 k^* 的接近区域内，如图 4-4 中的区间 $k_1 < k < k^*$ 和 $k^* < k < k_2$ 内认为虚拟经济与实体经济的发展仍处于协调状态，因而区间 $k_1 < k < k_2$ 内，即认为虚拟经济与实体经济处于协调发展状态，该区间为两系统的协调状态区间。

其中，k^* 满足条件 $m \cdot f(k^*) = nk^*$　　　　　　　　　　　　　　　　（4-18）

当虚拟资本存量与实体资本存量达到稳态比率 k^* 时，y 值固定在 $y^* = f(k^*)$ 上。

由式（4-10）、式（4-11）、式（4-12）可知，此时 $\dfrac{\dot{K_f}}{K_f} = \dfrac{\dot{K_r}}{K_r} = n$，$\dfrac{\dot{Y}}{Y} = a + n$，即稳定状态中的产出增长率等于全要素生产率增长率与实体资本存量增长率之和 $a+n$。

由式（4-18）可得：

$k^* = k^*(m, n)$　　　　　　　　　　　　　　　　　　　　　　　　（4-19）

式（4-19）表明，k^* 可以表示为 m 和 n 的函数，进一步说明生产函数 $y = f(k)$

的移动以及由于 m 和 n 的变化导致曲线 m·f（k）和 nk 线的移动均会对稳定状态中的 k^*、y^* 产生影响。

在虚拟经济与实体经济发展协调状态的总量关系模型中，影响稳定状态比率 k^* 的因素包含全要素生产率 A、虚拟资产的变化与产出的比率 b 以及实体资产存量增长率 n 等，这些变量的变化均会对 k^* 造成影响，导致其偏离协调发展路径。在虚拟经济与实体经济发展偏离协调状态时，在制度刚性及非制度刚性情况下均会体现出向协调状态的恢复机制。

在制度刚性条件下，由于在市场自身作用下的协调状态自动恢复机制难以发挥作用，经济发展将达到新的协调状态。例如，实行促进实体经济发展的扩张性财政政策和货币政策时，资产更多地配置到实体经济领域，加快了实体经济部门的发展，实体资产存量增长率提高，而相对地虚拟经济发展速度减慢，虚拟资产存量增长率下降，导致虚拟资产存量与实体资产存量比率下降，直到整个经济体的发展达到新的协调状态为止。然而，由于存在制度刚性，经济发展无法恢复至政策干预前的协调状态，而达到了新的协调状态。

在非制度刚性条件下，虚拟经济系统与实体经济系统偏离协调状态的自我恢复机制体现于：经济发展常受到技术水平变化、财政政策、货币政策、产业政策等外部冲击，这些冲击均会对整体经济发展的协调状态带来影响，导致虚拟经济与实体经济的发展偏离协调状态，而在非制度刚性条件下，经济发展会自动恢复至协调状态。假设经济发展受到政府政策的干预，如为刺激实体经济的发展而实施的扩张性财政政策和货币政策，这将促进实体经济发展速度的提升，实体资产存量增长率提高，资产由虚拟经济领域流向实体经济领域，导致虚拟资产存量增长率下降。可见，政府的政策干预可能影响整体经济的发展偏离协调状态。然而，在不存在制度刚性的条件下，经济体在市场力量作用下，具有自我恢复机制，将重新恢复协调发展状态。实体经济领域的过多的资产将重新流回虚拟经济领域，实体资产存量增长率趋于下降，虚拟资产存量增长率趋于上升，政府政策的冲击对整体经济协调发展的影响逐步消除，进而虚拟经济系统与实体经济系统间逐步恢复协调状态。

第二节　我国虚拟经济与实体经济协调状态经验性分析

一、基于金融相关率的协调状态分析

伴随金融深化的发展，金融资产与实物资产的比率不断提高，20 世纪中期开始，以戈德史密斯为首的经济学家逐渐开始进行金融相关比率的分析。戈德史密斯将全部金融资产价值与实物资产存量（即国民财富）的比率称为金融相关率（Financial Interrelations Ratio，FIR），该比率被看做判断金融部门与实体经济协调发展状况的主要指标之一。在实际计算过程中，多数学者常用国内生产总值作为国民财富的代表变量。国外学者对金融相关率分析情况如表 4-1 所示。

表 4-1　国外学者对金融相关率分析情况

来源	计算年份	分子	分母	分析结果
戈德史密斯	1950~1978	所有部门金融资产	实物资产总量	有限增长： 1950：0.40 1973：0.85 1978：0.89
Idem	1950~1978	各部门金融资产	GNP	增长： 1950：1.53 1965：2.00 1978：3.83
津恩（1985）	1960~1982	业已形成的金融资产，包括非金融部门金融资产	业已形成的实物资产	趋势增长： 1960：0.61 1970：0.78 1982：1.35
津恩（1986）	1971~1981	所有部门的金融资产	国民收入	增长： 1971：3.60 1975：4.06 1981：4.77

资料来源：卢卡斯·门克霍夫，诺伯特·托克斯多尔夫.金融市场的变迁：金融部门与实体经济分离了吗？[M].北京：中国人民大学出版社，2005：69.

依据戈德史密斯金融相关比率的计算方法，对我国 1978~2009 年的金融相关比率情况进行分析，以我国 GDP 数值代表实物资产总量。具体计算结果如表 4-2 所示。

表 4-2　1978~2009 年我国金融相关比率情况

单位：亿元人民币

年份	金融资产总量	GDP	各项贷款	各项贷款/GDP (%)	股票市值	股票市值/GDP (%)	FIR（%）
1978	3418	3645.2	1850.00	50.75	—	—	93.77
1979	4000	4062.6	2039.63	50.21	—	—	98.46
1980	4946	4545.6	2414.30	53.11	—	—	108.81
1981	5783	4891.6	2764.70	56.52	—	—	118.22
1982	6906	5323.4	3052.30	57.34	—	—	129.73
1983	7759	5962.7	3114.20	52.23	—	—	130.13
1984	10543	7208.1	4419.60	61.31	—	—	146.27
1985	12809	9016.0	5365.80	59.51	—	—	142.07
1986	16868	10275.2	8116.70	78.99	—	—	164.16
1987	20932 ·	12058.6	9761.70	80.95	—	—	173.59
1988	25127	15042.8	11425.00	75.95	—	—	167.04
1989	30117	16992.3	13469.50	79.27	—	—	177.24
1990	35599	18667.8	15166.60	81.24	—	—	190.70
1991	46676	21781.5	18061.40	82.92	—	—	214.29
1992	55998	26923.5	21615.60	80.29	1048	3.89	207.99
1993	69478	35333.9	26461.10	74.89	3531	9.99	196.63
1994	93276	48197.9	39976.00	82.94	3691	7.66	193.53
1995	117197	60793.7	50544.10	83.14	3474	5.71	192.78
1996	146649	71176.6	61156.60	85.92	9842	13.83	206.04
1997	175368 ·	78973.0	74914.10	94.86	17529	22.20	222.06
1998	203680	84402.3	86524.10	102.51	19506	23.11	241.32
1999	229258	89677.1	93734.30	104.52	26471	29.52	255.65
2000	254412	99214.6	99371.10	100.16	48091	48.47	256.43
2001	289761	109655.2	112314.70	102.43	43522	39.69	264.25
2002	338508	120332.7	139802.90	116.18	38329	31.85	281.31
2003	372399	135822.8	158996.23	117.06	42458	31.26	274.18
2004	473623	159878.3	177363.49	110.94	37056	23.18	296.24
2005	472884	183217.4	194690.39	106.26	32430	17.70	258.10
2006	618160	211923.5	225285.28	106.31	89404	42.19	291.69
2007	788076	257305.6	261690.88	101.70	327141	127.14	306.28
2008	1012701	314045.0	303394.64	96.61	121366	38.65	322.47
2009	1254182	340903.0	399684.82	117.24	243939	71.56	367.90

注："金融资产总量"一栏的计算数据，1991 年以前的数据摘引自易纲：《中国的货币、银行和金融市场：1984~1993》（第 153 页），其余年份的数据计算在借鉴易纲的计算方法基础上，以银行金融机构资产、股市市值及债券存量的总和作为金融资产总量（第三章中所介绍的借鉴汪同三老师的计算方法）。

资料来源：中国人民银行网站、中国国家统计局网站及历年《中国统计年鉴》、《中国金融年鉴》。

金融相关率反映了一国经济的虚拟化水平，由表 4-2 可看出，我国的金融相关率由 1978 年的 93.77%上升至 2009 年的 367.9%，表明我国金融深化程度大幅度提高。其中，各项贷款占 GDP 的比重 1978 年为 50.75%，1984 年起该比例逐渐上升，1990 年为 81.24%，1996 年达 85.92%，此后贷款规模进一步增大，1998 年该比例为 102.51%，2003 年升至 117.06%，2009 年为 117.24%。贷款规模的不断上升亦是为了满足国民经济发展的需要，在经济发展的过程中有利于进一步创造国民财富。20 世纪 90 年代初期开始，我国股票市场逐渐发展起来，1992 年沪、深两市股票市价总值为 1048 亿元人民币，1996 年增至 9842 亿元，此后股市市值规模大幅度上升，2000 年已达 48091 元，2007 年高达 327141 亿元，2009 年为 243939 亿元。1992~2009 年，股市市值占 GDP 的比重呈现波动上升的趋势。1992 年，我国股票市价总值占 GDP 的比重为 3.89%，1996 年该比例迅速升至 13.83%，1997 年为 22.2%，此后该比例逐渐上升，2000 年高达 48.47%。可见，1992~1996 年我国股市市值占 GDP 的比重逐渐上升，1997~2000 年间这一比例上升迅速，体现出该阶段我国股票市场发展加快，股票市场的虚拟性表现突出。从 2001 年开始，股票市值占 GDP 的比重呈下降趋势，2004 年股票市值占 GDP 的比重为 23.18%，2005 年该比例下降至 17.7%，此后该比例呈波动式大幅度上升趋势，2007 年股市市值占 GDP 的比重高达 127.14%，2008 年下降，2009 年为 71.56%。以上分析表明，2005 年以来，我国股票市场发展速度提升，股市规模逐渐扩大。

从表 4-2 我国金融相关率的具体情况来看，1978~1990 年金融相关比率翻了一番多，并呈现稳定提升的态势，这与改革开放以来国家不断推动金融市场的发展有关。1991 年金融相关率突破 200%达 214.29%，此后呈下降波动趋势，1996 年后出现持续上升态势，2004 年该比率增至 296.24%，2005 年下降，此后增长迅速，2007 年为 306.28%，2009 年达 367.9%。依据表 4-2 国外学者的结论，戈德史密斯所测算给出的数值，认为 1950~1978 年金融部门（虚拟经济）呈现有限的增长，而 Idem 依据其测算即 1950 年金融相关率为 1.53、1978 年升至 3.83，认为 1950~1978 年金融部门（虚拟经济）与实体经济处于互动发展中。然而，从我国的实际看，1978~2009 年金融相关率得出的结果与 Idem 的分析结果相似，因此，可以粗略判断我国这一时期虚拟经济与实体经济的发展处于互动增长中。其中，2005 年以来，金融相关率增长迅速，2007 年突破了 300%，2009 年已达 367.9%。

依据 FIR 的参考值判断虚拟经济是否背离实体经济目前尚无权威的参考值，

而如果将日本泡沫经济时代测算的 FIR 值（其值约为 4）① 作为判断依据，2007 年以来我国虚拟经济与实体经济逐渐出现了一定程度的背离，虚拟经济有可能存在非适度泡沫。然而，考虑到我国的具体国情，仅依据 FIR 指标尚不足以准确判断我国虚拟经济与实体经济是否背离，仍需结合其他分析方法的分析对我国虚拟经济与实体经济间的协调状态进行综合判断。由图 4-5 可以直观看出 1978~2009 年我国各项贷款占 GDP 比重、股市市值占 GDP 比重及金融相关率的变动情况。

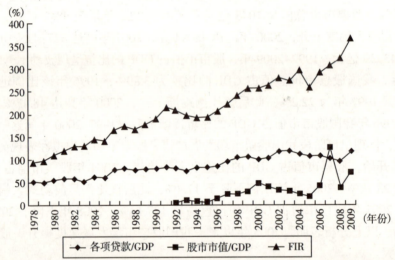

图 4-5　1978~2009 年我国各项贷款占 GDP 比重、股市市值占 GDP 比重及金融相关率的变动情况

二、基于马歇尔 K 值的协调状态分析

马歇尔 K 值又称为马歇尔货币化比率，它是各不同层次货币量与整体社会财富的比重。葛新权（2005）认为，马歇尔 K 值是一个可衡量经济虚拟化和泡沫经济的重要指标。在实际的计算过程中，常用 GDP 代替整体社会财富。[124] 麦金农（1988）在分析金融深化程度时，亦使用了广义货币供应量 M_2 与 GDP 的比重这一指标，并认为货币负债对国民生产总值的比率是向政府和私人部门提供银行资金的镜子，该指标是衡量经济发展中货币体系的重要性和金融深化程度的最简单标尺。这从一个侧面说明，K 值越大，虚拟经济与实体经济间越可能出现非协调状况，且出现泡沫经济的概率亦越大。依据历年《中国统计年鉴》所公布数据，对我国 M_0、M_1、M_2 不同货币层次的马歇尔 K 值进行分别测算。由于统计资料的

---

① 葛新权. 泡沫经济理论与模型研究 [M]. 北京：经济科学出版社，2005.

限制（目前所找到的货币供应量公布数据从 1990 年开始），对 1990~2009 年我国马歇尔 K 值的计算结果如表 4-3 所示。

表 4-3　1990~2009 年我国马歇尔 K 值计算结果

年份	GDP（亿元）	M_0（亿元）	K_0（%）	M_1（亿元）	K_1（%）	M_2（亿元）	K_2（%）
1990	18667.8	2644.4	14.17	6950.7	37.23	15293.4	81.92
1991	21781.5	3177.8	14.59	8633.3	39.64	19349.9	88.84
1992	26923.5	4336.0	16.10	11731.5	43.57	25402.2	94.35
1993	35333.9	5864.7	16.60	16280.4	46.08	34879.8	98.71
1994	48197.9	7288.6	15.12	20540.7	42.62	46923.5	97.36
1995	60793.7	7885.3	12.97	23987.1	39.46	60750.5	99.93
1996	71176.6	8802.0	12.37	28514.8	40.06	76094.9	106.91
1997	78973.0	10177.6	12.89	34826.3	44.10	90995.3	115.22
1998	84402.3	11204.2	13.27	38953.7	46.15	104498.5	123.81
1999	89677.1	13455.5	15.00	45837.2	51.11	119897.9	133.70
2000	99214.6	14652.7	14.77	53147.2	53.57	134610.3	135.68
2001	109655.2	15688.8	14.31	59871.6	54.60	158301.9	144.36
2002	120332.7	17278.0	14.36	70881.8	58.90	185007.0	153.75
2003	135822.8	19746.0	14.54	84118.6	61.93	221222.8	162.88
2004	159878.3	21468.3	13.43	95969.7	60.03	254107.0	158.94
2005	183217.4	24031.7	13.12	107278.8	58.55	298755.7	163.06
2006	211923.5	27072.6	12.77	126035.1	59.47	345603.6	163.08
2007	257305.6	30375.2	11.81	152560.1	59.29	403442.2	156.79
2008	314045	34219.0	10.90	166217.1	52.93	475166.6	151.31
2009	340903	38246.97	11.22	221445.81	64.96	610224.52	179.00

注：K_0 为 M_0/GDP，K_1 为 M_1/GDP，K_2 为 M_2/GDP。

资料来源：中国人民银行网站及历年《中国统计年鉴》。

马歇尔 K 值越大，表明货币占整体社会财富的比重越大，追逐虚拟经济载体的货币将越多，虚拟经济扩张的潜力越大。由表 4-3 可以看出，我国货币供应量 M_0 由 1990 年底的 2644.4 亿元人民币增加至 2009 年底的 38246.97 亿元，M_1 由 1990 年底的 6950.7 亿元升至 2009 年底的 221445.81 亿元，M_2 由 1990 年底的 15293.4 亿元增至 2009 年底的 610224.52 亿元。而马歇尔 K 值中，K_0 的值 1990 年的为 14.17%，此后该数值在 14%水平上下波动，波动变化幅度较小，2008 年 K_0 值相对较低为 10.90%。马歇尔 K_1 值由 1990 年开始逐渐呈现波动上升趋势，1990 年为 37.23%，1998 年为 46.15%，尤其 1998 年起 K_1 数值增长加速，2003 年为 61.93%，此后呈下降趋势，2009 年进一步提升达到 64.96%。为从整体上较全面地分析我国经济虚拟化程度，这里着重分析广义货币供应量 M_2 与 GDP 的比

值情况即 K_2 的变动情况。K_2 值由 1990 年的 81.92% 增加至 2009 年的 179.00%，该比例增长了一倍多。其中，K_2 值 1996 年突破 100% 达 106.91%，此后上升加速，这与前面分析的金融相关率的变动状况相一致，2003 年该值为 162.88%，此后该比率值呈波动起伏态势，2008 年为 151.31%，2009 年遂升至 179.00%。可见，1990~2009 年我国的货币化程度不断提高，马歇尔 K_2 值亦不断增大，说明我国经济的虚拟化程度不断加深且速度逐渐提升。国际上目前尚没有对马歇尔 K值达到何种程度导致经济过度虚拟化出现泡沫，甚至过渡至泡沫经济的判定标准，而在我国的具体研究中，余永定（2002）基于我国经济发展实际的基础上，研究了 M_2/GDP 的增长路径，并认为 M_2/GDP 的上限在 2.5 左右。[125] 因此，若依据余永定的判断标准，我国 1990~2009 年经济虚拟化的程度不断加深，但虚拟经济发展尚未与实体经济背离。然而，在经济的实际发展过程中，判断我国虚拟经济与实体经济的发展是否出现背离不能仅借助马歇尔 K值为依据，但该值的变动情况仍可作为判断的参考之一。图 4-6 直观地反映了 1990~2009 年我国不同货币层次马歇尔 K值变化情况。

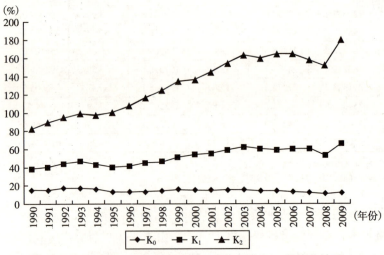

图 4-6 1990~2009 年我国不同货币层次马歇尔 K 值变化情况

三、基于流量指标的协调状态分析

在对我国金融相关比率及马歇尔 K 值分析的基础上，进一步从虚拟经济发展的代表性流量指标变化的角度，分析我国虚拟经济与实体经济的协调发展状况。由于统计资料的限制，其中证券投资基金成交额的统计数据从 1998 年开始公布，为统一口径，其他虚拟经济代表性流量指标的数据亦从 1998 年选取。表 4-4 给出了 1998~2009 年各年份我国虚拟经济代表性流量指标与实体经济代表变量 GDP 的比值计算结果。

表 4-4　1998~2009 年我国虚拟经济代表性流量指标与实体经济总量间的关系

单位：亿元

年份	股票成交额①	国债成交额②	期货总成交额③	证券投资基金成交额④	GDP⑤	①/⑤	②/⑤	③/⑤	④/⑤
1998	23544	21600.75	36967.24	555.33	84402.3	0.28	0.26	0.44	0.01
1999	31319.6	18089.05	22343.01	1623.12	89677.1	0.35	0.20	0.25	0.02
2000	60827	19491.14	16082.29	2465.79	99214.6	0.61	0.20	0.16	0.02
2001	38305	20303.21	30144.98	2561.88	109655.2	0.35	0.19	0.27	0.02
2002	27990	33128.32	39490.08	1166.58	120332.7	0.23	0.28	0.33	0.01
2003	32115	58755.96	108396.59	682.65	135822.8	0.24	0.43	0.80	0.01
2004	42334	47053.09	146935.32	728.58	159878.3	0.26	0.29	0.92	0.0046
2005	31665	26401.8	134463.38	773.15	183217.4	0.17	0.14	0.73	0.0042
2006	90469	10633.49	210063.37	2002.65	211923.5	0.43	0.05	0.99	0.01
2007	460556	19545.67	409740.77	8620.09	257305.6	1.79	0.08	1.59	0.03
2008	267113	26391.17	498177.25	5831.06	314045	0.85	0.08	1.59	0.03
2009	535987	37560.98	1305143	10250	340903	1.57	0.11	3.83	0.03

资料来源：中国人民银行网站、中国国家统计局网站、中经网数据库及历年《中国统计年鉴》。

图 4-7 更直观地反映了 1998~2009 年我国虚拟经济代表性流量指标与实体经济代表变量 GDP 的比值变动情况。结合表 4-4 及图 4-7 的结果可以看出，期货成交额与 GDP 比值的变化有较强的波动性，1998 年该比值为 44%，此后呈下降趋势，2003 年迅速升至 80%，而后上升速度加快，2007 年达 159%，2009 年升至 383%，表明 2007 年以来我国期货市场发展迅速。股票成交额与 GDP 的比率 1998 年为 28%，此后呈上升趋势，2000 年为 61%，而后下降并呈波动起伏状况，2006 年为 43%，2007 年迅速上升至 179%，2008 年下降为 85%，2009 年达 157%，表明 2005 年以来我国股票市场波动幅度较大，且股市成交额规模扩张迅速。与期货成交额、股票成交额与 GDP 的比值变动情况相比，国债成交额、证券投资基金成交额与 GDP 的比值变动趋势较平稳。国债成交额与 GDP 的比重 1998 年为 26%，而后呈下降趋势，并在 20% 水平上下波动，2003 年升至 43%，2009 年该比值为 11%。1998~2009 年证券投资基金与 GDP 的比重基本在 1%~3% 的水平上下波动，2004 年、2005 年该比重较低，分别为 0.46%、0.42%，而后逐渐上升，2007 年约为 3%，2008 年为 2% 左右，2009 年升至 3% 左右，说明 2005 年以来我国证券投资基金成交规模增长迅速，这与股票市场及期货市场的发展态势相似。

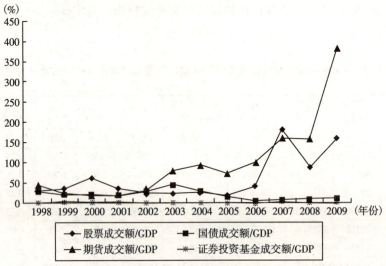

图 4-7　1998~2009 年我国虚拟经济流量指标与 GDP 比值变动情况

为了进一步具体分析虚拟经济体系流量指标代表变量的发展情况，表 4-5 给出了 1999 年以来我国虚拟经济代表性流量指标股票市场成交额、国债成交额、期货成交额、证券投资基金成交额的增长率变动情况，以及实体经济代表变量 GDP 的增长率情况。图 4-8 直观地反映了我国 1999~2009 年虚拟经济流量指标增长率及 GDP 增长率的变动情况。

表 4-5　1999~2009 年我国 GDP 增长率及虚拟经济流量指标增长率变动情况

单位：%

年份	股票成交额增长率	国债成交额增长率	期货成交额增长率	证券投资基金成交额增长率	GDP 增长率
1999	33.03	−16.26	−39.56	192.28	7.6
2000	94.21	7.75	−28.02	51.92	8.4
2001	−37.03	4.17	87.44	3.90	8.3
2002	−26.93	63.17	31.00	−54.46	9.1
2003	14.74	77.36	174.49	−41.48	10
2004	31.82	−19.92	35.55	6.73	10.1
2005	−25.20	−43.89	−8.49	6.12	11.3
2006	185.71	−59.72	56.22	159.02	12.7
2007	409.08	83.81	95.06	330.43	14.2
2008	−42.00	35.02	21.58	−32.35	9.6
2009	100.66	42.32	161.98	75.78	9.2

注：1998 年以来我国 GDP 增长率采用的是中国国家统计局修正后的数据。

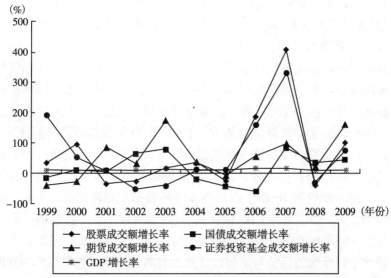

图 4-8　1999~2009 年我国虚拟经济流量指标增长率及 GDP 增长率的变动情况

　　结合表 4-5 及图 4-8 的结果，从整体上看，1999~2009 年我国金融资产交易额的增长率变化具有较强的波动性，且均从 2005 年后呈现上升态势，2007 年各类金融资产成交额增长率均大幅度提升，2008 年受国际金融危机影响，成交额增长率均下降，2009 年开始出现大幅度上升趋势。我国 GDP 的增长率 1999 年为 7.6%，而后逐年上升，2003 年为 10%，2004 年起持续上升，2007 年达 14.2%，2008 年降至 9.6%，2009 年为 9.2%。2009 年以来，国家经济发展逐步进入"后危机"时代，国家采取积极的相关政策不断推动国民经济的复苏，据中国国家统计局网站披露的数据显示，我国 2010 年一季度 GDP 增长 11.9%，二季度增长 10.3%，三季度增长 9.6%。

　　综合我国虚拟经济代表性流量指标成交额与 GDP 的比值情况以及各流量指标自身规模增长率波动情况的分析，得出结论：1998~2009 年我国虚拟经济规模逐渐增大，尤其 2005 年后虚拟经济各代表性流量指标成交额增长率呈现新一轮的上升趋势，亦说明虚拟经济规模的扩张速度提升，且金融资产成交额增长率的变化与 GDP 的增长率变化趋势趋同，国民财富逐年增多，虚拟经济与实体经济呈现互动发展态势。

四、协调状态的综合分析

　　依据我国经济发展实际，借助金融相关比率法、马歇尔 K 值方法，对我国经济发展各时期虚拟经济与实体经济的协调状态进行了判断，并进一步分析了虚拟经济代表性流量指标变化与实体经济发展间的关系，得出的主要结论如下：

（1）依据金融相关比率的结果分析认为，改革开放以来我国虚拟经济与实体经济发展处于互动增长中，1996 年后金融相关率逐渐上升，且上升幅度增大，进一步认为我国虚拟经济发展加速；而 2005 年以后金融相关率大幅度提升，虚拟经济规模逐步扩张，依据金融相关率情况判断 2007 年以来我国虚拟经济与实体经济逐渐出现一定程度的背离，虚拟经济规模有可能存在非适度泡沫。

（2）马歇尔 K 值的测算结果表明，1990~2009 年我国货币化程度不断提高，经济虚拟化程度不断加深且速度逐渐提升，尤其 1996 年后发展加速，这与金融相关比率的分析结果基本一致，2005 年起该值虽有起伏波动，但一直保持在较高水平上，进一步说明 2005 年以来我国经济虚拟化程度加速。1990~2009 年各年我国的广义货币供应量与 GDP 的比值均在 250% 以下，因此依据马歇尔 K 值的结果认为这一时期我国虚拟经济发展未与实体经济发生背离。然而，不能仅凭马歇尔 K 值水平判断虚拟经济与实体经济是否背离，但该结果仍可作为判断的参考之一。

（3）在基于流量指标进一步分析我国虚拟经济与实体经济的发展关系时，认为 1998~2009 年我国虚拟经济规模逐渐增大，尤其 2005 年后虚拟经济规模扩张迅速，且金融资产成交额增长率的变化与实体经济代表变量 GDP 的增长率变化趋势趋同，虚拟经济与实体经济呈现互动发展。

由于对金融相关比率、马歇尔 K 值及流量指标的分析时所选数据样本区间不同，因此综合分析以上方法的重叠样本区间内即 1998~2009 年我国虚拟经济与实体经济的发展情况认为，在重叠的样本区间里 1998~2005 年我国虚拟经济规模逐渐扩大，这一时期虚拟经济与实体经济处于协调发展状态。然而，2006 年起虚拟经济规模膨胀迅速，尤其 2007 年以来我国虚拟经济与实体经济的发展逐渐出现一定程度的背离。虚拟经济与实体经济的协调发展有利于两系统间的互动发展，而虚拟经济与实体经济的过度背离会对整体经济系统造成严重冲击。鉴于此，对我国虚拟经济系统与实体经济系统相互间的具体影响作用关系尚需要详细分析，以进一步明晰出现背离的可能原因，为减轻两系统间的背离对整体经济发展带来的不利影响、提出有针对性地促进虚拟经济与实体经济协调发展的对策建议奠定基础。

第三节 基于综合变化协调度方法的我国虚拟经济与实体经济协调度测算

一、方法说明

为了较客观地评价虚拟经济与实体经济的整体协调状态，拟利用因子分析与回归分析相结合的综合变化协调度方法。综合变化协调度方法（或叫综合评价法）的优点主要体现为对指标间协调关系的动态解释性较强，与协调内涵的拟合程度较高。借助因子分析方法计算虚拟经济与实体经济间的综合发展指数，在此基础上借助回归拟合方法计算虚拟经济与实体经济系统的协调发展指数，最后分别测算得出虚拟经济与实体经济发展的静态、动态协调度。综合变化协调度方法可有效避免评价过程中主观因素对评价结果的影响，同时，又可以反映出虚拟经济与实体经济协调发展间的相互适应程度。

（一）因子分析法

因子分析模型是主成分分析的推广，其基本思想是从研究原始变量相关矩阵内部的依赖关系出发，将一些有错综复杂关系的变量归结为少数几个综合因子的一种多变量统计分析方法。相较于主成分分析，因子分析更倾向于描述原始变量之间的相关关系。因子分析可以分为因子载荷、因子旋转及计算因子得分三个步骤，这里选取主成分法确定因子载荷。

设有 m 个样本，每个样本有 p 项指标（变量）X_1, X_2, $\cdots$, X_p，这 m 个样本之间具有较强的相关性。$x = (X_1, X_2, \cdots, X_p)'$，其均值向量 $E(x) = \mu$ 和协方差矩阵 $V = (\sigma_{ij})_{p \times p}$ 都存在。

1. 一般因子分析模型

一般情况下，公共因子不可能包括总体的所有信息，每个观测变量除了可以由公共因子解释的部分外，还会有一些它们解释不了的部分，称为相应变量的特殊因子。分析模型的一般形式记为：

$$\begin{cases} X_1 - \mu_1 = a_{11}F_1 + a_{12}F_2 + \cdots + a_{1m}F_m + \varepsilon_1 \\ X_2 - \mu_2 = a_{21}F_1 + a_{22}F_2 + \cdots + a_{2m}F_m + \varepsilon_2 \\ \vdots \\ X_p - \mu_p = a_{p1}F_1 + a_{p2}F_2 + \cdots + a_{pm}F_m + \varepsilon_p \end{cases} \tag{4-20}$$

其中，$m \leqslant p$，F_1, F_2, $\cdots$, F_m 为初始变量的公共因子，ε_i 为变量 X_i 的特殊

因子。如果是正交的模型，需进一步要求公共因子互不相关，特殊因子和公共因子也不相关。

$$记\ A = \begin{bmatrix} a_{11} & a_{12} & \cdots & a_{1m} \\ a_{21} & a_{22} & \cdots & a_{2m} \\ \vdots & \vdots & & \vdots \\ a_{p1} & a_{p2} & \cdots & a_{pm} \end{bmatrix},\ \begin{array}{l} F = (F_1,\ F_2,\ \cdots,\ F_m)' \\ \varepsilon = (\varepsilon_1,\ \varepsilon_2,\ \cdots,\ \varepsilon_p)' \end{array}, 则因子模型的矩阵形式$$

记为 $x - \mu = AF + \varepsilon$。矩阵 A 称为因子载荷矩阵，系数 a_{ij} 称为变量 X_i 在因子 F_j 上的载荷。如果总体是标准化的，有 $a_{ij} = \rho\ (X_i,\ F_j)$，即变量 X_i 在因子 F_j 上载荷 a_{ij} 就是 X_i 与 F_j 的相关系数。

2. 因子旋转

至此建立的因子模型还只是一个初始模型，所得的因子不一定能反映问题的实质特征，因子旋转是一种改进方法。因子旋转的依据是因子模型的不唯一性。设 T 是一个正交矩阵，由于 $TT' = I$，所以因子模型 $x - \mu = AF + \varepsilon$ 与 $x - \mu = A(T)$ $(T'F) + \varepsilon$ 等价，而后者的载荷矩阵为 $B = AT$，公共因子为 $G = T'F$。因此，如果模型 $x - \mu = AF + \varepsilon$ 不易于解释，可以做正交变换 T，模型变为 $x - \mu = A\ (T)(T'$ $F) + \varepsilon = BG + \varepsilon$，然后在新模型中寻找因子的合理解释。

3. 因子得分函数的估计

在所建立的因子模型中，已将总体中的原有变量分解为公共因子与特殊因子的线性组合 $X_i = a_{i1}F_1 + a_{i2}F_2 + \cdots + a_{im}F_m + \varepsilon_i$, $i = 1,\ 2,\ \cdots,\ p$，同样，可以把每个公共因子表示成原有变量的线性组合 $F_j = b_{j1}X_1 + b_{j2}X_2 + \cdots + b_{jp}X_p$, $j = 1,\ 2,\ \cdots,\ m$，称为因子得分函数，其可以用于计算每个观测记录在各公共因子上的得分，从而解决公共因子不可测量的问题。[126b]

（二）动态及静态协调度具体测算步骤

1. 综合指数及协调发展指数计算

以 X、Y 分别代表虚拟经济与实体经济的发展状况，记虚拟经济的指标数据为 x_{it} ($i = 1,\ 2,\ \cdots,\ n$; $t = 1,\ 2,\ \cdots,\ p$)；记实体经济的指标数据为 y_{jt} ($j = 1$, $2,\ \cdots,\ m$; $t = 1,\ 2,\ \cdots,\ p$)。对指标数据 x_{it}、y_{jt} 进行标准化处理，得出虚拟经济与实体经济发展的标准化数据 x'_{it}、y'_{jt}。

运用因子分析法对标准化后的数据 x'_{it}、y'_{jt} 进行分析，采用方差最大法进行正交旋转，得到评价指标相关系数矩阵的 R 的特征根 λ_1, λ_2, λ_3, $\cdots$, λ_p 和特征向量。依据因子解释的累计方差达到 85% 以上的原则，求出前 q 个主成分，并得到相应的正则化特征向量。因此可利用前 q 个主分量计算虚拟经济与实体经济发展的综合指数。由前 q 个主分量 F_i 及其对应的方差贡献率 p_i 可以计算出虚拟经济、实体经济的综合发展水平值，记为：

$$F = \sum_{i=1}^{n} F_i^* p_i \tag{4-21}$$

在此基础上利用回归拟合方法，分别计算出虚拟经济对实体经济的协调发展指数 y'，实体经济对虚拟经济的协调发展指数 x'。

2. 协调度的计算

静态协调度的计算：

$$C_s(i, j) = \frac{\min\{u(i/j), \ u(j/i)\}}{\max\{u(i/j), \ u(j/i)\}}, \ 0 < C_s(i, j) \leqslant 1 \tag{4-22}$$

式（4-22）中，$C_s(i, j)$ 为虚拟经济、实体经济协调发展状况每一时期的静态协调度；$u(i, j)$ 为虚拟经济对实体经济协调发展的适应度；$u(j, i)$ 为实体经济对实体经济协调发展的适应度。

$$u(i/j) = \exp\left[-\frac{(x - x')^2}{S^2}\right] \tag{4-23}$$

式（4-23）中，x 为虚拟经济综合发展指数；x' 为虚拟经济发展对实体经济的协调发展指数；S^2 为虚拟经济综合发展指数的均方差。同理可以得到：

$$u(j/i) = \exp\left[-\frac{(y - y')^2}{S^2}\right] \tag{4-24}$$

动态协调度的计算：

$$C_d(t) = \frac{1}{T} \sum_{i=0}^{T-1} C_s(t-i), \ 0 < C_d(t) \leqslant 1 \tag{4-25}$$

其中，$C_s(t-T+1)$，$C_s(t-T+2)$，…，$C_s(t-1)$，$C_s(t)$ 为系统在各个时刻的静态协调度。设 $t_2 > t_1$（任意两个不同时期），若 $C_d(t_2) \geqslant C_d(t_1)$，则表明 t_2 时期系统协调度高于 t_1 时期；若 t_1 时期系统已处于协调状态，则表明 t_2 时期系统一直处于协调发展的轨迹上并进入更优的协调状态；若 t_1 时期系统尚偏离协调状态，则 t_2 时期表明系统逐渐向协调状态收敛。

二、指标筛选及变量描述

为了较好地反映虚拟经济与实体经济系统的实际发展水平，选取相应的研究指标非常重要。指标体系作为虚拟经济与实体经济发展综合水平测度的载体，其是提供两系统信息的基本单元，因此，所选取的指标应能全面完整地体现虚拟经济与实体经济系统的内部特征、发展状态、两系统间的联系以及对主要目标的实现程度。结合第三章我国虚拟经济发展对实体经济影响分析所选取的相关指标以及考虑虚拟经济与实体经济整体发展形态的其他关联性指标，建立指标体系如下：

虚拟经济发展的指标体系选取股票市价总值（X1）、债券余额（X2）、贷款规模（X3）、基金成交额（X4）、期货成交额（X5）、外汇交易额（X6）、保费收入（X7）、金融相关率（X8）、马歇尔 K 值 M_2/GDP（X9）、准货币化程度（即准货币量与 GDP 的比重，X10）。实体经济发展的指标体系选取国内生产总值（Y1）、全社会固定资产投资额（Y2）、社会消费品零售总额（Y3）、货物进出口总额（Y4）、第一产业产值占国内生产总值比重（Y5）、第二产业产值占国内生产总值比重（Y6）、第三产业产值占国内生产总值比重（Y7）。

上述指标体系中，实体经济系统所筛选的指标涵盖了实体经济发展的主要方面。对于虚拟经济系统所筛选的指标中，金融相关率有助于解释经济和金融发展变动间的关系；马歇尔 K 值 M_2/GDP 指标反映了一国的货币化程度；准货币化程度指标由准货币与 GDP 相比得出，其主要用于衡量一国非货币金融深度；其他虚拟经济指标主要反映了本书所界定的狭义虚拟经济范畴内资本市场、金融衍生品市场、外汇市场和保险市场的发展规模情况。为与本章第二节各经验性分析方法的重叠样本区间及第三章的样本区间起始时期一致，该部分分析中样本区间选取 1998~2009 年的数据。所选指标数据来自中国国家统计局网站、中国人民银行网站及《2010 中国证券期货统计年鉴》。样本区间内各指标描述性统计特征状况如图 4-9 所示。

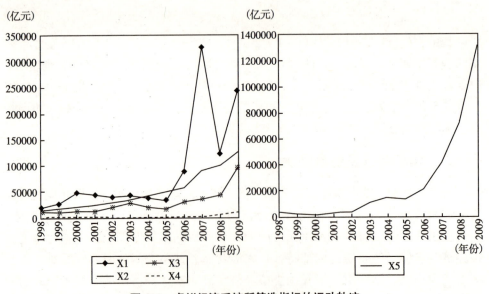

图 4-9　虚拟经济系统所筛选指标的运动轨迹

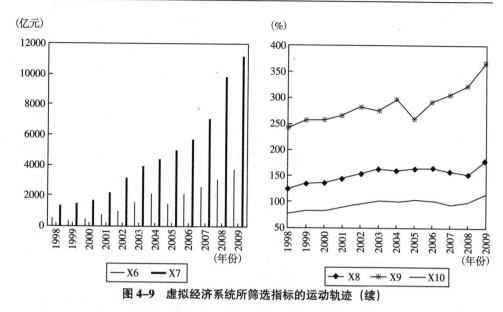

图 4-9　虚拟经济系统所筛选指标的运动轨迹（续）

由图 4-9 虚拟经济系统所筛选指标的运动轨迹可以看出，所筛选指标总体呈现波动上升趋势，其中，股票市价总值（X1）2000 年上升幅度较大，而后呈波动起伏趋势，2005 年后逐渐上升，2007 年上升幅度很大，2008 年下降，2009 年继续呈大幅度上升趋势。债券余额（X2）1998 年起逐年上升，2006 年开始上升幅度较大，2008 年上升幅度减小，而后上升幅度进一步加大。期货成交额（X5）、保费收入（X7）2005 年后均呈逐渐上升趋势，尤其 2007 年后上升幅度加快。金融相关比率 1998 年起呈逐渐上升趋势，2002 年后出现起伏波动，2005 年下降，2006 年开始逐步上升，2008 年后上升速度加快。马歇尔 K 值（X9）及准货币化程度（X10）指标 2000 年开始均呈现逐渐上升趋势，2007 年后呈下降态势，2008 年后继续上升。

由图 4-10 可以看出，实体经济系统所筛选的各项指标中，国内生产总值（Y1）的运动轨迹样本区间内呈稳定上升态势，全社会固定资产投资额（Y2）2000 年后出现下降波动，2000 年起逐步上升，2007 年后上升幅度逐渐加大。社会消费品零售总额（Y3）1998 年开始呈现逐步上升趋势，2005 年后上升幅度逐渐增大。货物进出口总额（Y4）指标 1998~2001 年呈现波动起伏趋势，2002 年后逐步上升，呈直线上升态势，2007 年开始增速下降，2009 年下降幅度较大，实际数据显示 2009 年我国进出口总额 22073 亿美元，比上年下降 13.9%，受金融危机影响明显。三次产业增加值占 GDP 的比重中，第二产业产值占 GDP 的比重（Y6）仍最大，2004 年开始逐渐上升，2009 下降幅度较大；第一产业产值占 GDP 的比重（Y5）1998 年以来整体呈下降态势，2004 年出现波动上升，此后逐

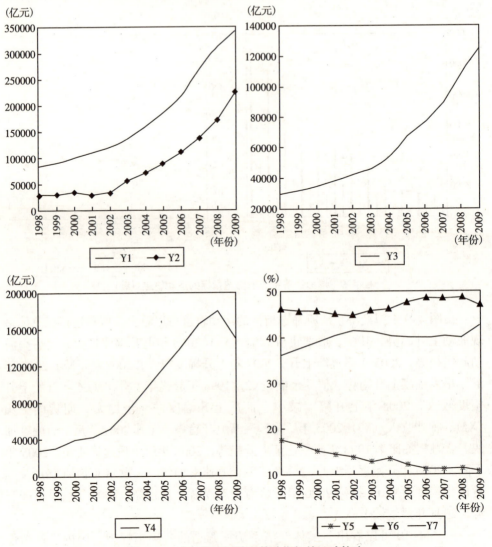

图 4-10　实体经济系统所筛选指标的运动轨迹

渐下降，2008 年出现小幅上升；第三产业产值占 GDP 的比重（Y7）1998~2002 年呈现逐年上升趋势，2003 年开始呈起伏波动态势，2008 年下降幅度较明显，2009 年出现大幅度上升。

三、协调度测算及分析

（一）综合发展指数的计算

对标准化处理后的虚拟经济与实体经济系统各代表指标进行因子分析，进行虚拟经济、实体经济发展综合发展指数的计算。各指标间主成分分析的 KMO 检验和 Bartlett 球形检验结果如表 4-6 所示。由表 4-6 可以看出，虚拟经济系统与实体经济系统的 KMO 的检验值分别为 0.769、0.681，均大于 0.5，满足进行分析的条件；Bartlett 球形计量的显著性水平值均明显小于 0.01，因此，否定相关矩阵为单位阵的零假设，可以认为变量间存在显著的相关性。

表 4-6　KMO 检验和 Bartlett 球形检验

虚拟经济系统各指标		实体经济系统各指标	
检验	检验值	检验	检验值
Kaiser-Meyer-Olkin 度量	0.769	Kaiser-Meyer-Olkin 度量	0.681
Bartlett 球形检验 近似卡方	1247.016	Bartlett 球形检验 近似卡方	1029.374
Bartlett 球形检验 df	126	Bartlett 球形检验 df	102
Bartlett 球形检验 Sig.	0.000	Bartlett 球形检验 Sig.	0.000

依据因子分析，利用主成分法提取主分量及得到相应的方差贡献率的基础上，最终计算出样本区间内虚拟经济与实体经济的协调发展指数，如表 4-7、图 4-11、图 4-12 所示。

表 4-7　1998~2009 年虚拟经济、实体经济综合发展指数

年份	虚拟经济综合发展指数	实体经济综合发展指数
1998	1.2183	0.8471
1999	2.4691	1.3572
2000	3.4491	2.1255
2001	6.2925	3.8958
2002	9.1189	5.0191
2003	12.2469	8.1146
2004	17.7128	10.3692
2005	20.5456	10.2858
2006	25.2041	12.0692
2007	29.8884	13.9620
2008	25.9663	14.0143
2009	31.8261	16.2875

由表 4-7、图 4-11 与图 4-12 的结果可以看出，样本区间内我国虚拟经济及实体经济的综合发展指数总体均呈现上升趋势。虚拟经济的综合发展指数 1998~2001 年上升幅度较慢，2002 年后该综合发展指数增速提升，2004 年后上升幅度增大，2008 年出现回落，2009 年进一步提速，表明我国虚拟经济系统的整体发展速度较快，2008 年由于受全球金融风暴的影响，虚拟经济整体发展综合指数下降。所计算出的实体经济的综合发展指数 2001~2002 年相对较小，2003 年后

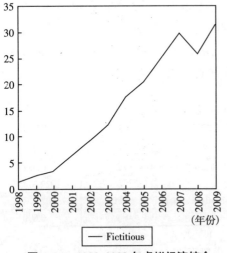

图 4-11　1998~2009 年虚拟经济综合
发展指数运动轨迹

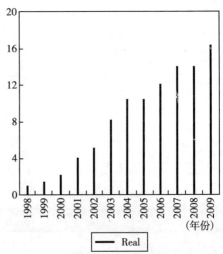

图 4-12　1998~2009 年实体经济综合
发展指数运动轨迹

呈现起伏波动态势，2004 年、2007 年及 2009 年的综合发展指数增速幅度较大，其中 2008 年的该综合发展指数出现回落。

（二）协调度测算及分析

依据回归拟合计算出虚拟经济与实体经济的协调发展指数，进一步利用式（4-22）至式（4-25）分别计算出 1998~2009 年虚拟经济与实体经济的静态协调度和动态协调度，具体结果如表 4-9 所示。图 4-13、图 4-14 分别反映了样本区间内虚拟经济与实体经济的静态协调度和动态协调度运动轨迹。目前已有的对我国虚拟经济与实体经济间协调度分析可供借鉴的文献极少，仅有的文献中只是测算出了一定时期内的协调度，但尚未对两系统间的协调状态进行判断。鉴于此，为了进一步分析我国虚拟经济与实体经济的协调发展状况，本书将首次尝试判断及分析不同时期我国虚拟经济与实体经济的协调状态。依据协调度的区间为（0，1]，在该区间取值范围内，本书借鉴已有的对经济领域内指标间协调度研究的文献，将不同区间内协调状态分为 10 个等级，具体如表 4-8 所示。

表 4-8　协调度等级划分标准

协调等级	协调含义	协调度区间	协调等级	协调含义	协调度区间
1	极度失调	0.0000~0.1000	6	弱度协调	0.5001~0.6000
2	高度失调	0.1001~0.2000	7	低度协调	0.6001~0.7000
3	中度失调	0.2001~0.3000	8	中度协调	0.7001~0.8000
4	低度失调	0.3001~0.4000	9	高度协调	0.8001~0.9000
5	弱度失调	0.4001~0.5000	10	极度协调	0.9001~1.0000

注：除协调度上限为 1 的协调度区间外，其余协调度区间依据上限不在内原则。

表 4-9 1998~2009 年虚拟经济与实体经济系统整体间的静态协调度及动态协调度

年份	虚拟经济与实体经济间静态协调度	静态协调状态判断	虚拟经济与实体经济间动态协调度	动态协调状态判断
1998	0.4618	弱度失调	0.4618	弱度失调
1999	0.5162	弱度协调	0.4890	弱度失调
2000	0.5079	弱度协调	0.4953	弱度失调
2001	0.5902	弱度协调	0.5190	弱度协调
2002	0.6971	低度协调	0.5546	弱度协调
2003	0.6305	低度协调	0.5673	弱度协调
2004	0.7014	中度协调	0.5864	弱度协调
2005	0.6130	低度协调	0.5898	弱度协调
2006	0.5283	弱度协调	0.5829	弱度协调
2007	0.4852	弱度失调	0.5732	弱度协调
2008	0.4017	弱度失调	0.5576	弱度协调
2009	0.4928	弱度失调	0.5696	弱度协调

由表 4-9 依据综合变化协调度方法最终测算得出的样本区间内我国虚拟经济与实体经济系统整体的静态协调度和动态协调度可以看出，在静态协调度判断上：以协调度 0.5 上下作为协调和失调的临界点及对照表 4-8 划分的协调度等级区间，测算结果显示 1998~2009 年，1998 年以及 2007~2009 年虚拟经济系统与实体经济系统间呈现弱度失调；1999~2001 年以及 2006 年呈现弱度协调；2003 年、2005 年出现低度协调；2004 年虚拟经济与实体经济的协调状态表现为中度协调。可见，样本区间内多数年份我国虚拟经济与实体经济的发展状态呈现弱度至中度协调，出现失调的年份较少，且表现为弱度失调，如 2009 年测算出的静态协调度为 0.4928，判断为弱度协调，但协调度值已接近 0.5 的协调临界点，表明该时期虚拟经济与实体经济系统整体发展向协调状态迈进的趋势较强。

在动态协调度判断上，动态协调度相对呈现了任意一个时期的前一段时期的综合协调状态，由动态协调度的测算结果可以看出，1998~2009 年动态协调度呈现波动上升趋势，波动幅度较小，1998~2005 年呈现逐渐上升态势，并于 2001~2002 年由弱度失调转为弱度协调，2005 年动态协调度达到最大值为 0.5898，呈现由弱度协调向中度协调迈进的趋势；而 2006 年开始动态协调度出现小幅波动下降趋势，表明 2006 年后虚拟经济与实体经济系统间的整体协调状态逐渐下滑。进一步对比静态协调度和动态协调度的变化可以看出，虚拟经济与实体经济系统间的动态协调相较于各时期的静态协调状况具有滞后性，例如在静态协调度判断中样本区间内的弱度失调出现在 1998 年，而下一期两系统间即进入弱度协调状态；在动态协调度中，弱度失调由 1998 年持续至 2000 年，样本区间内第一个时期的弱度协调出现在 2001 年。由于动态协调度一定程度上亦反映了系统间的整体动态协调趋势性，故根据测算的实际结果可以认为，2001 年以来尽管有些年份虚拟经济系统与实体经济系统的动态协调趋势出现回落，但整体仍呈现协调发展趋势。

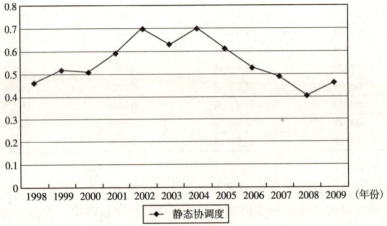

图 4-13　1998~2009 年虚拟经济与实体经济系统整体间的静态协调度轨迹

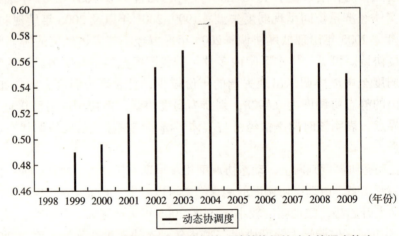

图 4-14　1998~2009 年虚拟经济与实体经济系统整体间的动态协调度轨迹

结合图 4-13 及图 4-14 样本区间内虚拟经济与实体经济系统静态协调度与动态协调度的变动轨迹，综合静态协调度及动态协调度的整体变化趋势来看，1998 年起多数年份系统整体呈现协调发展趋势，1998~2004 年整体协调状况增强的趋势向好，2005 年起整体协调状态下滑，尤其 2007 年后协调度下滑波动幅度出现加大倾向，系统呈现弱度失调状态，但 2009 年开始协调状态上升，表明虚拟经济与实体经济系统间向协调趋势回归的动态增强。对样本区间内各时期两系统间协调状态变化的可能原因，将在结合本章第四节依据耦合协调度模型判断各时期协调状态的基础上，进行协调状态的综合判断并对可能的原因进一步讨论分析。

第四节 基于耦合协调度模型的我国虚拟经济与实体经济协调度测算

一、方法说明

基于耦合度模型，在计算所选指标间协调相关度的基础上，进一步计算各时期虚拟经济系统与实体经济系统整体间的协调度，以判断整体协调发展状态。首先利用极差标准化方法对所选指标数据进行无量纲化处理：

$$Z_{ij} = (X_{ij} - \min_i X_{ij})/(\max_i X_{ij} - \min_i X_{ij}) \tag{4-26}$$

在式（4-26）的基础上，计算协调相关度系数：

$$\xi(j)(t) = \frac{\min_i \min_j |Z_i^X(t) - Z_j^Y(t)| + \rho \max_i \max_j |Z_i^X(t) - Z_j^Y(t)|}{|Z_i^X(t) - Z_j^Y(t)| + \rho \max_i \max_j |Z_i^X(t) - Z_j^Y(t)|} \tag{4-27}$$

式（4-27）中，$Z_i^X(t)$、$Z_j^Y(t)$ 分别为 t 时刻虚拟经济与实体经济指标的标准化值。ρ 为标准化系数。$\xi(j)(t)$ 为 t 时刻的协调相关度系数。

将协调相关度系数按样本数 k 求其平均值可以得到一个关联度矩阵 $\Re$，反映了虚拟经济与实体经济间耦合作用的错综关系。通过比较各个协调相关度 $\Re_{ij}$ 的大小，可以分析虚拟经济与实体经济系统指标间的相互作用程度大小。若取 $\Re_{ij} = 1$，则说明虚拟经济系统某指标与实体经济系统某个指标之间关联性大，并且它们之间的变化规律完全相同，单个指标间的耦合作用明显。$\Re_{ij}$ 的计算公式为：

$$\Re_{ij} = \frac{1}{K} \sum_{i=1}^{k} \xi(j)(t) \tag{4-28}$$

在协调相关度矩阵基础上分别按行或列求其平均值分别得到式（4-29）。根据其大小及所对应的值域范围可以分析虚拟经济与实体经济各指标间协调相关状况。

$$\begin{cases} d_i = \dfrac{1}{I} \sum_{j=1}^{I} \Re_{ij}, & (i = 1, 2, \cdots, I; \ j = 1, 2, \cdots, m) \\[3mm] d_j = \dfrac{1}{m} \sum_{j=1}^{m} \Re_{ij}, & (i = 1, 2, \cdots, I; \ j = 1, 2, \cdots, m) \end{cases} \tag{4-29}$$

为了从整体上判别实体经济与虚拟经济两个系统耦合强度的大小,可以在式(4-28)的基础上进一步构造实体经济与虚拟经济相互关联的耦合协调度模型如式(4-30),由式(4-30)可以定量评判各时期实体经济与虚拟经济系统的整体耦合协调程度。

$$C(t) = \frac{1}{m \times I} \sum_{i=1}^{m} \sum_{j=1}^{I} \xi(j)(t) \tag{4-30}$$

在协调度分析中,一般将 C(t) 称为虚拟经济与实体经济系统耦合协调度,它是两个系统或因素间协调相关性大小的度量,描述系统发展过程中因素间相对变化的情况,如果两系统在发展过程中,相对变化基本一致,则认为两系统间协调相关性大;反之,协调相关性小。

二、协调度测算及分析

(一)协调相关度矩阵

基于耦合协调度模型测算我国虚拟经济与实体经济系统间的耦合协调度以及所选代表指标间的协调相关度情况,虚拟经济与实体经济系统所选指标与基于综合评价法中所筛选的指标一致,即虚拟经济发展的指标体系选取股票市价总值(X1)、债券余额(X2)、贷款规模(X3)、基金成交额(X4)、期货成交额(X5)、外汇交易额(X6)、保费收入(X7)、金融相关率(X8)、马歇尔 K 值 M_2/GDP(X9)、准货币化程度(X10);实体经济发展的指标体系选取国内生产总值(Y1)、全社会固定资产投资额(Y2)、社会消费品零售总额(Y3)、货物进出口总额(Y4)、第一产业产值占国内生产总值比重(Y5)、第二产业产值占国内生产总值比重(Y6)、第三产业产值占国内生产总值比重(Y7)。样本区间为 1998~2009 年。

对原始数据进行标准化处理后计算得出样本区间内虚拟经济与实体经济系统各代表指标间的协调关联度矩阵,计算结果如表 4-10 所示(计算中间过程从略)。各指标间的协调相关度矩阵反映了虚拟经济系统与实体经济系统间耦合作用的错综复杂关系。通过比较各个协调相关度的大小,可以分析两系统间哪些指标作用相对较强,哪些指标作用相对较弱。依据耦合协调度相关理论及实际经济意义综合考量,对协调相关度的判断标准为:以 γ_{ij} 表示指标 X_i 与 Y_j 间的协调相关度，$0 < \gamma_{ij} < 1$，说明 X_i 与 Y_j 有关联，该值越大，耦合性越强，反之亦然；当 $0 < \gamma_{ij} < 0.35$ 时，关联度为弱，表明两系统指标间耦合作用弱；当 $0.35 < \gamma_{ij} < 0.65$ 时，关联度为中，表明指标间耦合作用中等；当 $0.65 < \gamma_{ij} < 0.85$ 时，关联度较强，表明指标间耦合作用较强；当 $0.85 < \gamma_{ij} < 1$ 时，关联度极强，表明指标间相关性高；当 $\gamma_{ij} = 1$ 时，表明指标 X_i 与 Y_j 间关联性最大，两个指标的变化规律完全相同，指标间耦合作用极其明显。

表 4-10　虚拟经济与实体经济系统各代表指标间的协调相关度

协调相关度	Y1	Y2	Y3	Y4	Y5	Y6	Y7	均值
X1	0.661058	0.774080	0.661036	0.866545	0.470853	0.508206	0.521939	0.637674
X2	0.710034	0.857427	0.710007	0.878009	0.461990	0.510702	0.528611	0.679540
X3	0.932688	0.839522	0.932631	0.753875	0.421696	0.522047	0.558941	0.708771
X4	0.889910	0.876773	0.889858	0.781728	0.429438	0.519867	0.553114	0.705813
X5	0.605577	0.679666	0.605563	0.740278	0.480894	0.505379	0.514382	0.590248
X6	0.752696	0.830026	0.752662	0.834707	0.454270	0.512876	0.534423	0.695951
X7	0.706815	0.851948	0.706787	0.670682	0.462573	0.510538	0.528173	0.676788
X8	0.598799	0.558057	0.598812	0.543412	0.242075	0.628930	0.844692	0.559254
X9	0.625059	0.573488	0.625075	0.554950	0.238229	0.601858	0.772314	0.555853
X10	0.620959	0.571079	0.620975	0.553149	0.225968	0.605310	0.781544	0.554141
均值	0.710360	0.767734	0.710341	0.751207	0.358799	0.542571	0.613813	

　　由表 4-10 样本区间内虚拟经济系统与实体经济系统各指标间的协调相关度可以看出，两个指标间的协调相关度最大值为 0.932688，最小值为 0.225968，协调相关度大部分处于中等和较强两个范围内。对各指标间行矩阵和列矩阵协调度取均值，分别得到各虚拟经济指标与实体经济指标间的整体协调相关度以及各实体经济指标与虚拟经济指标间的整体协调度。由表 4-10 的测算结果可知，各虚拟经济指标与实体经济系统指标间的整体协调相关度处于 0.554141~0.708771，其中贷款规模指标与各实体经济指标间整体协调关联度最强，其次为基金、债券等资本市场发展代表指标。各实体经济指标与虚拟经济系统指标间的整体协调相关度处于 0.358799~0.767734，尽管第三产业产值占 GDP 比重指标与各虚拟经济指标间整体协调相关度最低，濒临弱相关度区间，但大部分实体经济指标如国内生产总值、全社会固定资产投资额、社会消费品零售总额、进出口总额与各虚拟经济指标整体间的协调相关度较高，均处于较强相关度范围内。图 4-15 给出了各实体经济指标与虚拟经济指标间的整体协调相关度情况。

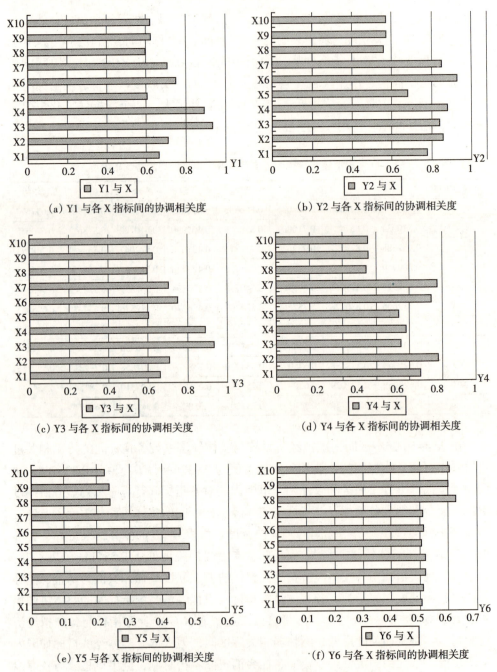

(a) Y1 与各 X 指标间的协调相关度

(b) Y2 与各 X 指标间的协调相关度

(c) Y3 与各 X 指标间的协调相关度

(d) Y4 与各 X 指标间的协调相关度

(e) Y5 与各 X 指标间的协调相关度

(f) Y6 与各 X 指标间的协调相关度

图 4-15 实体经济各指标与虚拟经济各指标间的协调相关度

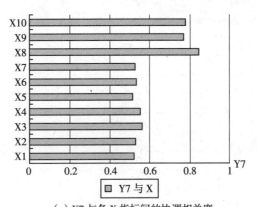

(g) Y7 与各 X 指标间的协调相关度

图 4-15 实体经济各指标与虚拟经济各指标间的协调相关度（续）

从图 4-15 可以看出，实体经济系统代表指标中全社会固定资产投资额与各虚拟经济指标间整体协调相关度最强，说明社会固定资产投资与虚拟经济指标间耦合关系密切，这亦符合经济发展实际；货物进出口总额、国内生产总值的协调相关度亦较高；第二及第三产业产值占 GDP 比重指标与金融相关率、马歇尔 K 值及准货币化程度指标的协调相关度明显高于第一产业产值占 GDP 比重与这些虚拟经济指标的协调相关度，说明第二、三产业与虚拟经济系统的耦合作用较强，这与虚拟经济资源配置向第二、三产业集中与转移的现象有关。

总体来看，虚拟经济系统与实体经济系统各指标间存在较强的耦合作用关系，尤其贷款规模、债券余额、股票市值、基金成交额、马歇尔 K 值等虚拟指标与全社会固定资产投资、国内生产总值、社会消费品零售总额、货物进出口总额等实体经济指标间耦合相关性相对较强。从整体协调度的均值情况看，实体经济发展对虚拟经济系统的约束因素强于虚拟经济发展对实体经济的胁迫因素，进一步体现出两系统间的作用关系，即实体经济是虚拟经济发展的基础，虚拟经济发展对实体经济具有反作用。

（二）虚拟经济与实体经济间的耦合协调度

从时序角度分析耦合协调度的变化可以更清晰地揭示虚拟经济与实体经济系统间耦合的阶段性特征，依据式（4-30）进一步计算出 1998 年以来我国虚拟经济与实体经济系统间的耦合协调度变化值（见表 4-11）。对虚拟经济系统与实体经济系统间整体耦合协调度的等级划分依据表 4-8。图 4-16 反映了样本区间内两系统间耦合协调度的变动趋势状况。

表 4-11　1998~2009 年虚拟经济与实体经济系统整体耦合协调度

年份	协调度	协调状态判断
1998	0.3529	低度失调
1999	0.4891	弱度失调→弱度协调
2000	0.5162	弱度协调
2001	0.5418	弱度协调
2002	0.5923	弱度协调→低度协调
2003	0.6305	低度协调
2004	0.7281	中度协调
2005	0.7019	中度协调
2006	0.6247	低度协调
2007	0.5531	弱度协调
2008	0.4767	弱度失调
2009	0.4903	弱度失调→弱度协调

由表 4-11 可以看出，1998~2009 年我国虚拟系统与实体经济系统的整体耦合协调度在 0.3529~0.7281，表现出比较明显的波动性，在不同经济发展阶段，虚拟经济与实体经济间的耦合协调度存在明显差异。1998~1999 年两系统间显示出失调状态，1998 年为低度失调，1999 年为弱度失调，可以看出系统间的整体耦合协调趋势向好；2000~2007 年两系统的发展处于协调状态，其中 2000~2002 年表现为弱度协调，协调度基本在 0.5~0.6，而后协调趋势进一步增强，2003 年体现为低度协调，2004~2005 年为中度协调，耦合协调度相对较高，而后协调状态呈波动下降趋势，2006 年为低度协调，2007 年为弱度协调；2008 年两系统间

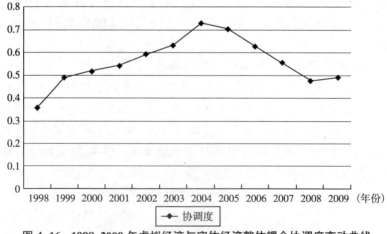

图 4-16　1998~2009 年虚拟经济与实体经济整体耦合协调度变动曲线

的协调状态下降，表现为弱度失调，2009 年协调度进一步上升，呈现向弱度协调迈进的趋势。

由图 4-16 可以看出，基于耦合协调度模型测算出两系统间耦合协调度多数年份处于协调状态范围内，总体上 1998 年开始耦合协调状态逐渐上升，2004 年开始呈现下降趋势，2008 年协调度进入失调范围，2009 年协调度进一步提升，但仍在失调的范围内。对比图 4-13 基于综合变化协调度方法测算出的 1998~2009 年两系统间的静态协调度变动轨迹可以看出，1998~2001 年及 2005~2009 年两种方法测算出的协调度尽管波动幅度不同，但运动轨迹趋势基本一致，2002~2004 年协调度运动轨迹均处于协调范围内，但 2003 年依据综合变化协调度方法判断的协调趋势下滑幅度较耦合协调度模型测算出来的明显。

两种测算方法各有优势，综合变化协调度方法既能判断各时期虚拟经济系统与实体经济系统间的静态协调度，又可判断协调状态的动态变化趋势；而耦合协调度方法，可以更清晰地判断两系统各指标间的耦合作用协调相关性情况及两系统整体间的协调状况。因此，可以依据两系统间的动态协调变动趋势及各指标间的协调相关状况，结合两种方法测算出的系统间整体协调度情况和经济发展实际，对各时期两系统间的协调状况进行综合判断，并对协调趋势变动的原因进行分析，具体于本章第五节后进行。

第五节　我国虚拟经济与实体经济间的溢出效应分析

在进行虚拟经济与实体经济两系统间各主要代表指标的协调相关性及整体系统各时期的协调状况分析的基础上，有必要进一步研究两系统样本区间内的溢出效应，为更全面地剖析二者的整体协调状况、影响关系及可能的原因奠定基础。

进行虚拟经济系统与实体经济系统间的溢出效应分析，此处，虚拟经济总量仍以本书所界定的狭义虚拟经济范畴中金融资产总量为代表，实体经济总量以国内生产总值为代表，具体数据见表 4-2。对 1998~2009 年的虚拟经济总量与实体经济总量的数据进行最小二乘估计显示，虚拟经济与实体经济呈相同方向变化趋势，实体经济对虚拟经济的弹性为 0.2606，虚拟经济对实体经济的弹性为 3.7582。进一步计算得出 1998~2009 年虚拟经济对实体经济的边际溢出效应的均值为 10.6978，实体经济对虚拟经济的边际溢出效应的均值为 0.0927。图 4-17 反映了样本区间内虚拟经济对实体经济的边际溢出效应变动趋势。

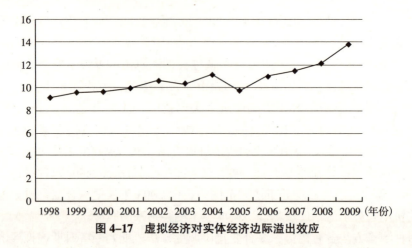

图 4-17　虚拟经济对实体经济边际溢出效应

由图 4-17 可以看出，1998~2009 年，我国虚拟经济对实体经济的边际溢出效应总体呈波动上升趋势，1998~2002 年溢出效应逐年扩大，上升趋势较平稳，2002~2005 年出现波动起伏，且 2005 年的降幅较明显，2006 年开始，虚拟经济对实体经济的边际溢出效应进一步增强，呈现逐渐上升趋势，2009 年上升幅度相对较大。从虚拟经济总量和实体经济总量的实际发展情况看（见表 4-2），1998 年虚拟经济总量是实体经济总量的 2.4132 倍，2004 年为 2.9624 倍，2005 年出现下降，这一数值为 2.581，2006 年升至 2.9169 倍，2009 年底这一数值升至 3.679。2005 年由于股票市值由 2004 年的 37055.57 亿元降低至 32430.28 亿元，而 2006 年出现大幅度上升，市值升至 89403.89 亿元，因此，导致 2005 年虚拟经济总量相对波动较大，并影响其对实体经济的边际溢出效应减弱。

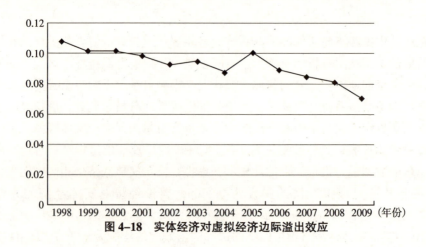

图 4-18　实体经济对虚拟经济边际溢出效应

由图 4-18 样本区间内实体经济对虚拟经济的边际溢出效应变化状况可以看出，实体经济对虚拟经济的边际溢出效应呈现波动下降趋势，其中 2003 年、2005 年溢出效应出现上升反弹，这主要因为虚拟经济发展这一时期对实体经济的外部影响相对较小，而实体经济对虚拟经济的外部影响变得相对较大。

对比图 4-17、图 4-18 可以看出：

（1）1998~2009 年虚拟经济的边际溢出效应均值远大于实体经济的边际溢出效应均值，反映出我国虚拟经济系统对实体经济系统的外部影响远大于实体经济系统对虚拟经济系统的外部影响，进一步表明这一时期我国虚拟经济与实体经济的发展基本处于"供给引导型"阶段，这亦印证了 Patrick（1966）的观点，即在经济发展的早期阶段，供给引导型金融居于主导地位，伴随经济发展的逐渐进步，需求推动型金融将逐渐居于主导地位。[129]

（2）两条边际效应曲线中，虚拟经济对实体经济的边际溢出效应（见图 4-17）整体呈现波动递增态势，实体经济对虚拟经济的边际溢出效应（见图 4-18）整体呈现波动递减趋势。这主要因为，目前我国仍属于经济欠发达国家，现阶段供给引导型金融居于主导地位，体现出金融机构、金融资产与负债和相关服务的供给先于需求；而同时实体经济受制于现有的技术、生产要素等因素，影响到其规模增长，尚未达到与虚拟经济溢出效应程度相匹配的均衡状态。

（3）图 4-17 及图 4-18 反映出虚拟经济对实体经济的边际溢出效应与实体经济对虚拟经济的边际溢出效应之间的差距呈现扩大趋势。为了防止差距过分拉大、虚拟经济规模过度膨胀而与实体经济失调状况越来越严重，以及有效防范出现泡沫经济、泡沫破裂导致金融危机的隐患，需要依据经济发展实际，采取有效措施促进虚拟经济与实体经济间的协调发展，有效发挥两系统间双向促进机制的作用，以推动整体经济系统的健康运转。

此外，以上在筛选虚拟经济系统与实体经济系统代表指标的前提下，基于综合变化协调度方法，计算出了 1998~2009 年样本区间内我国虚拟经济与实体经济系统的综合发展指数，在此基础上进一步测算了虚拟经济系统与实体经济系统的静态协调度与动态协调度；并利用耦合协调度模型对样本区间内各指标的协调相关度及各时期两系统间的整体协调度进行了测算，因此，这里依据两种方法的判别结果，对各时期两系统间的协调发展状况予以综合判断。

1998~2009 年虚拟经济系统与实体经济系统的综合发展指数呈现稳步上升态势，2004 年后上涨幅度大增，2008 年受全球金融危机影响，两系统的综合发展指数均回落，2009 年起进一步提升。可以看出，从整体趋势上，我国虚拟经济系统与实体经济系统整体发展向好。两系统各指标之间的协调相关度测算结果显示，所选指标间大多存在中等和较强的协调相关度且耦合作用关系较明显。依据我国 1998~2009 年虚拟经济与实体经济发展的实际情况，综合基于综合变化协调度方法及耦合协调度模型测算出的各时期两系统间的协调度，对各时期两系统的协调状况进行判断，并分析不同协调状态的可能原因：

（1）1998~1999 年两系统间呈现弱度失调状态，动态协调趋势上仍显示整体系统的弱度失调有延续的现象。自 1997 年亚洲金融危机爆发后，我国为防范金融危机和规避金融风险，1997~1999 年虚拟经济处于缓慢发展阶段。这一时期，政府积极加强金融监管，整顿信托投资业、清理各种基金会以及规范拆借市场等，在一定程度上形成了一种信贷紧缩效应。因此，1998~1999 年面临亚洲金融危机的影响，一方面虚拟经济实际发展放缓，另一方面国家推动积极的财政政策努力促进经济增长，从而出现虚拟经济与实体经济系统间的偏离现象，主要因为虚拟经济的发展规模及速度低于与实体经济发展规模及速度相协调的水平。

（2）2000~2006 年两系统间整体动态呈现弱度协调状态，2004 年协调状态提升，表现为中度协调。这一时期虚拟经济发展稳定，规模逐步扩大，股市市值由 2000 年的 48091 亿元，增加到 2006 年的 89404 亿元；GDP 2000 年为 99214.6 亿元，2006 年增加到 211923.5 亿元，GDP 同比增长率由 2004~2006 年一直保持在 10% 以上，虚拟经济系统与实体经济系统整体呈现稳步协调发展态势。2004 年协调度为中等，2005 年下降，2004 年国家出台了《国务院关于推进资本市场改革开放和稳定发展的若干意见》等一系列政策，逐渐规范资本市场运作，促进资本市场的健康发展，2005 年股票市场和债券市场的规模和收益普遍较 2004 年下降，这在一定程度上影响了虚拟经济的发展规模及速度，因此，在实体经济持续发展的同时必然显示虚拟经济与实体经济系统耦合协调度的下降。

（3）2007 年开始虚拟经济与实体经济间呈现弱度失调状态，2008 年弱度失调相对较明显，2009 年整体系统呈现进一步向协调状态迈进的趋势，这与本章第二节基于经验性分析方法所得出的结论基本一致。2007 年以来我国虚拟经济规模膨胀迅速，所计算出的金融资产比率由 2007 年的 306.28% 上升至 2009 年的 367.9%，马歇尔 K 值 M_2/GDP 的值 2007 年为 156.79%，2009 年升至 179%；同时，GDP 同比增长率由 2007 年的 14.2% 下降至 2009 年的 9.2%。可以看出，在虚拟经济规模不断膨胀的过程中，实体经济发展出现下滑，因而造成了两系统间耦合协调度的下降。2008 年受全球金融危机影响，虽然虚拟经济规模整体增长幅度下降，但其规模的扩张速度仍明显高于实体经济增长的幅度，最终导致两系统间耦合协调度下降较明显。2009 年后经济发展逐步进入"后危机"时代，经济领域逐渐开始复苏，虚拟经济与实体经济系统进一步向新一轮的协调状态迈进。

对两系统整体发展间的边际溢出效应分析认为，伴随虚拟经济规模的逐步扩大，虚拟经济对实体经济的边际溢出效应远大于实体经济对虚拟经济的边际溢出效应。在本章的分析中，狭义虚拟经济领域的研究中尚未将房地产的虚拟资产部分计算在内，在目前我国高房价的背景下，若将房地产的虚拟部分考虑在内，整体虚拟经济规模将进一步扩大，其中房地产业可能存在泡沫的现象不容忽视，这将影响虚拟经济系统与实体经济系统的协调状态。因此，在虚拟经济发展对实体经济影响逐渐扩张的过程中，有效防范虚拟经济规模的过度膨胀以及与实体经济发展的过度背离，预防泡沫经济、金融危机的发生，促进虚拟经济系统与实体经济系统的协调发展，有效发挥二者相互促进机制的作用越来越重要。

第六节　我国虚拟经济与实体经济协调发展趋势预测

在我国虚拟经济整体规模不断扩大的背景下，为了防范虚拟经济规模的过度膨胀出现与实体经济发展严重背离的情况，有必要对我国虚拟经济与实体经济间的协调发展趋势进行分析。预测虚拟经济代表层面变量的发展情况以及与实体经济间的协调状况，对虚拟经济系统与实体经济系统间的协调状态进行判断，并对所呈现的协调状态的可能原因进行分析。

对我国虚拟经济与实体经济的协调发展趋势进行预测，这里主要采用耦合关联预测方法及耦合协调度模型。利用耦合关联方法预测出虚拟经济系统与实体经济系统各代表指标发展情况的基础上，进一步利用耦合协调度模型计算两系统间的耦合协调度以判断未来虚拟经济与实体经济间的协调发展状态。由于所筛选的虚拟经济系统与实体经济系统指标较多，相较于回归预测法、神经网络预测方法（其中涉及输入变量、输出变量问题，本书的预测不符合要求）等，耦合关联预测方法更适宜对既含有已知信息又含有不确定性信息的系统进行预测，通过鉴别系统因素之间的发展趋势的相异程度，寻找系统运动的规律，并建立相应的微分方程模型，从而预测系统未来的发展趋势状况，可以有效减小预测误差，增大预测的稳定性，提高预测精度。耦合协调度模型可以在测算虚拟经济系统与实体经济系统各指标间协调相关度的基础上，进一步测算两系统间的整体协调度状况，以利于分析虚拟经济与实体经济各层面间的关联强度，以及对整体系统协调状况可能产生的影响。耦合协调度模型具体见本章第四节。

一、模型介绍

(一) 耦合关联预测步骤

设原始时间序列 $x^{(0)}$ 有 n 个观测值，即 $x^{(0)} = \{x^{(0)}(1),\ x^{(0)}(2),\ \cdots,\ x^{(0)}(n)\}$，为弱化原始时间序列的随机性，通过累加生成新序列：

$$x^{(1)} = \{x^{(1)}(1),\ x^{(1)}(2),\ \cdots,\ x^{(1)}(n)\} \tag{4-31}$$

则 GM (1, 1) 模型响应的微分方程为：

$$\frac{dx^{(1)}}{dt} + \alpha x^{(1)} = u \tag{4-32}$$

设 $\hat{\alpha} = \begin{pmatrix} \alpha \\ u \end{pmatrix}$，利用最小二乘法求解可得 $\hat{\alpha} = (B^T B)^{-1} B^T Y_n$，其中：

$$B = \begin{bmatrix} -\frac{1}{2} [x^{(1)}(1) + x^{(1)}(2)]1 \\ -\frac{1}{2} [x^{(1)}(2) + x^{(1)}(3)]1 \\ \vdots \\ -\frac{1}{2} [x^{(1)}(n-1) + x^{(1)}(n)]1 \end{bmatrix},\ Y = \begin{bmatrix} x^{(0)}(2) \\ x^{(0)}(3) \\ \vdots \\ x^{(0)}(n) \end{bmatrix}$$

求解微分方程，即可得到预测模型：

$$\hat{x}^{(1)}(k+1) = \left[x^{(0)}(1) - \frac{u}{\alpha} \right] e^{-\alpha k} + \frac{u}{\alpha},\ (k = 0,\ 1,\ 2,\ \cdots,\ n) \tag{4-33}$$

然后建立序列模型：

$$\hat{x}^{(0)}(k+1) = \hat{x}^{(1)}(k+1) - \hat{x}^{(1)}(k),\ (k = 1,\ 2,\ \cdots,\ n) \tag{4-34}$$

当 $(k = 1, 2, \cdots, n)$ 时，$\hat{x}^{(0)}(k)$ 是原始数据序列 $x^{(0)}(k)$ 的拟合值；当 $k > n$ 时，$\hat{x}^{(0)}(k)$ 是原始序列的预测值。

(二) 模型检验

1. 残差检验

依据预测模型计算 $\hat{x}^{(1)}(i)$，并将 $\hat{x}^{(1)}(i)$ 累减生成 $\hat{x}^{(0)}(i)$，然后计算原始序列 $x^{(0)}(i)$ 与 $\hat{x}^{(0)}(i)$ 的绝对误差序列以及相对误差序列。

$$\Delta^{(0)}(i) = \left| x^{(0)}(i) - \hat{x}^{(0)}(i) \right|,\ (i = 1,\ 2,\ \cdots,\ n) \tag{4-35}$$

$$\Phi(i) = \frac{\Delta^{(0)}(i)}{x^{(0)}(i)} \times 100\%,\ (i = 1,\ 2,\ \cdots,\ n) \tag{4-36}$$

2. 后验差检验

计算原始序列标准差：$S_1 = \sqrt{\dfrac{\sum [x^{(0)}(i) - \bar{x}^{(0)}]^2}{n-1}}$ (4-37)

计算绝对误差序列的标准差：$S_2 = \sqrt{\dfrac{\sum [\Delta^{(0)}(i) - \bar{\Delta}^{(0)}]^2}{n-1}}$ (4-38)

进一步计算方差比：$c = \dfrac{S_2}{S_1}$ (4-39)

计算小误差概率：$p = p\left\{\left|\Delta^{(0)}(i) - \bar{\Delta}^{(0)}\right| < 0.6745 s_1\right\}$ (4-40)

后验差检验的临界值：①当 $p > 0.95$，$c < 0.35$ 时，认为预测精度高；②当 $p > 0.80$，$c < 0.50$ 时，认为预测精度较高；③当 $p > 0.70$，$c < 0.65$ 时，认为预测精度合格；④当 $p \leq 0.70$，$c \geq 0.65$ 时，认为预测精度不合格。若残差检验、后验检验均能通过，则可以依据所建立的模型进行预测，否则需进行残差修正。

二、虚拟经济与实体经济指标预测

（一）指标选取

对我国虚拟经济系统与实体经济系统协调发展趋势进行预测时，所选择的预测指标与前面计算两系统间的协调度所筛选的指标一致，在对这些指标预测的基础上，进一步测算两系统间未来发展的协调状况。具体所选指标如下：

虚拟经济发展的指标体系选取股票市价总值（X1）、债券余额（X2）、贷款规模（X3）、基金成交额（X4）、期货成交额（X5）、外汇交易额（X6）、保费收入（X7）、金融相关率（X8）、马歇尔 K 值 M_2/GDP（X9）、准货币化程度（X10）。实体经济发展的指标体系选取国内生产总值（Y1）、全社会固定资产投资额（Y2）、社会消费品零售总额（Y3）、货物进出口总额（Y4）、第一产业产值占国内生产总值比重（Y5）、第二产业产值占国内生产总值比重（Y6）、第三产业产值占国内生产总值比重（Y7）。

对虚拟经济系统与实体经济系统所选取的 17 个指标进行预测，由于是外推预测，如果预测期过长，将导致预测误差较大，因此，该部分分析中仅预测五年，即以 2010~2014 年为预测期。以 2010 年前五年数据即 2005~2009 年的数据建立模型预测 2010~2014 年虚拟经济系统与实体经济系统各指标数据，然后测算两系统间的整体协调度。之所以选取 2005~2009 年的数据建立预测模型，主要因为耦合关联预测方法以最近期的数据建立模型，反映经济发展状况时效性的同时，能有效提高预测精度。

虚拟经济与实体经济协调发展研究

（二）各指标预测

依据耦合关联预测方法，对各指标所构建的预测模型如下：

X1：$\hat{x}^{(1)}(k+1)=279802.1069e^{(0.0956k)}-23076.0143$

X2：$\hat{x}^{(1)}(k+1)=162409.0023e^{(0.1204k)}-15098.0249$

X3：$\hat{x}^{(1)}(k+1)=102568.9265e^{(0.0701k)}-90592.3961$

X4：$\hat{x}^{(1)}(k+1)=10798.2639e^{(0.0820k)}-8026.8517$

X5：$\hat{x}^{(1)}(k+1)=980126.0217e^{(0.1329k)}-91354.5218$

X6：$\hat{x}^{(1)}(k+1)=3826.0974e^{(0.1207k)}-902.9061$

X7：$\hat{x}^{(1)}(k+1)=12874.0156e^{(0.1047k)}-6924.9985$

X8：$\hat{x}^{(1)}(k+1)=-1038.1896e^{(-0.0812k)}+1404.0189$

X9：$\hat{x}^{(1)}(k+1)=1284.0057e^{(0.0937k)}-1104.9579$

X10：$\hat{x}^{(1)}(k+1)=-1028.6973e^{(-0.0719k)}+1130.7605$

Y1：$\hat{x}^{(1)}(k+1)=406796.9022e^{(0.0847k)}-35210.6702$

Y2：$\hat{x}^{(1)}(k+1)=201709.1466e^{(0.1158k)}-16302.4558$

Y3：$\hat{x}^{(1)}(k+1)=102869.5872e^{(0.1003k)}-9257.0568$

Y4：$\hat{x}^{(1)}(k+1)=179230.0869e^{(0.0628k)}-14990.6792$

Y5：$\hat{x}^{(1)}(k+1)=-3218.7092e^{(-0.0598k)}+3230.9871$

Y6：$\hat{x}^{(1)}(k+1)=-2573.9862e^{(-0.0275k)}+2639.0651$

Y7：$\hat{x}^{(1)}(k+1)=1360.5574e^{(0.1102k)}-1319.8905$

对所建立的虚拟经济系统各指标及实体经济系统各指标的预测模型进行检验，虚拟经济系统各指标预测模型的检验结果如表4-12所示，实体经济系统各指标预测模型的检验结果如表4-13所示。

表 4-12　虚拟经济各指标预测模型检验结果

指标	平均相对误差（%）	小误差概率	后验差比	预测精度
X1	2.25	0.9928	0.0121	高
X2	3.33	0.9991	0.0089	高
X3	1.01	0.9968	0.1139	高
X4	2.74	0.9909	0.2208	高
X5	1.15	0.9933	0.0197	高
X6	3.79	0.9995	0.0209	高
X7	1.08	0.9965	0.1705	高
X8	2.99	0.9427	0.4391	较高
X9	1.25	0.9499	0.3830	较高
X10	2.10	0.9872	0.3195	高

注："模型介绍"里有关于预测精度的判断标准。

表 4-13　实体经济各指标预测模型检验结果

指标	平均相对误差（%）	小误差概率	后验差比	预测精度
Y1	1.19	0.9909	0.0689	高
Y2	1.86	0.9987	0.2938	高
Y3	0.79	0.9306	0.4317	较高
Y4	2.17	0.9329	0.3928	较高
Y5	1.94	0.9805	0.0753	高
Y6	1.78	0.9901	0.1302	高
Y7	2.17	0.9872	0.1129	高

注："模型介绍"里有关于预测精度的判断标准。

由表 4-12 及表 4-13 中各指标预测模型的检验结果可以看出，虚拟经济系统各代表指标的预测模型以及实体经济系统各代表指标的预测模型均通过了各项检验，预测模型的预测精度判断均达到了高或者较高的水平，因此，预测模型可以用来进行各指标未来发展情况的预测。就平均相对误差的检验结果来看，按照 5% 的临界水平，虚拟经济系统与实体经济系统各指标预测模型的平均相对误差均在 5% 以下，相比较而言，虚拟经济系统各指标的平均相对误差整体上要大于实体经济各指标的平均相对误差，这与虚拟经济系统受不稳定因素影响，整体波动相对较频繁有关。从小误差概率和后验差比的情况来看，虚拟经济系统各指标中除 X8（金融相关率）、X9（马歇尔 K 值 M_2/GDP）指标达到较高的预测精度外，其他指标的预测精度均显示为高；实体经济系统各指标中相较于 Y3（社会消费品零售总额）、Y4（货物进出口总额）指标，其他指标的预测精度显示更高。总体而言，虚拟经济系统与实体经济系统各指标预测模型的预测精度均较高，预测模型可以用来预测各指标未来发展情况。虚拟经济系统与实体经济系统各代表指标 2010~2014 年的预测结果如表 4-14 所示。

表 4-14　各指标预测结果

指标 \ 年份	2010	2011	2012	2013	2014
X1	268238.05	301507.09	338658.09	372158.06	423530.17
X2	147861.55	172682.04	194340.02	232453.69	261740.88
X3	82897.96	103619.94	145727.50	203440.10	252541.01
X4	12303.59	14140.04	16420.19	19728.28	22664.58
X5	2302191.98	2606771.98	2851647.91	3342150.93	3684317.50
X6	4132.93	4486.72	5090.35	5449.27	6069.56
X7	12276.32	13532.18	14116.52	16042.48	17124.55
X8	419.44	408.21	495.20	521.59	608.67
X9	183.38	210.12	238.76	275.86	306.08
X10	115.29	130.52	127.76	147.28	159.38
Y1	392879.39	427631.41	457636.87	508191.83	546619.29
Y2	241623.80	290383.48	341982.87	409407.61	500144.07
Y3	159809.48	186641.49	207978.60	244577.20	290320.72
Y4	201932.75	260271.12	334463.45	402378.84	517293.09
Y5	10.32	10.35	10.25	10.06	9.85
Y6	46.78	46.92	45.38	44.03	45.02
Y7	42.90	42.73	44.37	45.91	45.13

三、我国虚拟经济与实体经济协调发展趋势分析

依据表 4-14 各指标 2010~2014 年的预测结果，计算虚拟经济系统与实体经济系统各代表指标间的协调相关度（具体见表 4-15）。

表 4-15　预测期内虚拟经济系统与实体经济系统各代表指标间的协调相关度

协调相关度	Y1	Y2	Y3	Y4	Y5	Y6	Y7	均值
X1	0.811569	0.80429	0.689623	0.886972	0.501247	0.611896	0.640985	0.706655
X2	0.721042	0.870304	0.720196	0.902375	0.493672	0.587905	0.587548	0.697577
X3	0.921647	0.899522	0.923986	0.776984	0.499806	0.624379	0.650489	0.756688
X4	0.864981	0.82697	0.899209	0.760238	0.468905	0.550672	0.573096	0.706296
X5	0.616977	0.630783	0.610697	0.721096	0.470639	0.546905	0.592038	0.598448
X6	0.723912	0.812237	0.731158	0.867953	0.489023	0.534901	0.520412	0.668514
X7	0.696793	0.701296	0.690945	0.640561	0.478914	0.50389	0.536809	0.60703
X8	0.760789	0.659829	0.614368	0.590836	0.358902	0.689663	0.880986	0.650768
X9	0.675189	0.601408	0.636984	0.562989	0.330875	0.671804	0.801239	0.611498
X10	0.650959	0.560028	0.629971	0.554092	0.302786	0.649328	0.796785	0.591993
均值	0.744386	0.736667	0.7147137	0.72641	0.439477	0.597134	0.658039	

由表 4-15 可以看出，预测期内指标间的关联矩阵与本章第四节中实际样本区间 1998~2009 年指标间的关联矩阵有一定改变。预测期内两个指标间的最大协调相关度为 0.923986，最小协调相关度为 0.302786，协调相关度大部分处于中等和较强范围内。从各协调相关度的均值情况看，各虚拟经济指标与实体经济指标间的整体协调相关度处于 0.591993~0.756688，其中贷款规模指标与实体经济指标间的整体关联程度仍是最强的。股票市场发展状况、金融相关比率、马歇尔 K 值等指标与整体实体经济间的协调相关度增大，表明预测期内我国虚拟经济发展与实体经济间的关联程度进一步增强。各实体经济指标与虚拟经济指标间的整体协调相关度处于 0.439477~0.744386，预测期内国内生产总值、三次产业增加值占 GDP 比重指标与整体虚拟经济的发展协调相关度增强，尤其第三产业增加值占 GDP 比重指标与虚拟经济发展间的关联程度增强迅速，协调相关度达到 0.658039，说明第三产业占比与虚拟经济发展间的耦合作用程度提升。图 4-19 具体给出了实体经济发展各代表指标与虚拟经济系统整体间的协调相关度情况。

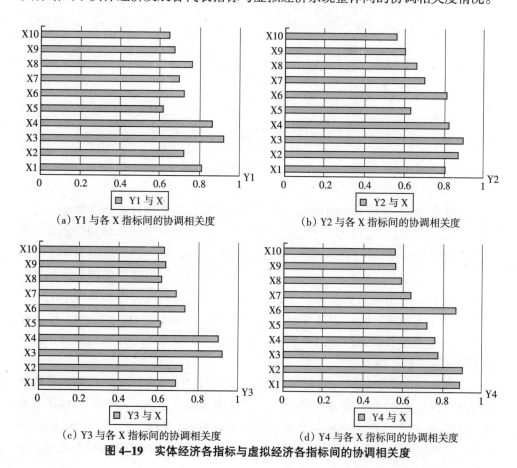

图 4-19　实体经济各指标与虚拟经济各指标间的协调相关度

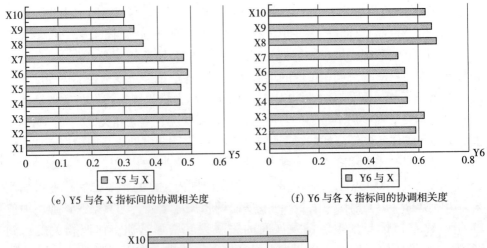

（e）Y5 与 X 指标间的协调相关度　　　　（f）Y6 与 X 指标间的协调相关度

（g）Y7 与各 X 指标间的协调相关度

图 4-19　实体经济各指标与虚拟经济各指标间的协调相关度（续）

依据表 4-15 各指标间协调相关度的计算结果，根据耦合协调度模型，进一步分析预测期 2010~2014 年我国虚拟经济系统与实体经济系统整体间的耦合协调状况，预测期内两系统间的协调程度变化趋势如图 4-20 所示。依据表 4-8 协调度等级的划分标准，从图 4-20 可以看出，预测期 2010~2014 年虚拟经济系统与实体经济系统的整体协调状况处于弱度协调与中度协调范围内，其中 2010 年、2011 年显示为弱度协调；2012 年显示为低度协调，协调度上涨迅速，由 2011 年的 0.5918 上升至 0.6796；2013 年呈现中度协调；2014 年两系统间的整体协调状况下滑，进入弱度协调状态。

从预测期内两系统的协调发展趋势来看，相较于 2009 年实际数据测算的弱度失调状况，2010 年两系统间的耦合协调作用增强，协调程度上升，整体系统向弱度协调方向迈进。2008 年全球金融危机爆发后，温家宝总理于 2008 年 10 月讲话中即提到要处理好实体经济和虚拟经济的关系，虚拟经济必须与实体经济

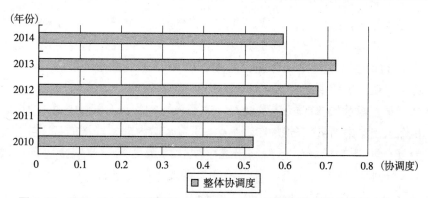

图 4-20　2010~2014 年预测期内虚拟经济与实体经济系统间整体协调度情况

相协调。2009 年以来国家积极采取措施努力推动整体经济复苏，2010 年起国民经济发展整体速度提升，2010 年一季度国内生产总值比上年同期增长 11.9%，一季度至三季度累计国内生产总值比上年同期增长 10.6%，国家整体经济发展向好，虚拟经济发展速度亦逐渐提升，虚拟经济系统与实体经济系统间呈现互动向好发展形势，因而预测期内 2010 年两系统间耦合协调性增强，亦与整体经济发展趋势相符。预测结果显示 2011~2013 年两系统整体耦合协调度不断上升，逐渐由弱度协调过渡至中度协调，2014 年显现协调趋势下降；2014 年预测出的金融相关比率 X8 指标达到 608.67%，说明我国虚拟经济规模扩张迅速，虚拟经济整体发展有与实体经济发展背离的倾向。2011 年开始我国将逐步实施"十二五"规划，2010 年底中央制定的"十二五"规划建议中即强调"十二五"发展期间要积极促进我国经济长期平稳较快发展。在全球经济发展处于"后危机"时期的背景下，在努力促进实体经济发展的同时，亦需积极发展我国虚拟经济，有效推动两系统间的协调互动发展，促使金融市场的健康发展，需进一步防范虚拟经济的过度扩张与实体经济的严重背离、泡沫经济的膨胀甚至破裂，降低两系统间的非协调发展对整体经济发展造成的不利影响，有效发挥虚拟经济服务于实体经济的作用。

本章小结

在虚拟经济与实体经济协调发展理论分析的基础上，结合我国经济发展实际，分析了我国不同时期金融相关比率、马歇尔 K 值及虚拟经济代表性流量指标与实体经济代表变量间比重的变动关系。对基于不同方法所分析的重叠样本区间内虚拟经济与实体经济的协调状态进行了综合判断，得出结论：1998~2005 年我国虚拟经济规模逐渐扩大，该时期虚拟经济与实体经济处于协调发展状态，而 2006 年起虚拟经济规模膨胀迅速，尤其 2007 年以来我国虚拟经济与实体经济的发展逐渐出现一定程度的背离。

结合第三章我国虚拟经济发展对实体经济影响实证分析中选取的代表指标，进一步筛选出本书所界定的狭义虚拟经济研究范畴内虚拟经济的各主要代表性指标以及实体经济的代表指标，基于综合变化协调度方法及耦合协调度模型对 1998 年以来我国虚拟经济与实体经济的协调发展状况进行了判断，并对不同时期出现不同协调状况的可能原因进行了分析。此外，进一步分析了两系统间的动态协调发展趋势及代表指标间的耦合协调相关度情况，以详细分析两系统间的具体作用关系。通过对样本区间内两系统间的协调度测算，得出结论：近年来，尤其 2007 年开始虚拟经济与实体经济间呈现弱度失调状态，2008 年弱度失调相对较明显，2009 年失调状态减弱，并且整体系统协调发展的动态趋势呈现进一步向协调状态迈进，这亦与基于经验性分析方法所得出的结论基本一致。2007 年以来虚拟经济与实体经济系统间出现的弱度失调状况，可能的原因为这一时期我国虚拟经济整体规模迅速膨胀，导致虚拟经济发展的规模及速度与实体经济发展的规模及速度出现不匹配状况。

对两系统间的边际溢出效应分析认为，1998~2009 年样本区间内，伴随我国虚拟经济规模的逐步扩大，其对实体经济的边际溢出效应远大于实体经济对其带来的外部影响。在虚拟经济规模进一步膨胀的过程中，遵循虚拟经济发展的适度原则，积极防范虚拟经济过度背离实体经济，预防泡沫经济、金融危机的发生，促进两系统间的协调发展，有效发挥虚拟经济系统与实体经济系统间双向促进机制的作用，实现两系统发展的共赢非常重要。

鉴于我国虚拟经济规模逐步扩大的实际情况，基于耦合关联预测模型对 2010~2014 年我国虚拟经济与实体经济的协调发展趋势进行了预测。通过对虚拟经济系统与实体经济系统各代表指标间预测期内的耦合关联状况的分析，认为：我国虚拟经济发展与实体经济间的关联程度较 1998~2009 年两系统的整体关联程度进一步增强，尤其股票市场发展状况、金融相关比率、马歇尔 K 值等指标与整体实体经济间的协调相关度增大。预测期内，两系统间整体协调状况逐渐增强，协调状态逐步由弱度协调过渡至中度协调，其中，2014 年的协调状况出现下滑趋势。在全球经济发展处于"后危机"时期的背景下，在努力促进实体经济发展的同时，亦需积极发展我国虚拟经济，促使金融市场的健康发展。然而，亦需防范虚拟经济的过度扩张与实体经济的严重背离、泡沫经济的膨胀甚至破裂，有效推动两系统间的协调互动发展，降低两系统间的非协调发展对整体经济发展造成的不利影响，发挥虚拟经济服务于实体经济的作用。尽管我国目前以及预测期内实体经济与虚拟经济发展间均未出现高度失调或极度失调状况，但在我国以及全球虚拟经济规模逐渐扩大的发展形势下，有必要对虚拟经济发展过度背离实体经济进行预警研究，以防患于未然。

第五章　虚拟经济扩张过程中
泡沫风险分析

在虚拟经济快速发展的背景下，虚拟经济的过度扩张或严重背离实体经济的发展，将导致经济泡沫的产生，而经济泡沫累积到一定程度，进一步演变成泡沫经济，在外部冲击影响下，泡沫破裂，将会导致金融危机、经济危机的发生。结合第四章及第五章对虚拟经济发展对实体经济的影响及虚拟经济系统与实体经济系统间协调状态分析中两系统各主要代表要素的实际发展情况，对虚拟经济扩张过程中的泡沫状态予以分析。主要结合我国虚拟经济与实体经济发展实际，在本书所界定的狭义虚拟经济范畴内，着重分析与实体经济联系密切，且自身发展活跃并可能存在泡沫的股票市场及房地产市场的泡沫风险状况，并探讨不同时期不同泡沫程度的可能原因，为有针对性地提出防范泡沫破裂的对策建议奠定基础。此外，依据美国次贷危机爆发的启示及我国虚拟经济发展状况、股票市场、房地产市场的泡沫状态分析，提出我国虚拟经济发展过度背离实体经济的风险预警系统构架。

第一节　虚拟经济膨胀演化至泡沫经济机理分析

一、虚拟经济膨胀从经济泡沫至泡沫经济的演化过程

泡沫在经济的运行过程中表现为一种常态形式，其既可以表现为金融泡沫，亦可以表现为房地产泡沫，甚至某种其他资产泡沫，如历史上出现过的"郁金香"泡沫等。然而，泡沫经济则是经济泡沫发展至一定程度后形成的一种经济状态，泡沫经济与经济泡沫相比，既存在着泡沫程度上的差别，也存在着一系列本质上的差异。本书分析虚拟经济膨胀过程中导致经济泡沫演化至泡沫经济的过程，这里"泡沫"的研究范畴主要指金融泡沫及房地产泡沫。经济泡沫与泡沫经济的区别主要体现为以下两个方面：

第一，在泡沫程度上，泡沫经济具有比经济泡沫更高的泡沫度。这种泡沫程度上的差异主要体现于：①如果泡沫发生在单一资产上，在泡沫经济的状态下，资产的市场价格与其基础价值之间的偏离程度较存在经济泡沫情况下的更高；②在出现泡沫的资产种类更多时，即泡沫现象可能同时出现于多种资产上，例如金融泡沫、房地产泡沫等同时出现，将导致经济泡沫中的泡沫程度提高，造成由经济泡沫演变成泡沫经济的概率提升。

第二，从经济运行的本质特征进一步看经济泡沫与泡沫经济的主要区别。在整体经济运行出现经济泡沫时，市场机制会对经济泡沫起到制衡作用，在制衡速度上有快慢差别，但其对经济泡沫的制衡最终会出现一个均衡点，并有可能有效抑制经济泡沫的进一步膨胀。然而，市场机制对泡沫经济市场状态中失去作为，因为在泡沫经济中不存在市场经济对其制衡的均衡点，即在正常的市场机制中，价格上升必然导致需求下降，而在泡沫经济状态下往往出现相反的情况，价格越提升，需求越旺盛，从而出现资产价格的急剧上涨，泡沫度进一步上升。[130]

虚拟经济的膨胀过程中从产生经济泡沫到演变成泡沫经济存在现实的可能性而无必然性。这种可能性的存在主要基于市场运行过程中固有的两个基本特征，即市场交易过程中的投机性以及市场间的互动性和传递性。市场投机性的存在进一步催化了泡沫资产的泡沫化程度，并导致经济泡沫不断膨胀，是诱发经济泡沫演变为泡沫经济的重要因素之一。这里的无必然性，主要因为市场机制的运作及国家的宏观调控策略可以对抑制经济泡沫发挥作用，并可能有效控制泡沫的进一步膨胀，避免其演变至泡沫经济。对诱发泡沫经济的市场间的互动性和传递性特征予以展开分析。

市场间的互动性和传递性不仅可以存在于同类市场间，亦可以存在于不同类的市场间，例如金融市场中的货币市场、资本市场及外汇市场等存在互动性与传递性，金融市场与房地产市场间亦存在传递性与互动性。之所以如此，主要受市场运行机制的作用及市场变量间的高度相关性的影响。市场的互动性和传递性特征，使得某个市场一旦形成泡沫，便容易诱发其他市场也产生泡沫，导致泡沫资产的比重不断提升，甚至出现泡沫经济。例如，金融市场与房地产市场间的联动性和传递性，当金融资产价格上升，产生较为严重的泡沫时，由于财富效应使得房地产市场价格亦会大幅上升，从而易于诱发房地产市场泡沫；相反，当金融市场泡沫收缩时，房地产市场价格亦会出现相应回落。以下以金融市场的内在联动性和互动性为例予以具体分析：

依据交易内容不同，金融市场可划分为货币市场、资本市场及外汇市场等，各市场间的互动性和传递性，通过市场价格变动以及由此诱发资本金在不同市场间的流动得以实现。例如，在货币市场和资本市场上，当货币市场利率降低时，在股票市场上，投资者大多对持有股票的未来收益持乐观态度，促使股票的购买量上升。可见，货币市场的利率下降可以诱发资金由货币市场流向股票市场，推动股票价格的上涨，股票价格的持续上升及投机行为的催化，可能导致股市泡沫的出现。在货币市场和外汇市场之间，当预期外汇汇率上升时，会诱发资本金由货币市场流向外汇市场，促使外汇汇率上升提前到来，源源不断的资金涌入外汇市场，导致外汇市场泡沫的产生。资本市场和外汇市场之间的联动性和传递性亦如此。

市场运行过程中固有的投机性、联动性和传递性等使经济泡沫向泡沫经济演化成为可能，而失误的经济政策及在此政策下引发的经济结构失衡和虚拟经济的过度膨胀发展往往使这种演化变为现实。杨琳（2002）通过对墨西哥、中国台湾、日本、泰国、俄罗斯、马来西亚、印度尼西亚等国家和地区 20 世纪 80 年代中后期至 1997 年的经济运行状况分析，发现这些国家或地区 20 世纪 90 年代泡沫经济的形成过程具有诸多共同特征，如外商资本流动结构不合理，外商非直接投资流动过高；资本金大量流入股票市场和房地产市场，制约了实体经济发展；银行和非银行金融机构过度放贷，为金融发展过度膨胀创造了条件；汇率高估等。[131]这些问题的出现，无不与经济政策的失误有关，亦反映出科学合理的经济政策对于抑制经济泡沫演变成泡沫经济至关重要。

二、泡沫经济运行的系统分析

综合上面的分析，进一步认为泡沫的形成与运行在一个复杂的系统中：经济发展过程中相关制度的产生，如货币制度、信用制度、股份制度等，为经济泡沫的形成提供了基础性条件；市场固有的不确定性、信息不对称性等特点，使得泡沫的出现成为市场运行过程中的一种常态；市场的投机性、互动性和传递性成为诱发泡沫不断膨胀和扩张的推动力，并为经济泡沫演变成泡沫经济提供了可能；而政府的相关经济制度和经济政策失效是导致经济泡沫演变成泡沫经济的重要因素，其对泡沫形成、泡沫膨胀以及泡沫经济于何时收缩或泡沫破灭影响重大。①图 5-1 显示了以上各种因素与泡沫形成及泡沫经济运行的具体关系。

图 5-1 显示了泡沫经济的形成、膨胀与泡沫破灭的整体运行系统，然而现实的经济运行过程中，并不一定都经历泡沫形成至泡沫破裂的全过程。由于政府宏观调控政策的作用，可使得泡沫经济运行至一定阶段，由于预期的逆转而在其达到泡沫极限之前便出现泡沫萎缩现象，从而有效地遏制了泡沫破裂，避免金融危机、经济危机的发生，这主要取决于政府对泡沫发展态势的判断及其所采取的相

---

① 徐璋勇. 虚拟资本积累与经济增长［M］. 北京：中国经济出版社，2006.

关政策措施。可见，尽管经济泡沫是市场经济运行过程中的常态，但其能否膨胀至对整个经济体造成严重破坏性影响或演变成泡沫经济，除市场机制自身的作用外，政府的有效调控策略对于预防泡沫经济的产生或泡沫的破裂起到至关重要的作用，而有效的策略措施甚至可以避免泡沫经济的发生。

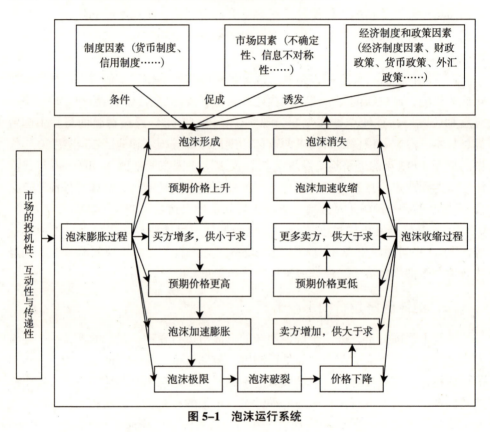

图 5-1　泡沫运行系统

第二节　我国股票市场泡沫分析

伴随我国虚拟经济的迅速发展，对整体虚拟经济状况泡沫程度的测算尽管一些学者提出了一些设想，然而具体实施难度大，且所考虑的部分因素更无实际数据可依。然而，经济发展过程中，泡沫状态常出现于股票市场与房地产市场中，在本书第三章及第四章的分析中亦反映股票市场与实体经济间的联系密切，因此，在分析虚拟经济发展的泡沫风险时，本部分以金融市场中的股票市场发展为例，具体分析我国股票市场的泡沫状况，为提出有针对性防范泡沫膨胀、破裂的对策建议奠定基础。借鉴以往学者研究的基础上，将利用动态戈登模型测算我国股票市场的泡沫程度，以进行股票市场泡沫风险分析。

一、模型构建

戈登模型是一个被广泛接受和运用的股票估价模型，Campbell 和 Shiller（1987，1988）[132~133] 派生了动态戈登模型，并运用该模型检验了股票预期收益率假设。国内学者的研究中，王维（2009）运用动态戈登模型的 VAR 估计系数矩阵对上海商品房的基础价值进行了测算，并认为房价与基础价值的偏离并非一个纯粹的白噪声过程，一些实质性因素导致了价格与价值的偏离，促成了房地产泡沫的产生。[134] 在借鉴王维（2009）研究的基础上，对我国股票市场的泡沫状况进行具体分析，模型设定如下：

（一）动态戈登模型

股价 P_t、红利 D_t 以及收益率 R_t 之间的关系可以表示为：

$$R_{t+1} = \frac{P_{t+1} + D_{t+1}}{P_t} \tag{5-1}$$

对式（5-1）两边取对数并重新定义，$r_t = \ln(R_t)$，$p_t = \ln(P_t)$，$d_t = \ln(D_t)$，得到：

$$r_{t+1} = p_{t+1} - p_t + \log(1 + e^{d_{t+1} - p_{t+1}}) \tag{5-2}$$

对式（5-2）进行一阶 Taylor 展开，得：

$$P_t = k + \rho p_{t+1} + (1 - \rho)d_{t+1} - r_{t+1} \tag{5-3}$$

其中，d 和 p 分别是 d_t 和 p_t 的均值，$\rho = \frac{1}{1 + e^{d-p}}$，$k = -\log(p) - (1 - \rho)\log(\rho^{-1} - 1)$

将式（5-3）进行连续迭代，假设 $\lim\limits_{j \to \infty} \rho^j p_{t+j} = 0$，将式（5-3）两边同时取期望可以得到动态戈登模型的标准形式：

$$p_t = E_t[p_t] = \frac{k}{1 - \rho} + E_t\left[\sum_{j=0}^{\infty} \rho^j((1 - \rho)d_{t+1+j}) - r_{t+1+j}\right] \tag{5-4}$$

（二）VAR 模型回归分析

式（5-4）给出了戈登模型的标准形式，然而不能依据该式直接计算 p_t 的理论价值，主要因为，一方面，如果直接计算 p_t 需要先确定收益率 r_t，这一指标的计算尚缺乏统一标准，如果设定的不合理将影响研究的合理性；另一方面，直接计算 p_t 要求有无穷多样本，这于现实中无法实现，而 p_t 的样本数量越少，会导致计算的结果越不精确。为克服上述两个方面的问题，该部分的计算中沿用

Campbell 和 Shiller 所用的向量自回归模型，估计 p_t 和 d_t 的关系。

含截距项的 VAR 模型如下：

$$X_{t+1} = C + AX_t + \varepsilon_{t+1} \tag{5-5}$$

如果对 X_t 进行去均值处理，则 VAR 模型可以简化为：

$$X_{t+1} = AX_t + \varepsilon_{t+1} \tag{5-6}$$

对于 X_t 的具体形式，Campbell 和 Shiller（1987）设定为 $[d_{t-1} - p_t \Delta d_{t-1} \varepsilon_t^{30}]'$，其中最后一项是 30 年市盈率的简单移动平均值。依据式（5-4）可以得到：

$$d_t - p_t = -\frac{k}{1-\rho} + E_t\left[\sum_{j=0}^{\infty} \rho^j(-\Delta d_{t+1+j} + r_{t+1+j})\right] \tag{5-7}$$

（三）泡沫度量指标

依据式（5-5）及式（5-6）分别构建相应的股市泡沫度量指标。依据式（5-5）采用非去均值数据进行回归，并借鉴王维（2009）的方法，依据估计结果计算 p_t 的拟合值，并将其作为合理价值，记为 p_t^*，则股票市场的相对泡沫程度可以通过下式计算：

$$B_{r_t} = \frac{e^{p_t} - e^{p_t^*}}{e^{p_t^*}} \tag{5-8}$$

式（5-6）采用去均值数据进行回归，如果下面的 p_t 和 d_t 都表示去均值后的价格和红利水平，则动态戈登模型的标准形式（5-4）可以改写为：

$$p_t = E_t\left[\sum_{j=0}^{\infty} \rho^j((1-\rho)d_{t+1+j} - r_{t+1+j})\right] \tag{5-9}$$

重新定义：

$$p_{d_t} = E_t\left[\sum_{j=0}^{\infty} \rho^j(1-\rho_j)\rho^j d_{t+1+j}\right] \tag{5-10}$$

$$p_{r_t} = E_t\left[\sum_{j=0}^{\infty} \rho^j\rho^j d_{t+1+j}\right] \tag{5-11}$$

则有：

$$p_t = p_{d_t} - p_{r_t} \tag{5-12}$$

由于 p_t 和 d_t 均是去均值后的数据，因此 p_d 的意义为由未来红利水平变动造成价格对其历史平均值的偏离；p_r 表示由未来收益率的变动造成价格对其历史平均值的偏离，可以被理解为基本面之外因素引起的价格变动，即泡沫量。因此，检验股票市场是否存在泡沫，需检验价格与基本面价值之间的差异是否显著，即检验 $H_0 : p_t = p_{d_t}$ 是否成立。

定义 $e_1 = [10]$，$e_2 = [01]$，则根据式（5-6）和式（5-10）得到：

$$p_{d_t} = E_t \left[\sum_{j=0}^{\infty} (1-\rho)\rho^j d_{t+1+j} \right] = (1-\rho) \sum_{j=0}^{\infty} (\rho^j e_2 E_t X_{t+i+j}) \tag{5-13}$$

$$= (1-\rho) \sum_{j=0}^{\infty} (\rho^j e_2 A^{j+1} X_t) = (1-\rho) e_2 A (1-\rho A)^{-1} X_t$$

$$P_t = e_1 X_t \tag{5-14}$$

检验 H_0 是否成立，亦是检验下式是否成立：

$$e_1 (1-\rho) e_2 A (1-\rho A)^{-1} \tag{5-15}$$

将其变为线性形式：

$$e_1 (1-\rho A) = (1-\rho) e^2 A \tag{5-16}$$

式（5-16）可以运用线性 Wald 检验进行检验。除检验股票市场是否存在泡沫之外，构建度量绝对泡沫程度的指标如下：

$$B_{at} = p_t - p_{d_t} \tag{5-17}$$

二、指标选取及预处理

为与第三章及第四章实证分析样本区间分析一致，该部分研究中将主要分析 1998~2010 年我国股票市场泡沫情况。所选指标主要是股票价格水平与红利水平，而红利水平的计算中涉及市盈率数据，这一指标尚无季度、月度数据可依，因此，综合考虑样本量大小及数据的可获得性后，样本区间选取 1998 年上半年至 2010 年上半年的每半年数据。数据来源于中国人民银行网站、Wind 资讯金融数据库及《中国证券期货统计年鉴 2010》等。

（1）股票价格水平指标选取。由于考察整个股票市场的泡沫问题，这里选取上证最高股价综合指数代表股票价格水平指标。选取上证综合指数，主要因为上海证券交易所股票市价总值占整体股票市场市价总值的 70% 左右，同时，1998 年 1 月~2010 年 9 月上证综合指数与深证成份指数的月度数据相关系数达到了 0.9547，因此，说明选取上证综合指数能够较好地代表我国股票市场的价格水平状况。

（2）红利水平。所选用的红利水平为指数化红利水平，该指标具体处理过程如下：[①] ①从 Wind 资讯金融数据库选取的股票市场整体市盈率指标计算方法有两类，第一类市盈率的计算方法为当前股票价格除以上市公司当年年报中的每股盈利，第二类市盈率的计算方法为当前股票价格除以两倍当年半年报中的每股盈利。②以每年年末上证最高股价综合指数除以每年年末的第一类市盈率，得到指

---

① 邵宇平. 中国股市泡沫研究［J］. 上海金融，2010.

数化的每年年度盈利水平；以每年年中上证最高股价综合指数除以每年年中第二类市盈率再除以2，进一步得到指数化的每年年中盈利水平。利用年度盈利水平减去年中盈利水平，推算出下半年盈利水平。③假设每年股票市场的红利水平与盈利水平间存在固定比例，依据 Modigliani 和 Miller（1958）提出的 MM 定理，股票的投资价值由公司的基本盈利能力和风险等级决定，公司的股利政策对股票价格没有影响。[135] 因此，理论上可以认为市盈率的高低与公司的股利分配政策无关。借鉴李波（2004）、叶青和易丹辉（2006）及刘桓（2008）的做法，可以将该比例取1。[136~138] 这一做法在理论上是可行的，因为该比例仅对指数化的红利水平引起了上下水平移动，不会对 VAR 模型的参数估计造成影响。

（3）消除通胀因素。以 1998 年上半年 CPI 为基期，对股票价格水平及红利水平进行调整，得到实际股票价格水平及红利水平。

三、股票市场泡沫实证分析及讨论

（一）平稳性与协整检验

进行 VAR 回归之前，对经过对数化处理后的数据股票价格水平 p_t 和红利水平 d_t 序列进行平稳性检验和协整检验。序列的 ADF 检验结果如表 5-1 所示，最优滞后阶数的选取依据 SC 准则。由表 5-1 可以看出，序列 p_t 和 d_t 均为非平稳序列，而一阶差分后的序列 Δp_t 和 Δd_t 均是平稳的，因此，序列 p_t 和 d_t 为 I（1）序列。

表 5-1　p_t 和 d_t 序列平稳性检验结果

变量	ADF 值	类型	1%临界值	5%临界值	10%临界值	P 值	结论
p_t	−1.034583	(C, N, 0)	−3.502373	−2.902373	−2.190000	0.7829	非平稳
d_t	−1.684593	(C, N, 0)	−3.502373	−2.902373	−2.190000	0.3264	非平稳
Δp_t	−4.768921	(C, N, 1)	−3.589205	−2.990564	−2.120643	0.0021	平稳
Δd_t	−5.078329	(C, N, 0)	−3.662901	−2.986390	−2.091087	0.0000	平稳

注：检验类型中（C，T，*）分别表示常数项、趋势项和滞后期，N 表示无截距项或趋势项；"Δ"表示一阶差分。

序列 p_t 和 d_t 均为 I（1）序列，可以进一步进行协整关系检验，结合 AIC、SC 和 LogL 信息的结果及结合实际综合考虑，选择有截距项无趋势项的协整检验，变量间的 Johansen 协整检验结果如表 5-2 所示。由表 5-2 可以看出，迹统计量及最大特征根均分别大于 5%显著水平下的临界值，因此，可以判断变量 p_t 和 d_t 之间至少存在一组协整关系，说明采用 VAR 模型进行回归可行。

表5-2 Johansen 协整检验结果

滞后：1~2 期				
无约束的协整秩检验（迹）				
假设	特征根	迹统计量	5%临界值	P 值
无*	0.362448	32.09879	28.79806	0.0034
最多有一组	0.263791	19.45289	14.40491	0.0569
无约束的协整秩检验（最大特征根）				
假设	特征根	最大特征根	5%临界值	P 值
无*	0.362448	25.04093	22.93102	0.0248
最多有一组	0.263791	12.01951	14.26460	0.0656

注：加 * 表示在 5%的置信水平拒绝原假设。

（二）股票市场相对泡沫程度

依据式（5-5）定义的 VAR 模型，采用非去均值的及经过取对数处理后的序列 p_t 和 d_t 数据进行回归，得到的参数估计值如表 5-3 所示。

表5-3 带截距项 VAR 回归结果

	c	p_{t-1}	d_{t-1}
	1.890426	0.720236	0.199036
p_t	(0.62013)	(0.11023)	(0.12093)
	[2.19056]	[4.81035]	[5.20745]
R^2	0.920462		
	−0.043790	0.027843	0.990383
d_t	(0.52190)	(0.09690)	(0.09735)
	[−0.20754]	[0.33202]	[8.09271]
R^2	0.901891		

注：未带括号的为参数估计值，（ ）中的值为标准差，［ ］中的值为 t 统计量。

依据表 5-3 的结果进一步得到合理价值 p_t^*，并根据式（5-8）计算出股票市场相对泡沫程度 Br_t，见表 5-4。图 5-2 反映了 1998 年 1 月~2010 年 9 月上证最高股价综合指数的变动轨迹。

表5-4 股票市场相对泡沫度测算结果

时间	p_t	p_t^*	Br_t（%）
199806	6.9472	—	—
199812	6.8078	6.9605	−8.14
199906	7.1709	6.9987	32.04
199912	6.9927	6.8802	9.29
200006	7.5773	6.9923	37.18

续表

时间	p_t	p_t^*	Br_t（%）
200012	7.6484	7.0137	40.06
200106	7.4167	6.9223	38.25
200112	7.1821	6.9247	27.89
200206	7.2667	6.9997	25.85
200212	6.9723	6.9279	1.09
200306	7.0667	6.9513	10.27
200312	7.0299	7.0136	2.87
200406	6.9655	7.0157	−9.02
200412	6.8097	7.1398	−15.94
200506	7.0444	7.1966	−12.36
200512	7.0674	7.2247	−17.08
200606	7.2358	7.2890	−8.14
200612	7.9006	7.7989	11.35
200706	7.9692	7.7503	42.89
200712	8.1823	7.9084	66.75
200806	7.7558	7.6839	12.74
200812	7.6501	7.7102	−18.37
200906	7.0055	7.2109	−5.38
200912	7.5119	7.6145	−3.59
201006	7.7628	7.6880	−2.08

注："199806"表示 1998 年上半年，"199812"表示 1998 年下半年，其他时间类推。

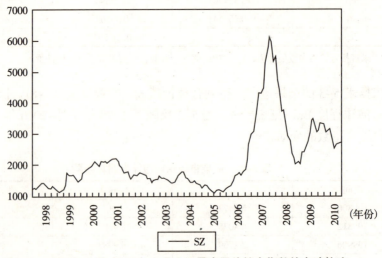

图 5-2　1998 年 1 月~2010 年 9 月上证最高股价综合指数的变动轨迹

由表5-4可以看出，我国股票市场泡沫较为严重的时期为1999年上半年至2002年上半年，以及2007年，这基本与我国股票市场发展的历史情况相符，这两个时期股市最高相对泡沫程度分别达到了40.06%、66.75%。图5-2亦显示出1999~2002年以及2007年股价指数持续上升，尤其2007年一度突破了6000点，达到历史最高点。2007年5月30日国家公布提高印花税政策，一时影响股价波动，在国家经济整体形势发展向好的背景下，股价亦呈现持续上升趋势。源于2007年下半年开始的美国次贷危机引发的全球金融风暴于2008年全面爆发，金融危机传导至我国，亦对我国经济发展造成影响。2008年开始股价呈现持续下跌趋势，2009年下半年起伴随整体经济发展的逐渐复苏，股价较2008年下半年呈现波动递增态势。表5-4的计算结果亦显现出，2007年末以后股票市场相对泡沫程度下降迅速，股票泡沫呈现破灭状态。

（三）股票市场绝对泡沫程度

依据式（5-6）定义的VAR模型，采用去均值的p_t'和d_t'数据进行回归，不带截距项的VAR模型估计结果列于表5-5中。

表5-5 不带截距项的VAR模型估计结果

	c	p_{t-1}'	d_{t-1}'
p_t'	1.891069	0.720890	0.198014
	(0.62027)	(0.11671)	(0.12903)
	[2.29086]	[4.83021]	[5.29045]
R^2	0.92482		
d_t'	−0.040789	0.029864	0.996802
	(0.52099)	(0.094430)	(0.09013)
	[−0.30891]	[0.36837]	[8.09066]
R^2	0.910805		

依据式（5-13）计算p_{d_t}尚需估算ρ的大小，由式（5-3）下面对ρ的定义，在计算出d_t和p_t的均值d和p的基础上，计算得到ρ的估计值约为0.9764。结合表5-5的结果，需对式（5-16）进行线性Wald检验，检验结果如表5-6所示。由Wald检验结果可以看出，P值为0.0147，说明可以在5%的置信水平下拒绝原假设H_0：$p_t = p_{d_t}$。当$p_t > p_{d_t}$时，表明股票市场上存在泡沫。

表5-6 Wald检验结果

统计量	统计值	自由度	P值
Chi-square	8.906825	2	0.0147

依据式（5-13）、式（5-17）计算出 p_d 以及股票市场绝对泡沫度 B_a，具体见表 5-7。

表 5-7　股票市场绝对泡沫度测算结果

时间	p_t'	p_d	B_a（%）
199806	−0.0963	−0.1889	9.12
199812	−0.2441	−0.1643	−6.28
199906	0.1056	−0.1574	31.58
199912	−0.0890	−0.1596	12.36
200006	0.2708	−0.1063	38.70
200012	0.3619	−0.1938	41.94
200106	0.4401	−0.0179	33.92
200112	0.1944	−0.0368	30.88
200206	0.1998	−0.1506	28.75
200212	−0.0542	−0.1485	8.67
200306	0.0398	−0.0157	5.27
200312	0.0066	−0.0214	2.10
200406	−0.0610	0.0792	−12.03
200412	−0.1668	0.0785	−17.03
200506	−0.5321	0.0566	−16.79
200512	−0.5092	0.0917	−21.36
200606	0.0707	0.1208	−14.85
200612	0.5241	0.2369	27.94
200706	0.7926	0.4014	30.98
200712	1.0058	0.6205	68.07
200806	0.5793	0.2896	15.23
200812	0.0736	0.1985	−10.74
200906	0.4289	0.2964	10.96
200912	0.5354	0.3879	12.80
201006	0.3863	0.1705	11.83

注："199806"表示 1998 年上半年，"199812"表示 1998 年下半年，其他时间类推。

由表 5-7 可以看出，绝对泡沫度测算结果显示，1998~2010 年我国股市泡沫程度较高的时期为 1999 年上半年至 2002 年上半年，以及 2006 年下半年至 2007 年，两个时期最高的绝对泡沫度分别达到 41.94%、68.07%。2008 年绝对泡沫度明显较 2007 年下降迅速，2008 年下半年呈现泡沫破裂状态。可见，依据绝对泡沫度的测算结果所判断的泡沫状态较高的历史时期基本与相对泡沫度测算结果的判断一致。图 5-3 反映了样本区间内相对泡沫度及绝对泡沫度的运动轨迹。由图

5-3 可以看出，股市相对泡沫度及绝对泡沫度曲线的运动趋势基本一致，相对泡沫度及绝对泡沫度指标均显示，2007 年下半年全球金融危机爆发前的泡沫程度最为严重。

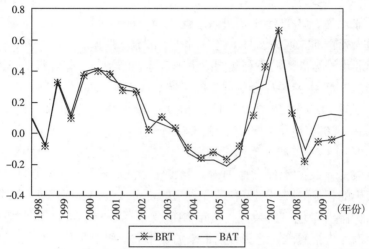

图 5-3　1998 年 6 月~2010 年 6 月股市相对泡沫度及绝对泡沫度的运动轨迹

毛有碧等（2007）对股市泡沫的研究中，将股市泡沫的性质依据泡沫程度划分为良性泡沫、恶性泡沫及死亡泡沫几个类别。[139] 借鉴其观点，认为股票实际价格高于股票内在价值的部分称为正泡沫，而股票价格小于股票内在价值的部分称为负泡沫。结合毛有碧等对股市泡沫类别的划分思想、样本区间内我国股票市场发展实际及本书所测算出的股市相对泡沫度及绝对泡沫度情况，进一步划定股市泡沫性质区间如表 5-8 所示。

表 5-8　股市泡沫性质区分

泡沫性质	死亡负泡沫	恶性负泡沫	良性负泡沫	良性正泡沫	恶性正泡沫	死亡正泡沫
泡沫度区间	−∞~−60%	−60%~−30%	−30%~0	0~30%	30%~60%	60%~+∞

注：泡沫度区间遵循上限不在内原则，当泡沫度为 0 时，表明股市不存在泡沫。

综合表 5-8 对股市泡沫程度性质的划分，以及股市相对泡沫度及绝对泡沫度的测算结果认为：

（1）1998~2006 年多数时期内我国股市泡沫程度均处于良性负泡沫和良性正泡沫范围内，尤其 2002~2006 年股市相对泡沫度及绝对泡沫度均处于良性泡沫范围，说明这一时期我国股市泡沫风险较低，对实体经济发展造成不利影响的范围较小，利于虚拟经济与实体经济的协调发展。结合第四章对我国 1998 年以来虚拟经济系统与实体经济系统整体协调状态的判断，2000~2006 年判断我国虚拟经济与实体经济间呈现弱度协调状态，可以看出，本章对 2006 年以前我国股市泡沫程度的判断进一步验证了对这一期虚拟经济与实体经济协调发展状态判断的相对准确性。

（2）2007 年我国股市经历了较为严重的泡沫时期，尤其 2007 年中期以后股市泡沫膨胀迅速，2007 年中期进入恶性正泡沫区间范围，2007 年下半年股市泡沫程度进入死亡泡沫区间，显示这一时期股市泡沫严重，势必对实体经济的发展带来伴随股市泡沫破灭的不利影响隐患，对虚拟经济与实体经济的协调发展造成恶劣冲击。2008 年受国际金融危机的影响，股市陷入低迷，2008 年上半年股市泡沫破裂迅速，泡沫程度急速下降，2009 年随着整体经济的逐渐复苏，股市开始出现反弹，2008 年及 2009 年的股市相对泡沫度和绝对泡沫度均在良性泡沫度范围内。2010 年股市相对泡沫度为负，绝对泡沫度微弱，股市相对泡沫度和绝对泡沫度均处于良性泡沫度范围内，股市整体泡沫风险较弱。2010 年我国由年初制定实施的积极的财政政策和适度宽松的货币政策、国内房地产市场进行的宏观调控、国际金融危机的余波、全年 GDP 保 8 的目标、美元量化宽松政策以及国际大宗商品价格暴涨、通胀预期带来的货币政策由宽松到适度紧缩的转变以及新一轮加息周期的来临等，这些相关政策及国内外宏观经济形势均对 2010 年股市的发展造成影响，我国股市呈现波动起伏态势，国家一系列宏观调控措施对抑制股市泡沫起到了积极作用，有利于股票市场的健康发展，亦有利于促进股市发展对实体经济发展积极效应的发挥。可见，对 2007 年以来我国股市泡沫程度的判断，进一步验证了第四章中对 2007 年以来我国虚拟经济系统与实体经济系统进入弱度失调状态，2009 年开始逐渐呈现向新一轮弱度协调状态迈进趋势的判断的相对准确性。

结合动态戈登模型对我国 1998 年至 2010 年上半年股市相对泡沫度及绝对泡沫度的分析，仅是对股市的历史运动轨迹进行了探究，在股票市场的发展过程中，为防范股市泡沫的大规模膨胀甚至急速破裂需加强对股市的及时监控，积极采取有效措施抑制泡沫的急速膨胀，避免金融危机的发生。结合历史经验，可以得到相应的启示，即股市最优的成长路径应是持续、有序地上升，股票市场发展速度过快或过慢均有可能对经济发展造成不利影响，尤其当股票市场发展脱离宏观经济基本面而出现持续快速单边上涨时，必然导致泡沫的产生，泡沫一旦急速破裂会对国家整体经济发展产生重大冲击。20 世纪 80 年代我国台湾地区资本市场经历的泡沫急速膨胀和破灭的动荡，以及 20 世纪 90 年代东南亚金融危机的发生，均呈现了资产价格泡沫破灭的危害。因此，鉴于我国股票市场发展的实际情况，在我国股票市场发展的过程中，需着重防范股市泡沫快速膨胀与金融风险。

尽管泡沫程度处于良性范围内，仍需实时监督泡沫发展的程度，当股价快速攀升时，股市泡沫有急剧膨胀并向恶性泡沫蔓延的趋势。这一时期需采取积极措施放慢股市的发展速度，防范股市的过快发展，导致泡沫量累积至死亡泡沫范围，有效抑制股市泡沫的进一步膨胀，避免措施失力而刺破泡沫，使泡沫膨胀过程中积聚的巨大能力骤然释放，酿成金融危机、经济危机，对整体经济发展造成巨大破坏。因此，采取有针对性的措施，促进股票市场的良性健康发展，并逐步推动股票市场发展持续、有度地上升，有效发挥股市发展对实体经济的积极作用至关重要。

第三节 我国房地产市场泡沫分析

20世纪90年代以来房地产泡沫危机不断爆发，房地产泡沫的崩溃对整体经济发展造成了严重影响，并且影响范围逐步扩大，持续时间亦逐渐延长。伴随虚拟经济的快速发展，房地产泡沫进一步呈现出普遍化、全球化的特征。房地产泡沫和金融危机联系密切，房地产泡沫的影响逐渐突出，房地产价格波动亦引起货币政策当局的关注，并逐渐成为货币政策调控的重要内容。在分析房地产泡沫生成机理的基础上，对我国房地产业的具体发展情况予以分析，并判断房地产泡沫的可能状态，为提出有针对性地降低房地产泡沫程度及促进经济发展的对策措施奠定基础。

一、房地产泡沫生成及演变机理

房地产市场本身是一个具有鲜明虚拟经济特征和实体经济特征的特殊市场，具有虚实两重性的特征。房地产市场及其所处的现代经济环境的"虚实两重性"，决定了房地产泡沫成因的复杂性和多样性。在虚拟经济迅速发展的背景下，房地产的虚拟性（除去建筑物资产部分）特征越来越明显，主要体现为房地产证券化趋势、房地产金融及其相关的衍生金融产品的发展，房地产市场与金融系统的关系越来越密切。

房地产泡沫既有实体经济的因素，又有虚拟经济方面的因素，这与现代经济以及房地产市场的虚实两重性密切相关。[140] 这里着重从虚拟经济膨胀的角度分析房地产泡沫的生成演变机理。虚拟经济因素在房地产泡沫形成过程中起着关键性作用，金融约束放松是房地产泡沫形成的重要条件，而大量货币资金积聚在房地产市场是导致房地产泡沫的直接原因。图5-4反映了虚拟经济与实体经济视角下房地产泡沫的生成演变机理。

房地产价格波动具有自我平衡机制，在一个完整的房地产周期波动中，房地产价格波动主要经历了以下几个阶段（如图 5-4 所示）：①经济的快速发展加大了对房地产业的需求，房地产业产品供给不足，租金开始上升，金融机构加大对房地产业的融资规模，政府的货币和财政等政策有利于房地产业发展，房地产业开始迅速崛起；②伴随房地产业的规模扩张，供应能力迅速上升，并得到更多的信贷支持，社会对房地产业的预期提升，房地产市场进入繁荣期，同时由于产业联动效应的影响，房地产业亦推动了整体经济的发展；③在房地产业的繁荣阶段，其结构失衡逐渐显现，而在前景良好的预期作用下，金融机构对房地产业的推动促使房地产业进入盲目扩张阶段，最终导致房地产供给大量过剩，房地产业进入衰退期；④在衰退期和萧条期，由于政府政策的大幅度调整，银行信贷收缩，逐渐推动房地产市场供求趋于平衡，在市场机制的作用下，房地产业的价格波动又将迈向下一轮的波动周期。在房地产业的繁荣阶段，经济过热及信用膨胀，进一步催生了房地产泡沫的扩张，当泡沫累积到一定程度，房地产业的发展即将迈入衰退期和萧条期时，房地产泡沫极有可能达到极限而破裂，进而造成金融危机、经济危机。

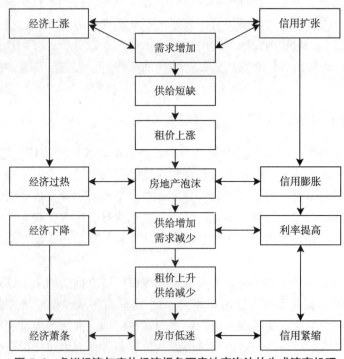

图 5-4　虚拟经济与实体经济视角下房地产泡沫的生成演变机理

房地产金融机构是调节房地产消费需求与房地产生产供给的重要机构，由于住房需求者在购房过程中存在收入—支出的不平衡现象，而金融机构对于平滑这种收入—支出缺口起到重要作用，显现出金融机构的消费信贷和其他金融支持对于住房需求所起到的重要影响。然而，金融机构的信贷约束放松恰是催生房地产泡沫的重要条件。图5-4亦反映出，金融约束的放松、信用扩张，造成流入房地产市场的货币资金增加，在刺激需求增加的同时，于供给刚性的情况下，催生了房地产价格上涨，在需求进一步扩大、信用膨胀的状况下，将诱发房地产泡沫的出现。在信用持续膨胀扩张的作用下，房地产泡沫的持续累积与膨胀，达到其极临界点时，将出现房地产泡沫的破灭，造成对金融机构的严重冲击，甚至出现严重的金融危机、经济危机。

二、我国房地产业投资发展实际

近年来，我国房地产业发展迅速，既有房地产体制改革的原因，亦受国家宏观经济政策导向的影响。表5-9给出了1998~2010年我国房地产开发投资额、城镇固定资产投资额以及房地产开发投资额占城镇固定资产投资的比重数据。

表5-9　1998~2010年我国房地产投资额占城镇固定资产投资的比重

单位：亿元，%

年份	房地产开发投资额（累计）	房_同比增长率	城镇固定资产投资额（累计）	固_同比增长率	房地产/城镇固定资产
1998	3579.58	12.6	21102.32	19.5	16.96
1999	4010.17	11.0	22419.04	6.3	17.89
2000	4901.73	19.5	24242.82	9.7	20.22
2001	6245.48	25.3	27826.62	13.7	22.44
2002	7736.42	21.9	32941.76	17.4	23.49
2003	10106.12	29.7	42643.42	28.4	23.70
2004	13158.25	28.1	58620.28	27.6	22.45
2005	15759.30	19.8	75096.48	27.2	20.99
2006	19382.46	21.8	93472.36	24.5	20.74
2007	25279.65	30.2	117413.90	25.8	21.53
2008	30579.82	20.9	148167.30	26.1	20.64
2009	36231.71	16.1	194138.60	30.5	18.66
2010	48267.07	33.2	241414.90	24.5	19.99

注："房_同比增长率"表示房地产投资额同比增长率；"固_同比增长率"表示城镇固定资产投资额同比增长率。

由表 5-9 可以看出，我国房地产开发投资额累计由 1998 年的 3579.58 亿元上升至 2010 年的 48267.07 亿元，2000 年开始房地产开发投资额同比增长率上升幅度加大，2003 年同比增长率达到 29.7%，而后出现回落现象，2007 年进一步升高达到 30.2%，2008 年及 2009 年同比增长率下降，尤其 2009 年下降幅度较大，该年同比增长率为 16.1%，2010 年大幅度上升至 33.2%。城镇固定资产投资额累计由 1998 年的 21102.32 亿元上升至 2010 年的 241414.9 亿元，尤其 2001 年开始固定资产投资额累计同比增长率上升迅速，2003 年以后同比增长率基本维持在 25% 以上。2008 年为应对全球金融危机影响，国家提出"4 万亿元"救市政策，城镇固定资产投资额上升，2009 年城镇固定资产投资额累计同比上升 30.5%，亦显现出国家加大投资的力度。从房地产投资额占城镇固定资产投资的比重来看，1998 年该比重为 16.96%，而后逐年上升，2003 年达到 23.70%，2007 年为 21.53%，2008 年、2009 年下降，2010 年继续上升，达到 19.99%。房地产开发投资额的不断增加，促进了房地产业规模的扩大，并进一步推动了我国房地产业的迅速发展。

然而，伴随我国房地产业的快速发展，房地产价格出现了连年持续快速上升的趋势，给宏观经济运行和人民生活造成重大影响。同时，学术界展开了对我国房地产泡沫的探讨。理论界大多认为，当前我国的房地产价格快速上涨已经远超出居民收入的承受能力，房地产泡沫正逐渐膨胀。也有学者持不同观点，他们认为，目前我国的房地产需求特别是住宅需求仍是真实需求，尚不存在房地产泡沫。在我国虚拟经济规模逐步扩大，房地产市场迅速发展的背景下，有必要对我国房地产市场是否过度膨胀、出现泡沫，甚至与实体经济发展出现非协调状况进行深入探析。

对于房地产市场规模是否合理这一问题，王爱俭等（2007）认为，规模合理的房地产市场应满足三个条件：①房价应维持在居民收入的承受能力范围之内；②房价应与其租赁价格相互制约，两者之间不会呈现较大程度偏离；③房屋空置率不能过高。① 如果这三个条件均出现较大程度的偏离，则说明房地产市场与实体经济发展间存在非协调状况。基于这一思路，本书将从我国房地产发展实际出发，分别从房价—收入比、房价租赁价格比以及房屋空置率角度分析房地产市场与实体经济运行间的协调状况。

---

① 王爱俭等. 虚拟经济合理规模与风险预警系统 ［M］. 北京：中国金融出版社，2007：170.

三、房地产业泡沫状况分析

（一）房价—收入比

房价—收入比即名义房价比人均可支配收入，这一指标用于判断市场房价是否在居民收入的承受能力范围以内。房价—收入比的国际通行标准区间为3~6。如果实际的房价—收入比超出这一标准，则可以认为房地产规模趋向于不合理。为与前文的分析统一口径，计算了1998~2010年历年全国及各地的房价—收入比，具体见表5-10（由于篇幅所限，该表中仅给出了2005~2010年的具体计算结果）。

从计算结果来看，1998~2010年全国整体的房价—收入比基本维持在6~9水平范围内。具体来看，1998~2003年国的房价—收入比呈现逐年下降趋势，由1998年的8.2下降至2003年的7.0，而2004年、2005年这一比例呈现上升趋势，分别为7.69、7.55，2006~2008年亦持续下降，2008年下降至6.02，2009年全国房价—收入比进一步上升，达到6.81，2010年下降为6.58。表5-11给出了全国各地房价上涨率与收入上涨率的计算结果，图5-5反映了1999~2010年全国房价上涨率和收入增长率情况（从1998年起的实际数据予以计算）。

结合表5-10、表5-11及图5-5可以看出：①2003年以前全国房价的上涨速度明显低于人均可支配收入的上涨速度，房价上涨幅度亦较为平缓。1999年商品房销售价格较1998年下降0.485%，而人均可支配收入增长7.91%。而后，房价及人均可支配收入均呈现逐步上升趋势，2003年房价上涨率为4.84%，人均可支配收入上涨率为9.99%。1998~2003年房价—收入比亦呈现逐渐回落趋势，2003年降至7.0已较为接近国际通行标准，而房价的上涨速度明显低于收入的增长速度，综合以上考虑，因此，可以认为该阶段我国房地产市场发展逐步趋于合理。②2004年及2005年房价的上涨速度明显加快，上涨幅度大增，且增长速度远超过了收入的增长速度。2004年房价上涨率为17.76%，人均可支配收入上涨率为11.21%；2005年房价上涨率为14.04%，收入上涨率为11.37%。2004年及2005年房价较2003年大幅度上涨，相比较而言，收入上涨幅度较平缓。2004年及2005年的房价—收入比较2003年亦明显上升，处于7~8范围内，已明显高于国际通行标准的上限。因此，综合以上，可以认为，2004~2005年我国房地产市场的发展呈现快速膨胀趋势，泡沫扩张的倾向增强。③2006~2008年房价上涨率远低于收入上涨率，2006年房价上涨率为6.28%，收入上涨率为12.07，2008年房价相较于2007年下降1.66%，人均可支配收入上涨率为14.47%；同时，房价—收入比亦呈现逐渐下降趋势，2006年为7.16，2007年为7.01，2008年下降至 6.02，已达到国际通行标准范围。因此，可以认为，2006~2008 年我国相较于 2005 年的快速膨胀状态，这一时期房地产市场规模逐渐趋向合理，且泡沫度明显降低。④2009~2010 年，房价—收入比呈现上升趋势，2009 年为 6.81，2010 年为 6.58，均超出了国际通行标准范围。2009 年伴随房地产开发投资扩大的同时，房价上涨率亦增长迅速，相较于 2008 年同比上涨 23.18%，而人均可支配收入上涨率为 8.83%；2010 年在国家一系列刺激房价措施的作用下，房价上涨幅度减缓，该年房价同比上涨 11.44%，收入上涨 11.26%。2009~2010 年，相较于房价的大幅度波动，收入增长幅度较为平缓，并且这一阶段我国的房价—收入比均高出国际通行标准范围，故可以认为该阶段我国房地产市场规模仍处于膨胀阶段，在国家政策作用的情况下，膨胀速度呈现下降趋势，但仍需积极采取有效措施抑制房地产泡沫的进一步膨胀。

结合表 5-10、表 5-11 及 1998~2010 年的具体计算结果，从各地区的具体情况来看，1998~2003 年除上海外，各地区房价—收入比大多呈现逐年下降趋势，一些地区房价—收入比较为稳定。2003 年，除北京、辽宁、黑龙江、上海、海南、宁夏等地外，其他地区房价—收入比大致在 4~6。从房价上涨率和收入上涨率的状况来看，除上海、江苏、浙江、安徽、江西、海南、西藏、青海八个地区的房价上涨率高于同期的人均可支配收入增长率以外，其他地区的房价上涨率均低于同期的收入增长率（见表 5-11）。进一步考察这八个地区的房价—收入比，可以看出，除上海地区房价—收入比较高外，其他七个地区的房价—收入比均处于国际通行标准范围以内。综合以上分析可知，截至 2003 年，除少数部分地区房价—收入比处于高水平范围，其他各地房价—收入比已基本处于国际通行标准范围以内或接近该标准。

2004 年开始，各地房地产市场发展呈现加速趋势，尤其 2005 年全国大部分地区房价上涨率高于收入上涨率，房价上涨迅速。2004 年北京市平均房价为 5052.93 元/平方米，房价—收入比为 8.08；2005 年北京平均房价升至 6788.094 元/平方米，房价上涨率高达 34.34%，而收入上涨率为 12.89%，房价—收入比达到 9.61，远高于国际通行标准。上海 2004 年平均房价为 5855 元/平方米，2005 年上升至 6842 元/平方米，2005 年房价上涨率为 16.86%，同期人均可支配收入上涨率为 11.76%，这一时期房价—收入比高达 9.17。海南地区的平均房价由 2004 年的 2404.89 元/平方米上升至 2005 年的 2924.471 元/平方米，房价上涨率达到 21.61%，而同期人均可支配收入同比上涨率为 5.02%，房价上涨速度远高于收入上涨速度，这一时期的房价—收入比达到 9.73。天津的平均房价由 2004 年的 3114.61 元/平方米上升至 2005 年的 4054.73 元/平方米，房价同比上涨率高达 30.18%，而同期收入同比上涨率为 10.22%，该年房价—收入比达到 8.02。此外，

表5-10 全国各地房价与收入比

年份	商品房平均售价（元/平方米）						城镇居民人均可支配收入（元）						房价—收入比（%）					
	2005	2006	2007	2008	2009	2010	2005	2006	2007	2008	2009	2010	2005	2006	2007	2008	2009	2010
全国	3168	3367	3864	3800	4681	5029	10493	11760	13786	15781	17175	19109	7.55	7.16	7.01	6.02	6.81	6.58
北京	6788.094	8279.51	11553.26	12418	13798.96	17781.68	17652.95	19977.52	21988.71	24724.89	27105	29506	9.61	10.36	13.14	12.56	12.73	15.07
天津	4054.73	4773.537	5811.111	6015	6885.762	8196.955	12638.55	14283.09	16357.35	19422.53	20581	23117	8.02	8.36	8.88	7.74	8.36	8.86
河北	1862.026	2111.42	2585.775	2779	3305.664	3542.518	9107.09	10304.56	11690.47	13441.09	14885	16308	5.11	5.12	5.53	5.17	5.55	5.43
山西	2209.905	1988.182	2249.609	2355	2718.58	3477.711	8913.91	10027.7	11564.95	13119.05	13918	15321	6.20	4.96	4.86	4.49	4.88	5.67
内蒙古	1653.219	1811.371	2246.532	2483	2976.927	3525.959	9136.79	10357.99	12377.84	14432.55	16279	18023	4.52	4.37	4.54	4.30	4.57	4.89
辽宁	2797.582	3073.445	3490.152	3758	4033.975	4501.048	9107.55	10369.61	12300.39	14392.69	15864	17689	7.68	7.41	7.09	6.53	6.36	6.36
吉林	1888.191	2009.591	2302.465	2507	2963.219	3606.81	8690.62	9775.07	11285.52	12829.45	13986	15342	5.43	5.14	5.10	4.89	5.30	5.88
黑龙江	2099.122	2195.552	2471.316	2832	3237.461	3716.254	8272.51	9182.31	10245.28	11581.28	12700	13625	6.34	5.98	6.03	6.11	6.37	6.82
上海	6842	7196	8361	8195	12839.98	14399.89	18645.03	20667.91	23622.73	26674.9	29984	32900	9.17	8.70	8.85	7.68	10.71	10.94
江苏	3358.758	3592.195	4024.359	4049	4994.009	5791.065	12318.57	14084.26	16378.01	18679.52	21868	24309	6.82	6.38	6.14	5.42	5.71	5.96
浙江	4279.966	4774.443	5786.03	6262	7787.663	9248.933	16293.77	18265.1	20573.82	22726.66	26894	29898	6.57	6.53	7.03	6.89	7.24	7.73
安徽	2220.195	2321.886	2664.369	2949	3400.141	4211.742	8470.68	9771.05	11473.58	12990.35	14371	15930	6.55	5.94	5.81	5.68	5.91	6.61
福建	3161.675	3993.962	4684.342	4384	5428.186	6254.693	12321.31	13753.28	15506.05	17961.45	21001	23008	6.42	7.26	7.55	6.10	6.46	6.80
江西	1528.675	1707.992	2071.887	2136	2642.805	3143.74	8619.66	9551.12	11451.69	12866.44	14095	15477	4.43	4.47	4.52	4.15	4.69	5.08
山东	2425.22	2540.503	2904.141	2970	3514.953	3946.117	10744.79	12192.24	14264.7	16305.41	17851	19786	5.64	5.21	5.09	4.55	4.92	4.99
河南	1866.945	2011.844	2253.429	2339	2665.837	3042.407	8667.97	9810.26	11477.05	13231.11	14772	16168	5.38	5.13	4.91	4.42	4.51	4.70
湖北	2263.255	2555.658	3053.116	3001	3531.178	3737.275	8785.94	9802.65	11485.8	13152.86	15047	16817	6.44	6.52	6.65	5.70	5.87	5.56
湖南	1624.81	1928.438	2233.148	2302	2679.781	3144.488	9523.97	10504.67	12293.54	13821.16	15638	17083	4.27	4.59	4.54	4.16	4.28	4.60

续表

年份	商品房平均售价（元/平方米）						城镇居民人均可支配收入（元）						房价-收入比（%）					
	2005	2006	2007	2008	2009	2010	2005	2006	2007	2008	2009	2010	2005	2006	2007	2008	2009	2010
广东	4442.755	4852.736	5914.295	5953	6517.91	7479.476	14769.94	16015.58	17699.3	19732.86	22686	25012	7.52	7.58	8.35	7.54	7.18	7.48
广西	2013.64	2195.411	2538.637	2826	3260.269	3561.985	9286.7	9898.75	12200.44	14146.04	15908	17599	5.42	5.54	5.20	4.99	5.12	5.06
海南	2924.471	3787.457	4161.6	5443	6264.054	8735.039	8123.94	9395.13	10996.87	12607.84	14632	16055	9.00	10.08	9.46	10.79	10.70	13.60
重庆	2134.992	2269.214	2722.583	2785	3441.913	4280.883	10243.46	11569.74	12590.78	14367.55	16552	18328	5.21	4.90	5.41	4.85	5.20	5.84
四川	1945.485	2270.938	2840.447	3157	3523.563	4138.46	8385.96	9350.11	11098.28	12633.38	14662	16339	5.80	6.07	6.40	6.25	6.01	6.33
贵州	1606.591	1779.825	2136.737	2339	2889.054	3357.1	8151.13	9116.61	10678.4	11758.76	13336	14541	4.93	4.88	5.00	4.97	5.42	5.77
云南	2165.015	2380.171	2454.98	2680	2930.694	3158.041	9265.9	10069.89	11496.11	13250.22	14448	16206	5.84	5.91	5.34	5.06	5.07	4.87
西藏	1700.11	1976.462	2704.124	3202	3323.963	2907.281	9431.18	8941.08	11130.93	12481.51	13500	14672	4.51	5.53	6.07	6.41	6.16	4.95
陕西	2059.612	2461.322	2622.002	2952	3223.429	3758.194	8272.02	9267.7	10763.34	12857.89	14731	16065	6.22	6.64	6.09	5.74	5.47	5.85
甘肃	1936.22	1779.76	2190.541	1958	2507.54	3011.328	8086.82	8920.59	10012.34	10969.41	11798	12984	5.99	4.99	5.47	4.46	5.31	5.80
青海	1832.195	1920.563	2310.999	2460	2514.657	3003.131	8057.85	9000.35	10276.06	11640.43	11940	13002	5.68	5.33	5.62	5.28	5.27	5.77
宁夏	2235.382	2063.066	2136.203	2435	3089.554	3303.703	8093.64	9177.26	10859.33	12931.53	13722	14766	6.90	5.62	4.92	4.71	5.63	5.59
新疆	1797.744	1858.087	2081.132	2240	2643.864	3096.561	7990.15	8871.27	10313.44	11432.1	12213	13318	5.62	5.24	5.04	4.90	5.41	5.81

注：①据中经网产业数据库1998~2010年"城市人均住宅建筑面积"数据，计算人均住房面积约为25平方米，房价-收入比即25×房屋单位面积平均售价/城镇居民年人均可支配收入；②数据来源于中经网产业数据库，中国国家统计局网站及《中国统计年鉴》(2006~2009)；③由于篇幅所限，这里仅给出了2005~2010年的房价-收入比计算结果，实际计算了1998~2010年的房价-收入比情况。

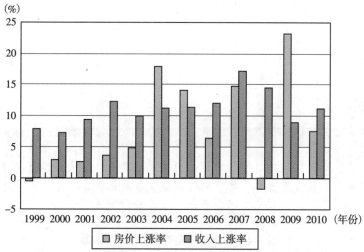

图 5-5　1999~2010 年全国房价上涨率和收入增长率情况

辽宁、广东两个地区 2005 年的房价—收入比亦较高，分别达到 7.68%、7.52%。从 2004~2005 年北京、上海、海南、天津、辽宁及广东等地的房价及人均可支配收入增长率的变化可以看出，这一时期这些地区的房价上升迅猛，房价—收入比大幅度提高，房价上涨率明显高于收入增长率，进一步说明这些地区的房地产市场呈现过度膨胀状态，房价已明显超出居民人均可支配收入的承受能力范围，房地产市场的发展与实体经济间表现出非协调状态。

2006~2008 年，在全国整体房价—收入比呈现逐渐下降趋势的同时，全国大部分地区的房价—收入比亦呈现逐年下降态势，且 2008 年下降幅度较明显。2006~2008 年除北京、天津、上海、广东、海南等地区房价—收入比较高外，其他地区的房价—收入比基本均保持在国际通行标准范围以内或接近国际通行标准。从这一时期房价上涨率与人均可支配收入上涨率情况来看，绝大部分地区2006~2008 年房价上涨率呈现波动递减状态，其中 2007 年部分地区房价上涨率较 2006 年较高，而 2008 年房价上涨率普遍下降幅度较大；同时，人均可支配收入 2007 年、2008 年均较 2006 年有显著提升，相比较而言 2007 年增长幅度较高。整体来看，截至 2008 年除黑龙江、海南、西藏外，全国大部分地区房价上涨率明显低于收入增长率。综合以上分析考量，可以认为全国大部分地区房地产市场规模逐步趋于合理，与实体经济发展间趋于协调。

从 2009 年、2010 年全国各地房地产市场的发展情况来看，由表 5-10 和表 5-11 可以看出，全国各地房价—收入比呈现新一轮的上升趋势，尤其大部分地区 2009 年房价—收入比较 2010 年增长更快。图 5-6 具体反映了 2010 年全国各地房价—收入比情况。北京市 2009 年房价同比上涨率高达 23.18%，远高于同

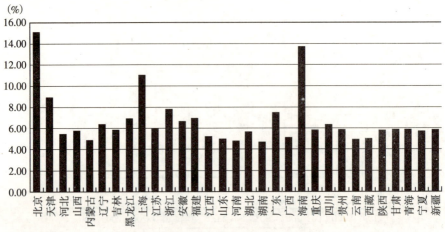

图 5-6   2010 年全国各地房价—收入比

期人均可支配收入同比上涨率的 8.83%；2009~2010 年，北京的房价—收入比分别高达 12.73%、15.07%。此外，2009~2010 年，天津、上海、海南的房价—收入比亦较高，均远超出国际通行标准范围。2010 年，天津、上海、海南的房价—收入比分别高达 8.86%、10.94%、13.6%，上涨率均高于 2009 年。2009~2010 年，在全国平均房价—收入比较高的情况下，大部分地区房价上涨率远高于城镇居民人均可支配收入上涨率，进一步说明这一时期我国房地产市场的发展处于膨胀阶段，房地产规模与实体经济发展间出现偏离趋势，高房价下的房地产泡沫状况不容忽视。2010 年，国家已陆续多次强调调控楼市，为促使房地产市场与实体经济间的协调有序发展，需进一步制定有针对性地抑制房地产市场泡沫，推动房地产市场健康发展的对策措施。

（二）房价—租赁价格比

租赁市场是房地产市场的重要组成部分，房价与租赁价格间具有紧密的联系。当房价相对于租赁价格较高时，市场上的买方会认为租房比买房更合算，导致其将资金投向租赁市场的意愿增强，进而对房价形成向下的压力；反之亦然。理论界认为，房价与租赁价格间存在均衡关系，当房价与租赁价格接近均衡状态时，有利于推进房地产市场发展与实体经济间保持协调状态；而当房价与租赁价格过度偏离时，将出现房地产市场与实体经济发展非协调状况。

表5-11 全国各地房价上涨率与城镇居民人均可支配收入增长率

单位：%

年份	房价上涨率										城镇居民人均可支配收入增长率									
	2001	2002	2003	2004	2005	2006	2007	2008	2009	2010	2001	2002	2003	2004	2005	2006	2007	2008	2009	2010
全国	2.75	3.69	4.84	17.76	14.04	6.28	14.76	-1.66	23.18	11.44	9.23	12.29	9.99	11.21	11.37	12.07	17.23	14.47	8.83	11.26
北京	2.91	-5.89	-0.57	6.67	34.34	21.97	39.54	7.48	11.12	28.86	11.87	7.65	11.38	12.64	12.89	13.17	10.07	12.44	9.63	8.86
天津	2.02	4.72	1.25	23.69	30.18	17.73	21.74	3.51	14.48	19.04	10.05	4.23	10.45	11.19	10.22	13.01	14.52	18.74	5.96	12.32
河北	1.04	2.73	-2.66	9.73	15.98	13.39	22.47	7.47	18.95	7.17	5.72	11.61	8.37	9.84	14.54	13.15	13.45	14.97	10.74	9.56
山西	20.66	6.38	12.26	11.93	22.55	-10.03	13.15	4.68	15.44	27.92	14.12	15.64	12.36	12.82	12.79	12.49	15.33	13.44	6.09	10.08
内蒙古	8.71	1.70	1.11	10.29	18.03	9.57	24.02	10.53	19.89	18.44	7.93	9.30	15.90	15.83	12.48	13.37	19.50	16.60	12.79	10.71
辽宁	2.41	0.61	7.11	5.28	15.98	9.86	13.56	7.67	7.34	11.58	8.20	12.55	10.97	10.59	13.74	13.86	18.62	17.01	10.22	11.50
吉林	10.23	7.28	-5.47	19.44	0.44	6.43	14.57	8.88	18.20	21.72	11.03	17.22	11.90	11.93	10.84	12.48	15.45	13.68	9.01	9.70
黑龙江	2.59	1.07	-0.22	7.78	8.26	4.59	12.56	14.59	14.32	14.79	10.44	12.43	9.48	11.86	10.73	11.00	11.58	13.04	9.66	7.28
上海	8.44	6.93	23.80	14.40	16.86	5.17	16.19	-1.99	56.68	12.15	9.95	2.84	12.21	12.21	11.76	10.85	14.30	12.92	12.41	9.73
江苏	9.62	6.89	14.13	20.68	26.68	6.95	12.03	0.61	23.34	15.96	8.45	10.88	13.27	13.17	17.52	14.33	16.29	14.05	17.07	11.16
浙江	5.29	16.44	14.66	13.56	37.70	11.55	21.19	8.23	24.36	18.76	12.78	11.95	12.50	10.37	12.01	12.10	12.64	10.46	18.34	11.17
安徽	-0.85	10.92	17.29	17.79	24.58	4.58	14.75	10.68	15.30	23.87	7.09	6.41	12.36	10.82	12.77	15.35	17.42	13.22	10.63	10.85
福建	-3.31	6.80	6.74	11.44	23.52	26.32	17.29	-6.41	23.82	15.23	11.85	10.54	8.82	11.76	10.25	11.62	12.74	15.84	16.92	9.56
江西	2.42	9.26	13.94	9.50	15.37	11.73	21.31	3.09	23.73	18.95	7.89	15.07	8.93	9.54	14.02	10.81	19.90	12.35	9.55	9.80
山东	2.10	10.16	5.79	20.45	18.58	4.75	14.31	2.27	18.35	12.27	9.42	7.23	10.32	12.36	13.85	13.47	17.00	14.31	9.48	10.84
河南	-1.90	11.65	0.58	13.32	18.69	7.76	12.01	3.80	13.97	14.13	10.51	18.57	10.90	11.24	12.50	13.18	16.99	15.28	11.65	9.45
湖北	-0.37	6.82	3.43	11.00	35.39	12.92	19.46	-1.71	17.67	5.84	6.00	15.92	7.86	9.57	9.51	11.57	17.17	14.51	14.40	11.76
湖南	15.66	6.25	6.56	6.90	7.56	18.69	15.80	3.08	16.41	17.34	9.03	2.63	10.28	12.29	10.52	10.30	17.03	12.43	13.15	9.24
广东	2.39	-1.94	-1.42	8.98	27.59	9.23	21.88	0.65	9.49	14.75	6.70	6.93	11.16	10.07	8.38	8.43	10.51	11.49	14.97	10.25
广西	26.62	4.90	-2.23	10.60	-3.31	9.03	15.63	11.32	15.37	9.25	14.25	9.75	6.42	11.62	6.87	6.59	23.25	15.95	12.46	10.63
海南	-3.54	-6.34	17.66	14.25	21.61	29.51	9.88	30.79	15.08	39.45	8.97	16.85	6.40	6.56	5.02	15.65	17.05	14.65	16.05	9.73

续表

年份	房价上涨率										城镇居民人均可支配收入增长率									
	2001	2002	2003	2004	2005	2006	2007	2008	2009	2010	2001	2002	2003	2004	2005	2006	2007	2008	2009	2010
重庆	6.81	7.83	2.57	10.67	20.88	6.29	19.98	2.29	23.59	24.38	7.09	7.69	11.82	13.93	11.09	12.95	8.83	14.11	15.20	10.73
四川	2.09	0.95	2.90	10.64	23.74	16.73	25.08	11.14	11.61	17.45	7.91	3.94	6.52	9.49	8.77	11.50	18.70	13.83	16.06	11.44
贵州	-8.27	6.36	6.06	5.48	16.00	10.78	20.05	9.47	23.52	16.20	6.44	9.03	10.52	11.46	11.32	11.84	17.13	10.12	13.41	9.04
云南	11.56	-1.39	-1.62	5.07	9.48	9.94	3.14	9.17	9.35	7.76	7.48	6.51	5.57	16.06	4.45	8.68	14.16	15.26	9.04	12.17
西藏	55.72	-6.27	11.73	56.74	-38.12	16.25	36.82	18.41	3.81	-12.54	5.96	2.67	8.50	3.89	3.57	-5.20	24.49	12.13	8.16	8.68
陕西	25.30	-1.02	-1.29	12.84	18.98	19.50	6.53	12.59	9.19	16.59	7.02	15.45	7.51	10.08	10.40	12.04	16.14	19.46	14.57	9.06
甘肃	-3.30	5.32	-3.85	37.55	10.41	-8.08	23.08	-10.62	28.07	20.09	9.49	14.28	8.22	10.81	9.63	10.31	12.24	9.56	7.55	10.05
青海	-2.42	6.95	13.39	8.05	15.75	4.82	20.33	6.45	2.22	19.43	13.23	5.41	9.32	8.51	10.08	11.70	14.17	13.28	2.57	8.89
宁夏	18.05	16.85	0.16	0.66	18.88	-7.71	3.55	13.99	26.88	6.93	12.86	9.44	7.63	10.53	12.13	13.39	18.33	19.08	6.11	7.61
新疆	7.65	13.18	4.73	-12.76	13.41	3.36	12.00	7.63	18.03	17.12	13.29	7.89	3.97	4.60	6.49	11.03	16.26	10.85	6.83	9.05

注：①依据 1998~2010 年全国各地房屋平均售价及城镇居民人均可支配收入数据，计算出了 1999~2010 年各同比增长率，限于篇幅，这里仅给出了 2001~2010 年的房价上涨率及城镇居民人均可支配收入增长率数据；②资料来源于中经网产业数据库、《中国统计年鉴》(1999~2009) 及中国国家统计局网站。

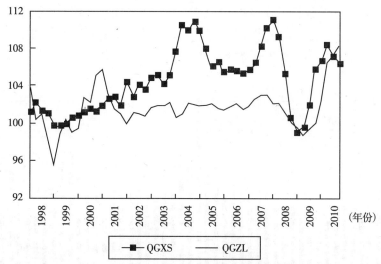

──■── QGXS ────── QGZL

图 5-7　1998 年一季度至 2010 年四季度全国房屋租赁价格指数变动轨迹（上年同期为 100，QGXS 表示全国房屋销售价格指数，QGZL 表示全国房屋租赁价格指数）

图 5-7 反映了 1998 年第一季度至 2010 年第四季度全国房屋租赁价格及销售价格指数（上年同期为 100）的变动情况。由图 5-7 可以看出，1998~2010 年全国房屋租赁价格指数呈现波动递增趋势，其中受 1998 年亚洲金融危机影响，1998 年第四季度至 2000 年第一季度房屋租赁价格指数呈现明显下降态势，且下降幅度较大。2000 年第二季度开始呈现逐渐上升趋势，且 2001 年第一季度全国房屋租赁价格指数较高，达到 105.7，而后 2001 年第二季度至 2008 年第四季度全国房屋租赁价格指数较平稳，基本维持在 101~103 的范围以内，其中 2007 年第三季度及第四季度房屋租赁价格指数较高，分别达到 103、103.1。受 2008 年全球金融风暴影响，2009 年第一季度开始房屋租赁价格指数下降幅度较大，2009 年第一季度至第四季度的房屋租赁价格指数分别为 99.5、98.6、99.5 及 100。2010 年第一季度开始全国房屋租赁价格指数呈现新一轮的大幅度上升趋势，第一季度房屋租赁价格指数为 102.2，第二季度上升至 106.4，第三季度及第四季度的租赁价格指数分别高达 107.4、108.2。

同时，从 1998 年第一季度至 2010 年第四季度全国房屋销售价格指数的情况来看，1998 年一季度至 2003 年三季度整体呈现波动递增趋势，上升幅度较平稳。2004~2005 年陡然上升，上升幅度较大，2004 年四季度全国房屋销售价格指数高达 110.8。2006 年一季度开始呈现明显下降趋势，2006 年一季度为 105.5，而后一直保持平稳态势，2007 年二季度达到 106.3。2007 年三季度开始全国房屋销售价格指数增长幅度加快，2007 年三季度为 108.2，2008 年一季度升至 111，2008 年二季度、三季度、四季度分别达到 109.2、105.3、100。2009 年一季度开始出现明显的下降趋势，2009 年一季度房屋销售价格指数为 98.9，二季度为 99.5，三季度开始逐步升高，2009 年四季度达到 105.8。2010 年出现新一轮上升趋势，2010 年三季度开始上升幅度逐渐回落。

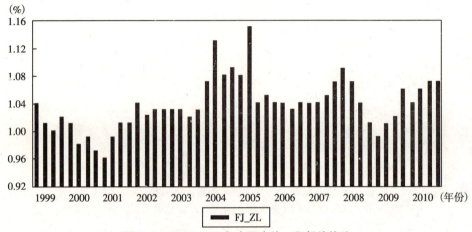

图 5-8　1999~2010 年全国房价—租赁价格比

以 1998 年为基期，该年各季度房价—租赁价格比视为 100，1999~2010 年的季度数据以此为标准进行相应折算，得到 1999 年一季度至 2010 年四季度的房价—租赁价格比情况。图 5-8 反映了 1999 年一季度至 2010 年四季度的全国房价—租赁价格比情况。由图 5-8 可以看出，①2003 年四季度以前房价—租赁价格比变动相对较平缓，且基本维持在 1.00~1.04，其中，2000 年第四季度至 2001 年第二季度房价—租赁价格比数值较低，整体来看，这一时期房价—租赁价格比较为接近基期水平，房价与租赁价格间没有出现明显的偏离现象。②2004 年第一季度开始房价—租赁价格比出现明显上升趋势，由 2003 年四季度的 1.03 上升至 2004 年一季度的 1.07，2004 年二季度高达 1.13，2005 年二季度达到 1.15，2005 年三季度出现回落达到 1.04，四季度为 1.05。可以看出，2004~2005 年，尤其至 2005 年二季度，我国房价与租赁价格之间呈现较大幅度的偏离，进一步表明该时期房价上涨明显脱离实体经济的支撑，房地产市场的发展与实体经济间出现非协调趋势。这亦与房价—收入比的判断结果一致。③2006 年一季度至 2007 年三季度间房价—租赁价格比一直保持平稳趋势，基本维持在 1.03~1.045。2007 年第四季度至 2008 年第二季度出现了明显上升趋势，2008 年一季度达到 1.097。2007 年四季度至 2008 年二季度房价—租赁价格比的状况进一步显现出该时期房地产市场发展与实体经济间的非协调趋势增强，房地产泡沫扩张的可能性进一步增大。2008 年第三季度至 2009 年第三季度房价—租赁价格比基本维持在基期水平，波动幅度较小。2009 年四季度开始房价—租赁价格上升幅度增强，并呈现明显上升趋势，2009 年四季度至 2010 年四季度房价—租赁价格比基本保持在 1.063~1.082 水平范围。从 2009 年四季度开始的新一轮房价—租赁价格比较大幅度上升的趋势，进一步表明这一时期房地产市场发展与实体经济间非协调趋势明显，在目前我国高房价的背景下，需采取积极有力的措施努力防范房地产泡沫的持续膨胀，有效推动房地产市场与实体经济间的协调发展。

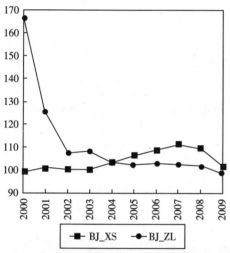

图 5-9　2000~2009 年北京房屋销售及租赁价格指数

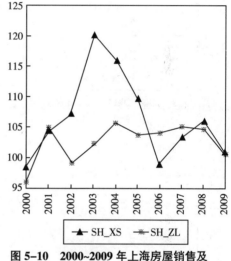

图 5-10　2000~2009 年上海房屋销售及租赁价格指数

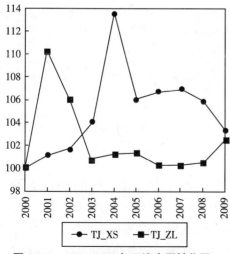

图 5-11　2000~2009 年天津房屋销售及租赁价格指数

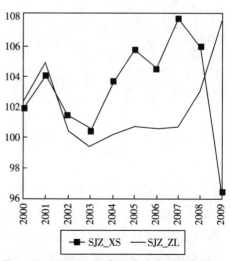

图 5-12　2000~2009 年石家庄房屋销售及租赁价格指数

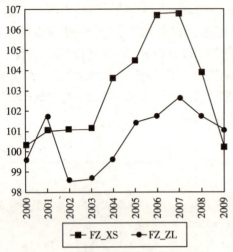

图 5-13　2000~2009 年福州房屋销售及
租赁价格指数

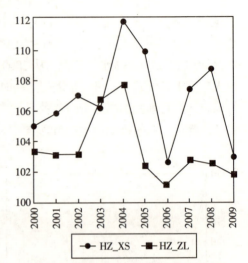

图 5-14　2000~2009 年杭州房屋销售及
租赁价格指数

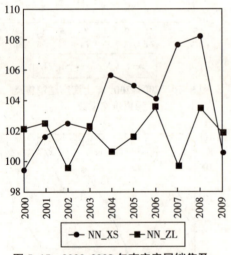

图 5-15　2000~2009 年南宁房屋销售及
租赁价格指数

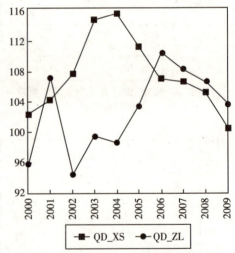

图 5-16　2000~2009 年青岛房屋销售及
租赁价格指数

　　从具体城市的发展情况来看，图 5-9~图 5-24 描绘了部分城市 2000~2009 年的房屋销售价格指数及租赁价格指数的变动轨迹，例如图 5-9 中 BJ_XS 代表北京市房屋销售价格指数，BJ_ZL 代表北京市房屋租赁价格指数，图 5-10~图 5-24 中其他城市的房屋销售价格指数及租赁价格指数的表示含义类推。以 2000 年的数据为基期，分别计算了各城市 2001~2009 年的房价—租赁价格比情况，考虑时

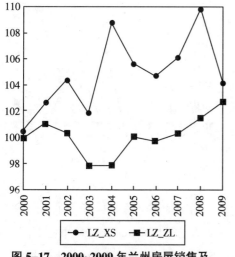

图 5-17　2000~2009 年兰州房屋销售及
　　　　　租赁价格指数

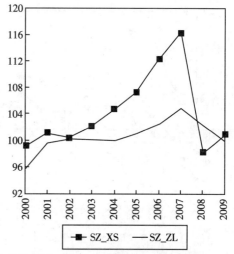

图 5-18　2000~2009 年深圳房屋销售及
　　　　　租赁价格指数

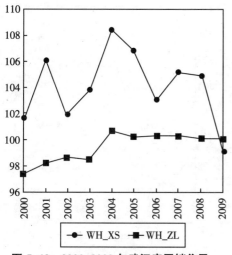

图 5-19　2000~2009 年武汉房屋销售及
　　　　　租赁价格指数

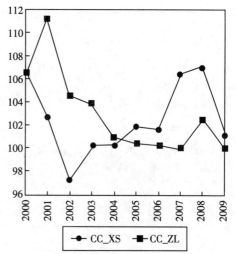

图 5-20　2000~2009 年长春房屋销售及
　　　　　租赁价格指数

效性问题，将着重分析 2006~2009 年各地房地产销售价格指数、租赁价格指数及房价—租赁价格比的情况。计算结果显示，2006~2009 年，北京、天津、石家庄、福州、杭州、南宁、青岛、兰州、武汉、长春、哈尔滨、大连、成都等地的房价—租赁价格比较高，基本均在 1.10~1.31 的范围内波动，其中，这些城市的整体房价—租赁价格比情况大多于 2007 年、2008 年出现大幅度的上升后，2009

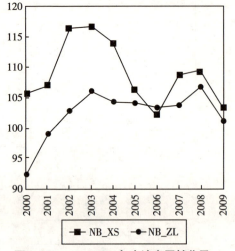

图 5-21　2000~2009 年宁波房屋销售及
租赁价格指数

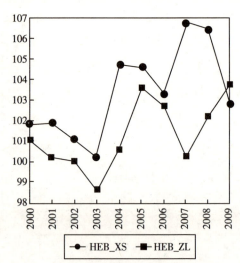

图 5-22　2000~2009 年哈尔滨房屋销售及
租赁价格指数

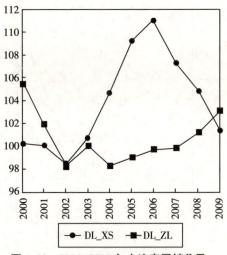

图 5-23　2000-2009 年大连房屋销售及
租赁价格指数

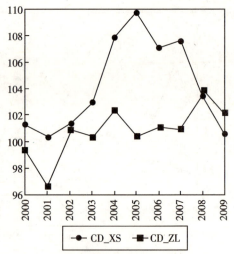

图 5-24　2000~2009 年成都房屋销售及
租赁价格指数

年均呈现回落状况，尤其房屋销售价格指数相较于租赁价格指数下降趋势较明显。其中，北京、天津、石家庄、福州、青岛、深圳、哈尔滨等地 2007 年的房价—租赁价格比达到样本区间内的最高值，分别高达 1.094、1.087、1.102、1.093、1.144、1.31、1.22，这些地区 2008 年的房价—租赁价格比略呈下降趋势，但仍保持在较高水平上；杭州、南宁、兰州等地于 2008 年房价—租赁价格比达到最高值，分别为 1.124、1.097、1.103。这些城市较高的房价—租赁比状况一定程度上反映出实体经济与房地产发展间的非协调状态，房地产泡沫程度较高。在全国整体房价—租赁价格比呈现上升趋势的情况下，重视对房地产市场的调控，严防房地产泡沫的进一步膨胀非常必要。

（三）房屋空置率

房屋空置率是反映当期房屋空置状态，衡量房地产投资是否与社会有效需求相适应的标准。房屋空置率亦是衡量房地产市场与实体经济发展协调状况的又一重要指标。目前，对于"房屋空置率"国内学术界尚没有统一的定义。出现的较多的房屋空置率的计算方法主要有：①全社会空置房屋面积除以全部住房面积；②空置商品房面积除以近三年内竣工面积；③空置商品房面积除以当年竣工面积。由于这三种计算方法分子分母不同，造成计算结果往往相差很大。

房地产的空置现象，一方面，房地产空置占压大量资金，易形成不良资产；另一方面，一定规模的房地产空置对房地产市场的发展可以发挥平抑房价的作用。然而，房屋空置率必须保持在合理范围内，对于过高的房屋空置率需要高度警惕。按照国际通行惯例，房屋空置率在 5%~10% 范围内为合理区，房屋供求平衡，有利于国民经济的健康发展，其中，10% 为警戒空置率，超过这一警戒线即表现为严重空置，进入空置危险区；房屋空置率在 10%~20% 范围内为空置危险区，需采取一定措施，加大房屋销售力度，以保证房地产市场的正常发展和国民经济的正常运行；空置率在 20% 以上为房屋严重积压区，国家需采取积极有效的措施，以使房屋空置率在一定时期内恢复至比较合理的区间范围内，否则将对国民经济发展造成一系列严重影响。

表 5-12 2005 年以来全国房地产开发企业商品房待售情况

时间	商品房待售面积（万平方米）	其中：住宅待售面积	同比增长（%）	其中：住宅待售面积
2005 年末	14679	8564	2.7	−0.4
2006 年末	14550	8099	−0.9	−5.4
2007 年末	13463	6856	−7.5	−15.3
2008 年末	18626	10660	38.3	55.5
2009 年末	19947	11494	7.1	7.8
2010 年 6 月末	19182	10646	6.4	0.2

2010 年 8 月，国家统计局公布了 2005 年以来全国房地产开发企业商品房待售面积数据，具体见表 5-12。由表 5-12 可以看出，2005 年末我国商品房待售面

积为 14679 万平方米，2008 年末上升至 18626 万平方米，2008 年商品房待售面积整体同比上涨 38.3%，其中住宅待售面积同比上涨 55.5%，可见 2008 年商品房待售面积上涨幅度很大；2009 年末及 2010 年 6 月末商品房待售面积分别为 19947 万平方米、19182 万平方米，2009 年以来商品房待售面积增长率远低于 2008 年的同比上涨率，但整体商品房待售面积已达到较高水平。

国家统计局将商品房待售情况公布以后，引起了社会各界讨论，一些学者认为目前我国的房屋空置率已达到 20%~30% 范围内，远远超出了国际警戒线 10% 的水平。然而，目前国家统计局尚未公布过房屋空置率的数据。2010 年 8 月 11 日国家统计局举行统计数据新闻发布会时强调，国家统计局关于房地产统计方面的制度还不能计算出房屋空置率这一指标，主要因为房屋空置是近几年由于我国房地产业的快速发展而出现的新问题，调查统计制度还没有来得及做出统计，以及房屋空置面积的计算过程中需考虑空置状态、空置时间、房屋结构等因素，而这些因素均很难给出一个统一标准。

在研究房屋空置率这一问题时，值得注意的是商品房待售面积不等于住房空置面积，而不能简单地将待售商品房面积作为房屋空置率计算的分子。国家统计局网站上对"待售商品房面积"指标的解释是指房地产开发企业报告期末已竣工的可供销售或出租的商品房屋建筑面积中，尚未销售或出租的商品房屋建筑面积，包括以前年度竣工和本期竣工的房屋面积，但不包括报告期已竣工的拆迁还建、统建代建、公共配套建筑、房地产公司自用及周转房等不可销售或出租的房屋面积。简单地说，"商品房待售面积"是房地产开发企业已竣工商品房中至报告期尚未售出或出租的面积，而"住房空置面积"是指某一时点上已经售出但实际无人居住的住房面积。国际上通用的房屋空置率指某一时点上所有空置房屋面积与全部房屋面积存量之比，即前文所提到的计算空置率的第一种方法。因此，不便用商品房（住房）待售面积计算房屋空置率。

尽管目前尚没有我国房屋空置率这一指标的准确数据，但在房地产市场规模逐渐扩大，房价持续上升，待售商品房面积不断增大且同比增长速度仍较高的情况下，对于一些学者认为的我国房屋空置率已达到 20%~30% 范围内，已进入国际警戒线严重空置危险区的观点不容忽视。房地产市场的严重空置将导致房地产业的发展与实体经济发展间出现较严重的非协调状况，为促进我国整体国民经济的健康持续发展，仍需采取有针对性的措施加强对房地产业的积极调控。

第四节　虚拟经济过度背离实体经济预警构架

尽管目前我国尚未出现过金融危机、经济危机，第四章中对 2010~2014 年间我国虚拟经济与实体经济的协调发展预测，亦认为预测期内我国虚拟经济与实体经济协调发展趋势中未出现高度失调或极度失调状况，但在我国以及全球虚拟经济规模逐渐扩大的发展形势下，有必要对虚拟经济发展过度背离实体经济进行预警研究，防范虚拟经济的过度扩张严重偏离实体经济发展，需积极采取措施预防虚拟经济系统与实体经济系统的极度不协调状况，严防泡沫经济破裂。一些学者认为 2008 年由美国次贷危机引爆的全球金融危机，其中一个重要原因是美国虚拟经济的发展严重超出了实体经济的承受范围，其虚拟经济系统与实体经济系统间呈现极度不协调状况。有数据显示，2007 年美国虚拟经济规模约是实体经济规模的 30 倍，虚拟经济的"泡沫化"极为严重。[①]中国社会科学院的数据资料显示，2008 年全球虚拟资产总量约是全球 GDP 的 14.2 倍，日本 2009 财年的虚拟资产规模是其 GDP 的 8~9 倍，我国 2009 年的虚拟资产总量约是 GDP 的 3.7 倍。然而，各国经济发展状况不同，虚拟经济规模多大为适度，学术界尚没有统一的标准。当虚拟经济规模膨胀迅速，股票市场、房地产市场的快速发展过程中已出现明显的泡沫状态时，需加强对虚拟经济发展的监测，衡量虚拟经济系统与实体经济系统间的协调状况，建立泡沫破裂预警系统，防范虚拟经济过度背离实体经济导致泡沫破裂以及金融危机、经济危机的出现。

一、美国次贷危机对构建预警系统的启示

虚拟经济与实体经济系统的过度背离有可能诱发金融危机，构建预警系统最终目的是为了防范这种过度背离导致金融危机的发生。美国次贷危机的爆发所表现出来的特点表明，此次危机并不属于传统意义上的货币危机或简单的银行危机，而是一种混合了银行危机与资产泡沫危机的复杂系统性金融危机，这对于构建我国虚拟经济发展过度背离实体经济风险预警系统具有积极的借鉴意义，所得到的启示主要有两个方面：

（1）预警指标选取方面的启示。导致一国金融危机发生的原因是复杂的，需要加强对金融危机预警指标的研究。有鉴于此，构建虚拟经济过度背离实体经济

---

① http://www.sxdygbjy.com/html/238/171/171-113911.html.

的预警系统，需要广泛选取能够提前反映虚拟经济系统风险波动的指标，并将其纳入到虚拟经济过度背离实体经济风险预警系统的指标库中。本书所界定的狭义虚拟经济范畴涵盖了货币市场、以资本市场为代表的金融市场及房地产市场的虚拟部分，因此，建立预警指标库时要从这三个方面选取预警指标，例如货币供应量状况、利率水平、信贷水平、资本市场以及债券市场、外汇市场、金融衍生品市场等的发展情况、房价、房地产贷款等指标。此外，金融危机具有传染性，美国的次贷危机对我国的传染实际过程表明，危机的传染可以通过贸易渠道和金融市场渠道等进行，因此，在构建虚拟经济过度背离实体经济风险预警系统时，除注重选取金融市场指标外，仍需观测国际贸易指标，如进出口情况等。

（2）整体预警系统中分市场预警系统的构建启示。构建虚拟经济过度背离实体经济的风险预警系统，如果从虚拟经济发展的整体规模角度出发，笼统地构建整体预警模型，一方面，不能细致地考察出虚拟经济各主要组成部分所可能蕴涵的风险，并可能忽略某些潜在的系统风险；另一方面，亦不能单独评价某一虚拟经济组成部分的风险状况，如金融市场风险或房地产市场风险的状况。因此，本书对构建虚拟经济过度背离实体经济风险预警系统的思路是，在构建虚拟经济系统的重要组成部分即分市场货币市场、以资本市场为代表的金融市场和房地产市场发展的风险预警系统的基础上，形成整体的虚拟经济风险系统，并进一步构建虚拟经济过度背离实体经济的预警系统。

二、我国虚拟经济发展过度背离实体经济风险预警指标体系构建

（一）预警指标筛选

鉴于美国次贷危机引发的全球金融危机的启示，防范虚拟经济与实体经济的过度背离，预防金融危机、经济危机的发生，结合第三章及第四章关于我国虚拟经济发展对实体经济的影响以及虚拟经济系统与实体经济系统间协调状况分析中代表指标的选取，对我国虚拟经济发展过度背离实体经济的风险预警指标的筛选主要从以下五个方面（其中，货币市场、以资本市场为代表的金融市场及房地产市场的虚拟部分主要代表虚拟经济领域的指标选取范围）进行：

（1）实体经济领域。主要选取反映实体经济及宏观经济发展的指标，如 GDP 增长率、工业增加值增长速度、通货膨胀率、出口变化率等。

（2）货币市场。在以往发生过金融危机的国家，实际情况显示货币危机和银行危机与由货币过度扩张所引起的信贷快速增长不无关系。然而，外部环境的脆弱性、货币高估以及外部市场上竞争力的急剧减退亦会导致经济衰退，引发货币危机。监测货币市场发展的指标可以选取马歇尔 K 值（M_2/GDP）、M_2 乘数（M_2/M_1）、国内信贷/存款、实际利率、实际汇率、实际汇率高估、国家外汇储备增长率、

外商直接投资/GDP 等。

（3）以资本市场为代表的金融市场。该领域的发展指标将主要从股票市场、债券市场、基金市场、金融衍生品市场及外汇市场等方面选取，而其中尤其是股票市场的风险性及流动性更强，更需有效防范股市泡沫及泡沫的累积、膨胀。因此，所选指标需体现整体金融市场发展与实体经济发展间的关系，又需反映各金融子市场的具体发展状况，尤需监测资产价格的变动，指标选取如金融相关比率变动情况、股价指数变动率、股市市盈率、股票成交额变动率、国债余额占 GDP 比重变动率、基金成交额变动率、金融衍生品成交规模变动率、外汇交易变动率等。

（4）房地产市场。房地产市场的发展尤其需警惕房地产泡沫的膨胀引发泡沫经济，指标选取时尤需关注房地产价格变动情况，防范房地产市场的虚拟部分过度膨胀的监测指标选取如房价指数变化率、房价—收入比、房价—租赁价格比、房地产投资增长率等。

（5）国际经济环境因素。考虑到国际经济因素对我国经济发展亦会造成影响，国际经济环境因素选取如国际原油价格变化率、美国实际利率、美国经济增长率等。

（二）指标说明

对以上所选预警指标进行简要说明：

（1）实体经济领域指标。"GDP 增长率"和"工业增加值增长速度"用于衡量实体经济的发展速度情况，一国经济发展速度反映了该国经济所处的状态，发展过快表明经济过热，而发展过慢则意味着经济可能进入衰退期。"通货膨胀率"通常为衡量宏观经济稳定的重要指标；"出口变化率"是衡量一国外贸稳定的指标，金融危机传染理论表明，对外贸易往往是金融危机传染的主要渠道，很多金融危机的爆发均会伴随出口额的急剧下降。

（2）货币市场指标。马歇尔 K 值又称为货币供应膨胀率，货币供应量的大幅提升，易造成通货膨胀压力，而且会影响货币政策效率，该指标值如果过高，可能是金融深化的标志，也可能是货币金融风险增长的先兆。"国内信贷/GDP"指标衡量国家的信贷扩张规模状况，一方面，促使流通中的货币量增大，造成通胀压力；另一方面，过快的信贷增长将影响银行呆坏账概率加大。"实际利率"是指剔除物价上涨因素后的利率，该指标可反映一国资金供求状况以及对外资流入的吸引力。"实际汇率"与"实际汇率高估"分别反映了币值稳定程度和一国汇率风险状况。

（3）以资本市场为代表的金融市场指标。金融危机理论中有强调资产价格的急剧下跌对经济体系的冲击影响，以资本市场为代表的金融市场发展的监测指标中在分析整体金融市场发展与实体经济间关系的金融相关比率的情况下，应进一步监测各子市场资产价格的变动状况，防范资产价格的大幅下挫，导致金融资产缩水，泡沫破裂，进而诱发金融危机。其中，"股价指数变化率"和"股市市盈率"指标可用于监测股市泡沫风险状况。

（4）房地产市场指标。虚拟经济膨胀过程中过度背离实体经济发展时，房地产市场是虚拟经济膨胀风险释放的途径之一，需严防房地产市场泡沫经济的形成及泡沫破裂。房地产市场的相关指标"房价指数变化率"、"房价—收入比"、"房价—租赁价格比"、"房地产投资增长率"等可有效反映房地产市场的实际发展情况，并利于进行房地产市场泡沫状态的分析。

（5）国际经济环境因素指标。伴随经济、金融的全球化，一国的发展越来越离不开国际经济大环境的稳健运行。2007年下半年以来美国次贷危机引发的全球金融风暴，对全球经济造成了严重影响，在对我国虚拟经济过度背离实体经济风险预警系统指标体系构建时，加入国际经济环境因素主要为考察国际经济指标对我国经济发展可能带来的影响。"国际原油价格变化率"对世界经济影响巨大，石油作为世界经济的"血液"，石油价格的暴涨暴跌牵动着各国经济的神经，国际油价通过影响生产和生活资料成本，进而影响到投资、购买力或预期，以及股市、房地产市场等的发展，并最终传导至对整体经济增长的影响。美国作为全球最大的经济体，其经济的稳定运行对世界经济影响重大，选取美国经济发展的指标，旨在反映美国经济变化对我国经济发展可能形成的影响。

此外，需要指出的是在对实体经济领域、虚拟经济领域及国际经济环境因素各具体指标进行监测的同时，仍需考虑我国虚拟经济系统资产总量与实体经济总量间的比例关系，将该比例的实际情况与其他国家的情况相比较，并结合我国经济发展实际，判断该比例是否过高，当该比例过高时，需提高警惕防范虚拟经济过度膨胀风险的蔓延，以减轻对整体经济系统造成的不利影响。

三、虚拟经济过度背离实体经济预警系统构架

在筛选虚拟经济过度背离实体经济风险预警系统各领域代表指标的基础上，依据所构建的预警指标体系，对各领域的发展状态进行有效监测，并进一步建立虚拟经济过度背离实体经济的风险预警系统。依据美国次贷危机对构建预警模型的启示分析，构建预警模型时，将在构建货币市场、以资本市场为代表的金融市场、房地产市场的预警系统的基础上构成虚拟经济整体的风险预警系统，在考虑国际经济因素影响的情况下，进一步判断整体虚拟经济系统与实体经济系统间的协调状况，对不同的非协调状况发出不同的预警信号，以采取相应的应对方案，防范虚拟经济与实体经济的过度背离导致金融危机、经济危机的发生。我国虚拟

经济过度背离实体经济预警系统具体构架如图 5-25 所示。

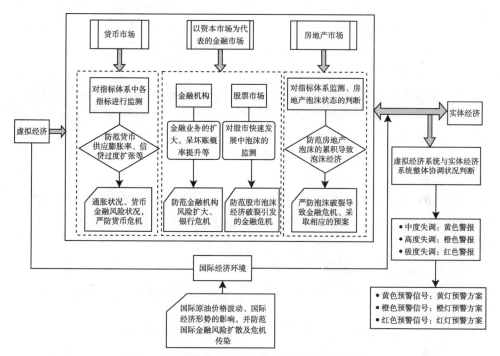

图 5-25　我国虚拟经济过度背离实体经济预警构架

四、虚拟经济风险管理体制设计

在构建虚拟经济发展过度背离实体经济预警系统的基础上，有必要对虚拟经济风险管理体制进行进一步说明。

（一）常规风险管理流程

常规的风险管理流程一般包括风险识别、风险评估、风险决策以及风险监督四种基本方式：

1. 风险识别

风险识别过程表现为风险管理者对微观、宏观风险环境中所考察的系统所可能面临的风险，确定各种风险的性质，并分析可能发生的损失及损失程度。风险识别的意义在于，如果不能准确地辨明系统所面临的各种风险，将会失去切实规避这些风险的机会，导致风险管理者不能及时采取防御风险的措施。同时，风险识别过程亦是处理大量信息的过程。风险识别工作主要通过对收集来的各种信息进行整理、分析，以找出其中的不确定性因素，辨别其属性，并进一步判断风险强度，为进行风险评估和风险决策奠定基础。

2. 风险评估

风险管理者在识别了各种可能的风险及潜在损失后对风险状况进行衡量，即对各种损失发生的概率以及这些损失的严重程度进行评估，以便于评估各种潜在损失的相对重要性，为确定采取风险管理对策的最佳组合提供依据。

3. 风险决策

对风险管理者来说，决策是其履行职责的根本任务。风险管理全过程的各环节均与决策密不可分，例如风险如何进行识别与评估，如何进行风险的防范与控制，以及如何落实风险防范计划并使之顺利实施，风险管理过程中人员的安排及费用的考虑等，均需要做出相应的决策。

4. 风险监督

风险监督是要跟踪所识别的风险，并进一步对剩余风险及其出现的可能性进行识别，及时修改风险管理计划，保障风险管理计划的顺利实施，并评估削减风险的影响力度。

（二）虚拟经济风险管理流程设计

虚拟经济风险管理的流程，即风险管理者为防范和化解虚拟经济风险而设置的，并由若干前后相互衔接的步骤所组成的管理顺序。参照一般的风险管理流程，结合虚拟经济发展自身的风险特点，对我国虚拟经济风险管理流程进行设计。

虚拟经济风险管理流程既要反映虚拟经济风险运行的本质与规律，又要与实际风险管理过程相结合。这里将虚拟经济风险管理流程划分为风险识别与评估、风险控制与决策以及风险转移与补偿三大部分，其流程图如图 5-26 所示。

虚拟经济风险管理流程中，风险识别与评估、风险控制与决策以及风险转移与补偿在风险管理实践中同时存在和运转，三个步骤相互间在时间上及次序上存在连续性。虚拟经济风险复杂多样，风险管理者对某项具体风险管理过程中，通常首先需对风险进行识别，衡量风险的扩散范围及影响程度，进一步制定风险管理目标；在此基础上采取防范和控制风险的对策措施；在一些对策措施未能完全奏效的情况下，亟须有效实施风险的转移与补偿机制。鉴于风险的传染性，在虚拟经济风险管理过程中，严防风险急剧扩张的同时，需采取积极有效的风险监督措施尽可能降低风险的传染性，防范虚拟经济系统内部的交叉传染以及对实体经济系统的传染，以降低风险对经济体可能造成的损失。

（三）虚拟经济风险管理体制及实施过程

对虚拟经济风险实施管理，目的为防范虚拟经济风险的过度扩散及骤然加剧，预防虚拟经济领域泡沫经济的破裂，以及降低虚拟经济风险蔓延至实体经济领域的速度或者尽可能减轻对虚拟经济系统自身及实体经济的不利影响。完善的

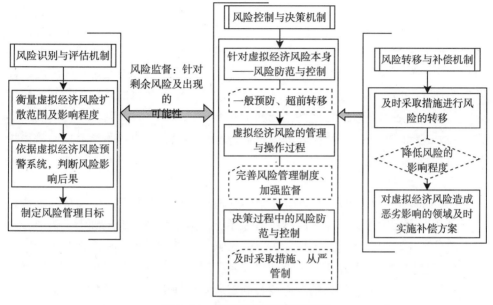

图 5-26 虚拟经济风险管理流程

虚拟经济风险管理体制包括诸多方面，本书具体对虚拟经济风险管理体制的设计及实施过程说明如图 5-27 所示。

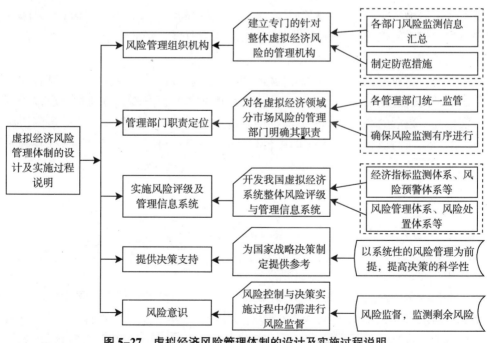

图 5-27 虚拟经济风险管理体制的设计及实施过程说明

对虚拟经济风险管理体制的具体设计主要体现为五个大的方面：

（1）建立专门的虚拟经济风险管理组织机构。成立针对虚拟经济系统整体发展风险管理的组织机构，将各虚拟经济子市场监管部门的风险监测信息汇总，从全局角度出发，判断风险的扩散范围及对虚拟经济系统内部交叉影响的程度，以及向实体经济蔓延的速度，制定控制风险的防范措施，尽可能减轻虚拟经济风险对整体虚拟经济系统及实体经济系统的不利影响。

（2）进行虚拟经济领域各分市场风险管理部门职责定位。明确虚拟经济系统各子市场风险管理部门的职责，对各部门进行统一管理，以提高管理效率、避免职责交叉，确保风险监测的有序进行。

（3）研究与开发虚拟经济风险评级与管理信息系统。基于我国经济发展指标和统计数据，在构建虚拟经济风险监测体系、风险预警体系的基础上，进一步进行风险的识别与判断，衡量虚拟经济风险影响程度，划分虚拟经济风险等级，并建立虚拟经济风险管理体系、风险处置体系，形成一个完整的虚拟经济风险评级与管理系统，提升风险评估的准确性与制定风险管理决策的针对性。

（4）在有效监测及识别虚拟经济风险的基础上，进一步判断虚拟经济风险扩张可能的影响程度，为国家的战略决策制定提供参考。有效发挥虚拟经济风险系统性管理对国家战略决策制定的参考作用，以提高战略决策的科学性。

（5）在虚拟经济风险管理过程中始终强化风险意识。在风险管理过程中，除虚拟经济风险本身外，风险控制及决策的实施过程亦伴随着风险，因此，风险管理过程中应时刻强化风险意识，并有效实施风险监督，降低剩余风险对经济体造成恶劣影响的概率，以提升整体虚拟经济风险管理能力。

此外，在对虚拟经济过度背离实体经济发展进行预警及虚拟经济风险管理的基础上，为促进虚拟经济系统与实体经济系统间的协调发展，有效发挥虚拟经济对实体经济发展的有利影响，尚需在两系统发展过程中，进行两系统发展的协调监控，进一步防范虚拟经济与实体经济的过度背离。对这一方面，将依据我国国情，于第七章中对虚拟经济与实体经济发展的协调监管提出相应的对策建议。

本章小结

虚拟经济的快速发展过程中，规模的不断扩张、资产价格的迅速上涨，容易累积经济泡沫，而泡沫累积至一定程度，易过渡至泡沫经济，泡沫经济的破裂，易导致金融危机、经济危机的出现。在对虚拟经济膨胀演化至泡沫经济机理分析的基础上，结合我国经济发展实际，对泡沫状态常出现的股票市场和房地产市场的状况进行具体分析。为与前文的研究统一分析口径，分别对 1998 年以来我国各经济发展时期股票市场与房地产市场的泡沫风险程度进行了研究。基于动态戈登模型对我国股票市场泡沫风险的分析认为，1999 年下半年至 2002 年上半年以及 2007 年股市相对泡沫程度与绝对泡沫程度均较高，尤其 2007 年下半年全球金融危机爆发前的泡沫程度最为严重，进入了死亡泡沫程度范围，不利于实体经济与虚拟经济的协调发展，2008 年股市泡沫逐渐呈现破裂状态，股市陷入低迷，2009 年随着整体经济的逐渐复苏，股市开始出现反弹，2009 年至 2010 年上半年股市相对泡沫度及绝对泡沫度均显示微弱，均在良性负泡沫或良性正泡沫范围内，股市泡沫风险较弱。对我国股市泡沫情况的分析，亦验证了对第四章中 2007 年以来我国虚拟经济与实体经济出现弱度失调状况，2009 年开始逐渐呈现向新一轮弱度协调状态迈进趋势的判断的相对准确性。

然而，在我国股市发展壮大的过程中，为促进股票市场的健康发展，更好地为经济发展服务，需适时采取有针对性的措施防范股市泡沫急剧膨胀，避免金融危机、经济危机的发生。

从房价—收入比、房价—租赁价格比及房屋空置率角度分析了我国房地产市场泡沫风险状况。对我国和具体地区的房地产市场状况进行了分析认为，2009 年下半年以来我国房价—收入比和房价—租赁价格比均较高，房地产市场发展与实体经济间非协调趋势明显，房地产市场泡沫有进一步膨胀的可能，需重视对房地产市场的调控，抑制房地产泡沫的持续膨胀，逐步减轻泡沫程度，推动房地产市场的持续健康发展。

在分析美国次贷危机对构建预警系统的启示，以及我国股市泡沫、房地产市场泡沫状况的基础上，构建了包括实体经济领域、货币市场、金融市场、房地产市场及国际经济环境因素在内的，我国虚拟经济过度发展背离实体经济的风险预警系统指标体系；并进一步提出了预警系统构架，认为需在构建虚拟经济子市场，如股票市场、房地产市场等的风险预警系统的基础上，实时监测其发展变动状况及对实体经济发展造成的影响，进而构建出整体的虚拟经济过度背离实体经济的风险预警系统；以及对虚拟经济风险管理体制进行了设计，以期对我国虚拟经济过度背离经济的风险进行有效防范奠定基础。

第六章 我国虚拟经济与实体经济协调发展的对策与建议

本书在分析虚拟经济与实体经济间作用关系及虚拟经济对实体经济的传导机理、两系统间协调发展机理的基础上，结合我国经济发展实际，对我国虚拟经济发展对实体经济的影响、两系统间的协调状态、两系统未来发展趋势以及虚拟经济规模扩张过程中股市泡沫和房地产泡沫状况进行了实证分析，并提出了我国虚拟经济发展过度背离实体经济的风险预警系统构架。依据我国具体国情以及虚拟经济与实体经济的相关理论、实证研究结论对我国虚拟经济与实体经济的协调发展提出相应的对策建议。

第一节 推动虚拟经济的适度发展以促进两系统间的协调发展

一、正确处理虚拟经济与实体经济关系及促进虚拟经济适度发展

虚拟经济与实体经济关系的理论分析中亦指出，实体经济是虚拟经济产生与发展的基础，虚拟经济对实体经济具有巨大的反作用，然而虚拟经济的过快或过慢发展都将对实体经济发展造成不利影响，为有效发挥虚拟经济对实体经济的促进作用，需要推动虚拟经济的适度发展，增强两系统间的协调发展程度。第五章对我国虚拟经济系统与实体经济系统 1998~2009 年样本区间内的整体协调状况实证分析认为，1998~1999 年以及 2007 年开始两系统间呈现弱度协调状况。前一个时间段虚拟经济系统与实体经济发展出现偏离的原因探讨为受亚洲金融危机的影响，这一时期我国虚拟经济发展放缓，虚拟经济的发展尚未达到与实体经济的发展规模及速度相协调的状态；后一时期出现非协调的可能原因是伴随 21 世纪以来我国虚拟经济整体发展规模的迅速扩张，2007 年开始虚拟经济的发展规模及速度远高于实体经济间的规模及速度，导致两系统间的发展呈现背离状况。因

此，需有效防范虚拟经济的过快或过慢发展，然而，依据我国国情，目前伴随金融业的快速发展，虚拟经济规模扩张迅速，需着重防范虚拟经济的过度发展，导致与实体经济的严重背离。

尽管虚拟经济的过度扩张易导致泡沫经济甚至金融危机、经济危机的发生，但仍应重视虚拟经济的发展，有效发挥其对实体经济发展"助推器"的作用。需秉承虚拟经济发展"适度性"的原则，虚拟经济不能游离于实体经济之外，而虚拟经济的发展规模与速度应与实体经济发展的规模与速度相匹配，促进虚拟经济的健康发展，有效发挥其集中社会闲散资金、拓宽融资渠道及提高资源利用效率、促进实体经济产业结构升级调整的对实体经济发展的积极影响。同时，有力防范虚拟经济规模的过度膨胀而与实体经济的过度背离，导致市场风险扩大、资金使用效率降低、国际收支失衡，以及泡沫经济、金融危机、经济危机等的发生。

此外，注重推动虚拟经济的发展时，应进一步加强对虚拟经济的监管，加强相应的监管政策和措施的修订与完善。鉴于美国次贷危机的教训，监管体制的不严密导致市场运行过程中风险加大，亦是导致金融危机的重要原因之一。因此，为促进我国虚拟经济的健康发展，应强化对其监管制度的完善，尤其需加强对金融市场及房地产市场的有效监管，以促进虚拟经济与实体经济间的协调发展。

二、虚拟经济规模扩张的判断与风险防范

(一) 有效把握虚拟经济规模扩张的程度及对策建议

在全球虚拟经济规模快速扩张的过程中，我国的虚拟经济规模亦逐渐膨胀，为促进虚拟经济与实体经济的协调发展，需有效把握虚拟经济发展的适度规模，防范虚拟经济与实体经济的过度背离。因此，需要有效建立对虚拟经济规模扩张程度衡量的监管指标体系，对虚拟经济系统与实体经济系统保持协同的动态监管，虚拟经济发展的"适度"即是建立在与实体经济发展相匹配的基础上，须提高两系统间整体发展的协调程度。在本书第五章所进行的虚拟经济过度背离实体经济风险预警系统的设计中，所筛选的虚拟经济系统的相关指标亦可衡量虚拟经济规模扩张程度或利于分析虚拟经济发展状况。

具体来说，一方面，需从整体上把握虚拟经济规模总量及实体经济规模总量间的发展情况，同时有效监测与实体经济和虚拟经济发展间联系密切的指标数据，如经济周期先行指标、货币供应量指标、金融相关比率、金融机构资本充足率、股票指数变动状况、市盈率等指标，一旦相关指标出现急剧异常波动，亟须采取相应的措施。另一方面，需要促进虚拟经济中各子市场间的协调发展，本书第三章实证研究亦显示，以金融市场为代表的虚拟经济各子市场中资本市场的发展对实体经济发展的作用程度相较于其他金融市场指标较强。因此，促进虚拟经

济系统内部各子市场间协调发展的同时，尤其需要注重资本市场的发展，推动其与实体经济间适度均衡的发展关系，有效发挥其实体经济"晴雨表"的功能，避免资本市场的过度膨胀，而对虚拟经济整体的健康发展造成不利影响，导致虚拟经济与实体经济间发展失调。此外，在对虚拟经济整体规模扩张程度及系统内部发展变动实时监测基础上，一旦虚拟经济整体运转与实体经济发展间呈现过度背离倾向，国家需适时进行干预或调控，防范过度背离引发的金融危机、经济危机风险。

在具体实施的对策建议方面，虚拟经济规模逐渐扩张的过程中，当出现金融资产的流动性较强甚至过剩时，国家需适时采取适度紧缩的货币政策，具体如提高存款准备金率、提高利率水平等以调解金融资产的流动性，防范金融资产流动性过剩，尤其货币流动性过剩，而导致通货膨胀进一步严重，对整体经济发展造成不利影响。当金融资产的流动性不足时，为防止流动性不足抑制整体经济的发展，需适时采取适度紧缩的货币政策，具体如下调存款准备金率、降低利率水平等政策措施，以促进整体流动性的提升，有效发挥虚拟经济的健康发展对实体经济的积极影响。这里仅对广义流动性即金融资产的流动性情况给出了具体对策建议，在我国虚拟经济及实体经济实际发展过程中，尚需适时关注虚拟经济系统内部（如资本市场、基金市场、金融衍生品市场、外汇市场等）及实体经济系统的健康发展，及时采取相应的调控措施防范风险的扩大化，并进一步推进虚拟经济系统与实体经济系统的协调发展。在"后危机"时期，国家在逐步扩大投资，积极促进实体经济发展的同时，亦需重视虚拟经济的健康发展。目前，我国通货膨胀水平较高，因此，在实施积极的财政政策的同时，需继续实施适度紧缩的货币政策，通过提高存款准备金率、利率水平等政策调控流动性，进一步减轻流动性过剩对整体经济发展的不利影响，并通过扩大内需等政策以有效刺激经济增长。

（二）加强虚拟经济风险防范及维护经济安全

在经济全球化背景下，面对虚拟经济的蓬勃发展与虚拟资本在世界范围内冲击造成的经济金融风险，我国需加强对虚拟经济风险的防范与控制，尤其在我国建设中国特色社会主义市场经济的进程中，需有效应对与防范虚拟经济发展中的各类风险冲击，维护国际经济安全。

对虚拟经济发展中的风险防范，既包括系统内部风险，又包括系统外部风险。在虚拟经济内部风险的防范中，金融市场作为虚拟经济系统最重要的组成部分之一，需加强金融监管，进一步规范金融市场秩序，以维护金融运行和金融市场的整体稳定，防范系统性风险。与我国现行社会生产力水平及社会主义市场经济体制相适应，我国新的金融体制正在逐步建立与完善，国家已建立了对银行、证券、保险行业实行的分业经营、分业监管及行政监管和出资人监管相配合的金融监管体系。然而，为有效维护我国金融安全，我国现行金融体制尚需依据经济发展需要进行进一步的改革，努力降低银行不良资产比例，强化监管机构的责任，逐步完善多层次的金融市场体系，扩大直接融资渠道，积极维护金融市场秩序，提高金融发展的抗风险能力。

防范虚拟经济内部风险的同时，亦需积极防范外部风险的冲击，以维护国家经济安全。虚拟经济内部和外部风险防范均需逐步完善其中的制度建设与运行机制设计。鉴于金融风险的传染性，需有效防范外部金融风险对我国虚拟经济发展及国家经济安全的危害，尽可能降低外部金融风险的干扰作用，需适时采取防范措施减轻外部风险冲击的影响，以进一步促进我国虚拟经济的健康发展，有效发挥其对实体经济发展的推动作用。

三、促进经济结构调整及优化虚拟经济资源配置

本书第三章具体分析了虚拟经济资源配置对实体经济产业结构的分析，认为虚拟经济的资源配置相较于第一产业的情况，有向第二及第三产业转移与集中的趋势，且对第二及第三产业结构水平的提升有较显著的影响。实体经济作为虚拟经济发展的基础及国民经济的重要组成部分，为促进我国虚拟经济与实体经济的协调发展，需进一步推动经济结构升级调整及优化虚拟经济资源配置，促使虚拟经济与实体经济间的均衡发展，并有效发挥虚拟经济资源配置对实体经济发展的积极效应，最大限度地减轻虚拟经济资源配置失衡对实体经济运行造成的不利影响。

为推动经济结构调整、注重经济结构的合理化，在国家产业政策的导向方面，需加快产业升级，加快工业化发展进程，不断提高消费与投资水平，进而有效推动实体经济的发展及运行效率。同时，在发挥虚拟经济的资源配置功能及国家政策支持的情况下，可以引导资金流向技术创新部门，虚拟经济资源配置向高新技术产业、高成长产业、经济支柱型产业倾斜；并引领一部分资本从传统产业和高成本地区退出，转入新兴产业和低成本地区，使社会财富由传统产业逐渐向新兴产业转移，为新兴产业的发展提供融资便利，从而利于提升生产能力，促进实体经济发展。这一过程，既优化了虚拟经济资源配置，又推动了实体经济领域的产业结构升级调整。

促进经济结构调整及优化虚拟经济资源配置之间存在紧密的联系，分别从实体经济系统与虚拟经济系统内部优化的角度出发，以促进虚拟经济与实体经济两系统间的均衡发展，并利于推动整体经济系统的健康运转。

第二节 加强金融市场监管及有效发挥其
对实体经济推动作用

金融市场的发展作为虚拟经济领域的重要组成部分,其发展状况与实体经济间联系密切。本书第三章研究了以金融市场为代表的虚拟经济各层面对实体经济发展的影响状态,具体分析了对产业结构、社会财富效应、投资扩张效应及对整体实体经济发展的影响状态,伴随着我国金融市场的扩大,金融发展对实体经济的影响更加显著,而其中以股票市场、债券市场及基金市场所构成的资本市场对实体经济的影响程度相对更强。

为促进我国虚拟经济系统与实体经济系统的协调发展,需有效促进金融市场的健康发展,而加强金融市场监管,进一步规范金融市场运作,积极控制及预防金融市场风险,有利于发挥金融对实体经济发展的扶持作用。其中,鉴于资本市场的高流动性及高风险性,应着重加强对资本市场尤其股票市场发展的监管,防范股市泡沫的膨胀。

从金融市场监管的宏观方向来看:

(1)加强对金融机构的监管,逐步建立和健全内部监控制度,不断完善持续性监管。所谓持续性监管即为通过现场和非现场监管对银行金融机构面临的信用风险、市场风险、利率风险以及流动性风险等各类风险进行监测和控制,以加强对风险的识别,防范风险的扩散及加剧。在具体的监管过程中需对银行金融机构业务实施过程进行有效监管;借鉴国际上的银行金融机构评级方法,建立合理的金融机构年度资产风险综合评估制度,逐步健全金融机构重大风险快速报告制度以及风险预警系统;此外,需根据银行金融机构业务变化不断完善新的监管方案与制度,促使金融监管逐步走向制度化和规范化。

(2)逐步完善金融法律法规体系。完善的金融法律法规,是有效实施金融监管的法律依据,亦是金融监管规范化、制度化的根本保证。在加强对我国金融市场监管、促进金融市场健康发展的过程中,需要进一步完善金融法律法规体系,提高金融法治意识,确保有效的金融监管措施的实施,以维护国家金融秩序稳定。

(3)逐步建立和完善金融机构具有独立性和权威性的内部审计机制,发挥内部审计在金融机构内部监管中的综合性再监督作用。内部审计制度的逐步建立和完善旨在进一步加强对金融机构运作中的监管,规范金融市场操作,严防金融机构内部风险的扩大化对整体金融市场发展造成不利影响。

（4）加强国际金融组织合作监管，防范国际游资对我国金融体系造成的冲击。墨西哥金融危机和亚洲金融危机均表明，短期资金流动可能对一国造成极大的冲击，这种冲击不仅影响到受冲击国家本身，通过危机传染作用亦会影响到其他国家。伴随经济全球化的发展，国内金融市场与国际金融市场不断融合，一国金融对外开放程度的扩大，带来巨大发展利益的同时，亦潜伏着巨大的风险。由于国际游资规模的扩大，一旦这些资本进行大规模抽逃或进行大规模投机活动，将对一国的经济发展造成严重冲击。为维护国家金融安全，促进整体经济的持续发展，需要加强与国际金融组织的合作监管，监控国际游资动向的同时，适时采取相应的调控措施，降低金融风险。

从金融市场监管的具体层面来看：

（1）有效实施对金融机构不良资产的监管。金融机构的巨额不良资产可进一步增大金融机构风险，甚至导致金融危机的爆发。有效实施对银行金融机构的监管，合理控制呆坏账比例，进行不良资产的剥离，防范银行金融机构不良资产风险的扩大。同时，银行金融机构体系需建立和完善风险资产管理和资信评估制度，提高资本充足率，防范风险的同时亦需增强抗风险能力。

（2）加强对资本市场的监督与管理，促进资本市场健康发展，有效发挥其对实体经济发展的推动作用。在资本市场整体运作过程中，需依据相应的法规进行严格的市场监管，规范证券交易行为，抑制过度投机，保护投资者尤其是中小投资者的合法权益。同时，需有效防范资本市场的过度波动，以及泡沫经济的破裂及金融危机的发生。对资本市场的有效监控，具体细化来说体现于：

①逐步完善投资者保护制度，维护投资者信心，平稳投资者预期。由于我国当前证券市场中上市公司信息披露存在某种程度的"诚信"危机，诱使部分投资者注重所谓"内幕信息"的挖掘而不注重基础信息的获取，这种情况下，国家监管部门需进一步规范信息披露制度，增强对外部投资者利益的保护，维护投资者信心。此外，为有效监控资本市场风险，还需加强对交易的监控，尤其对异常价格变化、交易频率与交易量等指标以及异常大户账户的监管，适时采取相应的调控策略，修正交易的异常，防范风险的扩大。

②进一步完善上市公司治理。针对目前我国上市公司所有权结构与控制权结构集中的特征，需进一步促进上市公司内控机制的完善，健全信息披露责任机制，严禁重大信息的泄露或滞后披露行为。同时，加强上市公司的诚信立法建设，强化市场参与主体的诚信责任。为有效解决上市公司治理中的职业道德下降及腐败"寻租"问题，在强化上市公司内部监管的基础上，需依据投资者监管、中介机构监管及政府监管所构成的监管体系，以提升上市公司治理效率，防范内

部风险扩大对上市公司整体发展造成不利影响。

此外，需加强对重大事件以及内部交易行为的监管力度及监管的持续性，进一步防范资本市场运转过程中上市公司内部投机风险的扩大化，而影响市场运行秩序，以促进资本市场的有序运转及健康发展。

（3）在金融市场发展规模不断扩大的过程中，仍需加强对金融衍生工具市场、外汇市场、保险市场等的有效监管。加强对各市场发展的风险防范，既需制定和完善相关的法律法规，又需建立健全各市场的内部监控制度和监控方法，有效监测风险程度，适时采取相应的措施，以分散或化解金融风险，促进各市场的健康发展，进一步推动整体虚拟经济系统的有序运转，发挥其对实体经济发展的推动作用。

第三节　我国房地产市场发展与风险防范对策建议

本书所界定的狭义虚拟经济研究范畴中，房地产的虚拟部分（除去建筑物价值部分）亦构成虚拟经济的组成部分，在促进我国虚拟经济系统与实体经济协调发展的进程中，需推动房地产市场的健康发展，积极防范房地产市场泡沫的膨胀甚至破裂而导致金融危机、经济危机的发生。第五章对近年来我国的房地产市场发展状况进行了分析，并判断了各时期全国整体及各地区的房地产泡沫程度，实证分析结论认为，近年来伴随我国房地产市场规模的逐渐扩大，房价居高不下，实体经济与房地产市场发展间存在非协调状况，房地产泡沫程度较高。鉴于此，在积极推动房地产市场改革的基础上，需采取积极有效的措施防范房地产市场泡沫风险。

一、深化房地产市场化改革

深化房地产市场化改革，促进房地产业健康发展，对于提高居民住房水平、改善居住质量及促进消费、扩大内需、拉动投资增长以促进整体国民经济的健康发展具有重要意义。积极推进我国房地产市场改革，在坚持住房市场化的基本方向下，需不断完善房地产市场发展体系，有效发挥市场在资源配置中的基础性作用；坚持以需求为导向，适时调整供应结构，以满足不同收入家庭的住房需要；坚持深化房地产市场改革，逐步消除影响人们住房消费的体制性障碍和政策性障碍，加快完善适合我国国情的住房保障制度。① 值得注意的是为促进我国房地产的市场化改革，国家已相继出台了一些相关政策。1998 年《国务院关于进一步深化城镇住房制度改革加快住房建设的通知》颁布，标志着我国住房制度真正进入了停止住房实物分配，实行住房分配货币化的阶段，是我国房地产业向市场化迈进的重要一步。为进一步推动房地产市场化进程，促进房地产市场持续健康发展，国家于 2003 年发布了《国务院关于促进房地产市场持续健康发展的通知》。本书依据我国房地产业发展实际，对进一步深化房地产市场化改革，提出以下具体建议：

（1）逐步规范房地产二级和三级市场。房地产的二级和三级市场是一级房地产市场的延伸和扩大，有促进市场繁荣的作用。伴随我国住房改革的深入，住房分配制度已基本实现货币化，私有房产在新增房产中所占比重越来越大，近年来房地产市场整体规模逐渐扩大，交易量亦不断上升，房地产的二级和三级市场发展迅速。房地产二级和三级市场的发展壮大，有利于提高房地产的配置效率，也有利于房地产成为人们的投资工具和投资对象，然而，在这一过程中，需积极防范房地产市场的投机行为，防止炒房现象的恶化，进而催生房地产市场泡沫。因此，在房地产市场的蓬勃发展中需积极规范房地产二级和三级市场的发展，防范房地产投机行为的扩大化，进一步促进整体房地产市场的健康发展。

（2）积极调整房地产投资结构。一方面，需有效调整新建商品房结构，加大住房投资力度，尤其是普通商品住宅和经济适用房的建设，积极增加有效供给。另一方面，进一步调整房地产二级和三级市场的结构。发达国家的实践表明，二手房交易量越大，一定程度上反映出房地产发展成熟状况。二手房市场活跃，可进一步增强与二级市场的联系，并带动二级市场的繁荣。一般房地产市场发展较成熟和规范的国家与地区，存量住房交易可达到房地产交易总量的 70%~85%。因此，在我国房地产市场发展的进程中，需积极促进存量房的交易，进一步调整房地产二级和三级市场结构，推进三级市场发展的同时，带动二级和三级市场都活跃起来，以利于推动我国房地产市场发展成熟。

二、进一步加强房地产市场的宏观调控

为保证房地产市场的健康发展，除深化房地产市场化改革外，国家还必须对房地产市场实施有效的宏观调控。国家实施宏观调控的目的主要体现于：一方面，保障广大居民，尤其是低收入群体的住房利益；另一方面，防止价格过度波动对宏观经济造成的不利影响。国家对房地产市场的调控，着力体现为以下关键

---

① 王爱俭等. 虚拟经济合理规模与风险预警研究 ［M］. 北京：中国金融出版社，2007.

点：住房公积金制度，制度化保障普通工薪阶层通过市场购房的购买力；针对低
收入群体的半市场化方式，如国家通过土地补贴、减免税费等方式建设经济适用
房、廉租房等；针对困难群体的非市场化方式，例如对于人均收入低于某一水平
的家庭购买经济适用房时由政府贴息；针对特困群体的救济方式，如对于贴息也
买不起房的特困家庭采用政府贴租的方式。

（一）2009 年以来房地产市场宏观调控政策及效果

2008 年受国际金融危机影响，我国的房地产市场发展亦受到影响，2008 年
9 月开始国家实施了一系列刺激房地产市场回暖的措施，2009 年房价上涨率较
2008 年呈现大幅度上涨趋势（本书第五章对房地产市场发展分析中亦指出），销
售量上升迅猛，房地产业发展迅速。为抑制房价快速上涨，保证房地产业持续健
康发展，尤其 2009 年下半年以来国家加强了对房地产市场的宏观调控。表 6-1
简要概括了 2009~2010 年我国的房地产宏观调控政策。

表 6-1　2009~2010 年我国房地产市场部分调控政策

时　间	政策内容
2009 年 5 月 15 日	国土资源部下发《关于切实落实保障性安居工程用地的通知》要求
2009 年 5 月 17 日	国务院发布的《关于调整固定资产投资项目资本金比例的通知》中明确规定，保障性住房和普通商品住房项目的最低资本金比例为 20%，其他房地产开发项目的最低资本金比例为 30%。这是自 2004 年以来执行 35% 自有资本金贷款比例后的首次下调，已恢复到 1996 年开始实行资本金制度时的水平
2009 年 5 月 21 日	为加强房地产开发企业的土地增值税征收管理，规范土地增值税清算工作，国家税务总局制定《土地增值税清算管理规程》，对土地增值税清算的前期管理、清算受理、清算审核和核定征收等具体问题做出具体规定
2009 年 6 月 19 日	中国银行业监督管理委员会发布了《关于进一步加强按揭贷款风险管理的通知》，针对部分地区房地产市场出现较大波动，房地产信贷尤其是按揭贷款业务中诸如"假按揭"、"假首付"、"假房价"、"二套房贷"标准放宽等所暴露的问题，要求加强信贷管理，切实防范按揭贷款风险，促进按揭贷款业务健康有序发展。坚持重点支持借款人购买首套自住住房的贷款需求，严格遵守第二套房贷的有关政策不动摇
2009 年 8 月 21 日	国土资源部下发《关于严格建设用地管理促进批而未用土地利用的通知》
2009 年 10 月 16 日	住建部等七部委联合发出《关于利用住房公积金贷款支持保障性住房建设试点工作的实施意见》，提出在优先保证职工提取和个人住房贷款、留足备付准备金的前提下，可将 50% 以内的住房公积金结余资金贷款支持保障性住房建设，贷款利率按照五年期以上个人住房公积金贷款利率上浮 10% 执行。"公积金"和"保障房"实现"对接"
2009 年 12 月 9 日	国务院常务会议研究完善促进消费的若干政策措施，将个人住房转让营业税征免时限由 2 年恢复到 5 年，遏制炒房现象
2009 年 12 月 14 日	国务院总理温家宝 2009 年 12 月 14 日主持召开国务院常务会议，研究完善促进房地产市场健康发展的政策措施，提出了四条意见：一要增加普通商品住房的有效供给。适当增加中低价位、中小套型普通商品住房和公共租赁房用地供应，提高土地供应和使用效率。二要继续支持居民自住和改善型住房消费，抑制投资投机性购房。加大差别化信贷政策执行力度，切实防范各类住房按揭贷款风险。三要加强市场监管。继续整顿房地产市场秩序，加强房地产市场监测，加强房地产信贷风险管理。四要继续大规模推进保障性安居工程建设。力争到 2012 年末，基本解决 1540 万户低收入住房困难家庭的住房问题

时　间	政策内容
2009 年 12 月 17 日	财政部、国土资源部、央行、监察部等五部委公布《关于进一步加强土地出让收支管理的通知》，将开发商拿地的首付款比例提高到了五成，且分期缴纳全部价款的期限原则上不超过一年
2009 年 12 月 23 日	财政部和国家税务总局出台了《关于调整个人住房转让营业税政策的通知》，这是落实 2009 年 12 月 9 日国务院常务会议相关政策。除了年限变化外，值得关注的有两点：第一，普通住宅交易受到税收优惠；第二，通知规定："为维护正常的财税秩序，各地要严格清理与房地产有关的越权减免税，对清理出来的问题，要立即予以纠正"
2010 年	家庭首套住房，且面积 90 平方米以下的新房，优惠房贷利率最多下浮 20%。家庭第二套及以上住房按揭贷款，120 平方米以下利率由各银行根据客户具体情况自行掌握，但首付比例至少 40%，120 平方米以上利率至少上浮 10%

从 2009 年以来国家对房地产市场宏观调控的效果来看：

（1）信贷政策。信贷政策是房地产调控政策的重要组成部分，对房地产市场的走向具有较大的影响力。2009 年在"保增长"的总体要求下，房地产信贷政策维持了宽松的执行口径，有力地促进了 2009 年楼市消费的增长。数据显示，2009 年上半年全国金融机构个人住房贷款新增量达到 4661.76 亿元，同比增幅超过 150%，而 2009 年 3 月底的数据为 1000 亿元左右，随着房地产市场的回暖，个人住房按揭贷款也出现了快速增长。2009 年下半年开始，我国楼市出现过热现象，房地产市场投机行为明显抬头，银监会开始强调第二套房（及以上）信贷的监管，防范房地产信贷风险。2009 年底"国四条"的出台强调国家要切实收紧房地产信贷，特别是第二套房贷政策，以打击投机，限制投资。然而，从 2009 年至 2010 年房地产市场的发展实际来看，房价上涨率仍呈现较大幅度上升趋势，为抑制房地产市场泡沫膨胀，促进房地产业健康发展，仍需进一步加强对房地产市场的调控。

（2）税收政策。2009 年，房地产税收政策总体而言是围绕着促进房地产开发和消费布局的。2009 年上半年营业税优惠政策有力地促进了我国二手房市场的发展，并带动了新房市场的迅速恢复。2009 年下半年以来房地产市场发展活跃，部分城市的房价和成交量均已超越了历史最高纪录，房地产投机情况严重。2009 年 12 月国家为遏制炒房现象，提出将个人住房转让营业税征免时限由 2 年恢复到 5 年，这一举措对于抑制投机性购房消费具有明显的作用。总体而言，税收是国家进行房地产市场调控的重要手段，需适时利用房地产税收政策，促进房地产市场的规范发展。

（3）住房政策。2007 年以来，我国的住房政策重心逐步转移到住房保障上。2009 年住房政策着重围绕如何解决中低收入阶层住房困难，以及对国有工矿、林区、垦区的棚户区改造展开，其中，对于解决城市低收入住房困难家庭的任务指标和力度正逐步扩大。从现行的政策实施上看，总体而言，住房保障工作是政府的工作重心之一，国家仍将继续大力推进。然而，市场化住房建设的发展对于推动经济的健康稳定运行同样具有重要意义，在我国城市化和经济水平不断提高的进程中，国家仍需适时推动房地产业发展空间的扩大。

（二）进一步加强房地产市场宏观调控的建议

依据我国房地产市场发展实际，对我国房地产市场的适时宏观调控过程中，需注重弥补制度性缺陷，政府需进一步加强房地产市场制度建设，在此基础上，逐步发挥市场的关键性调节作用。国家宏观调控政策不能代替体制改革政策和产业政策。在深化房地产市场改革的过程中，逐步形成以市场配置房地产资源为基础的要素市场，进一步推进房地产证券化、房地产投资基金的发展，逐步发挥房地产金融的作用。具体来说，进一步加强房地产市场的调控包括以下方面：

（1）逐步完善房地产税收制度，发挥房地产税收的调节作用。例如在房地产开发环节，通过相应的措施规范相关税费，利于减轻房地产企业的负担和经营成本，在一定程度上可以抑制房地产价格飙升；通过增大房地产流转环节的税负，可一定程度上增大炒房成本、压缩获利空间，进一步遏制投机炒作；逐步完善房地产市场保有环节的税收制度，通过增加超标准的房地产保有成本，抑制出于投机目的的房地产保有行为，以减轻房地产投机行为的扩大趋势。

（2）加强房地产市场价格监控。在房地产交易过程中进一步有效监控房地产价格变动状况，一旦房地产价格出现大幅度上升，房价收入比增长迅速，国家亟须适时进行房地产市场调控，抑制房地产泡沫的急剧膨胀，减轻房地产风险负担。加强房地产市场价格的动态监控，既利于及时把握房地产发展形势，亦利于适时推出相应的调控措施，以推动房地产市场的健康发展。

（3）充分发挥货币政策对房地产市场的调控作用及加强房地产管理立法。在我国房地产市场快速发展的过程中，当房地产市场出现过热倾向时，需适时发挥货币政策的作用，如可通过采取提高贷款基准利率、提高住房公积金贷款利率及提高存款准备金利率等措施以紧缩信贷，发挥货币政策对调控房地产市场投资规模及投资结构的作用。此外，需加强房地产业发展管理立法，逐步健全和完善我国房地产法律法规体系，进一步抑制房地产市场投机行为扩张。

三、防范房地产发展风险

房地产市场发展中对其风险防范的管理，一方面，需加强房地产市场整体规模膨胀的泡沫风险，严防房地产泡沫膨胀演化至泡沫经济而对整体经济发展造成的危害；另一方面，需有效预防房地产市场金融风险。

（一）防范房地产泡沫风险

在2008年全球金融危机影响的背景下，我国于2008年9月开始逐渐启动了房地产救市政策，2009 年三季度以后房地产市场回暖迅速，2009 年下半年房地产市场出现过热倾向。本书第五章对我国房地产市场泡沫状态的分析中亦显示，2009 年以来房价增长率较 2008 年大幅度上升，且 2009~2010 年我国的房价收入比及房价租赁价格比仍较高，商品房待售面积数值较大，对 2010 年我国一些城市的具体分析发现，一些城市的泡沫程度较高，实体经济发展与房地产市场发展间呈现失调状况。

当房地产市场发展过热，房地产泡沫程度较高时，需注重防范房地产市场泡沫急剧破裂的风险，预防金融危机的发生。在房地产市场泡沫累积过程中，国家需适时采取相应措施，降低泡沫累积速度，进一步减少房地产市场整体的泡沫程度，抑制房地产市场泡沫的膨胀，减轻房地产泡沫风险对宏观经济发展造成的危害，并积极推动房地产市场及整体经济运行的持续健康发展。

（二）严防房地产金融风险

我国目前尚没有形成一个包括政策性房地产金融机构和商业性房地产金融机构、提供贷款的担保或保证机构的完整的房地产金融机构体系，房地产融资仍以间接融资为主，直接融资比例仍较小。为了防范房地产市场金融风险，结合我国的发展实际，从以下方面提出具体建议：

（1）需大力推动房地产金融市场的发展，改善房地产市场融资结构，扩大直接融资比例，如可以进一步发展房地产抵押贷款的二级市场，延长房地产贷款的信用链条。传统的房地产贷款信用链条较短，多表现为银行直接将资金贷放给房地产开发企业或购房者，银行提供贷款享有贷款偿还收益的同时，承担了风险，而风险亦未得到有效分散。在扩大我国房地产金融市场的发展，逐步建立和完善房地产抵押贷款二级市场体系的基础上，需逐步推动房地产抵押贷款证券化的发展。借鉴国外经验，为保证抵押贷款证券的信誉，需将抵押贷款参与政府特许机构的保险，从而有利于证券的发行和流转。抵押贷款证券化的发展有利于延长房地产贷款过程中的信用链条，减轻银行体系的经营风险，亦利于降低房地产融资过程中的风险。

（2）加强对房地产信贷的监管。严格监控金融部门对房地产领域贷款的规模和房地产抵押贷款融资的比率。一方面，需防范向房地产市场领域贷款规模的扩大，而导致的投机性风险的增强，推动房地产市场规模扩大的同时，催生房地产泡沫风险；另一方面，需有效预防房地产抵押贷款中的风险。在房地产抵押贷款前，需对房地产抵押行为进行严格审查，并对抵押房地产价值进行科学客观的评估。此外，房地产抵押贷款过程，既需考虑房地产本身的风险，如倒塌、烧毁等，又需考虑与贷款条件相关的因素，如利率风险、房屋折旧、债务人的信用风险等。注重加强对房地产市场信贷的监管，以有效降低房地产市场金融风险，促进房地产市场健康运转。

第四节　虚拟经济与实体经济协调监管与预警实施

为促进我国虚拟经济系统与实体经济系统协调发展，在秉承虚拟经济"高效"与"适度"原则发展的同时，需进一步防范虚拟经济系统发展风险，尤其注重金融市场与房地产市场风险，促进虚拟经济系统的健康发展，有效发挥其对实体经济发展的积极作用。虚拟经济的发展服务于实体经济，虚拟经济的"适度"是与实体经济发展状况相匹配的程度而言的，因此，在促进虚拟经济与实体经济系统协调发展的过程中，需从全局角度出发，加强对虚拟经济与实体经济整体发展状况的协调监管。对两系统整体发展间的协调监管，在保证整体经济发展安全的基础上，进一步提升经济发展水平。

两系统的协调监管需有效判断两系统发展间的协调状态，对于不同等级的失调状况采取相应措施，以进一步推动两系统向协调状态的收敛。同时，需建立及实施虚拟经济过度背离实体经济的预警机制。尽管改革开放以来，我国并未发生过金融危机、经济危机，本书第四章对1998年以来我国虚拟经济与实体经济间的协调状况分析亦显示一些时期出现失调状况，但仍在经济发展的可控范围内。然而，伴随我国虚拟经济发展越来越迅速、规模逐步扩大，需积极建立及实施虚拟经济过度背离实体经济的预警机制，防患于未然。本书第五章结合我国经济发展实际，提出了虚拟经济过度背离实体经济风险预警构架。在筛选虚拟经济系统与实体经济系统预警指标的基础上，构建预警指标体系，并实行对预警指标体系的有效监测，更需要有效防范货币市场、金融市场及房地产市场发展的风险。在构建预警系统的基础上，需及时对虚拟经济系统与实体经济系统发展状况进行风险识别及判断，采取相应的举措，积极进行虚拟经济风险管理，降低风险对整体经济系统造成的不利影响。

虚拟经济与实体经济系统间的协调监管及虚拟经济过度背离实体经济预警机制的建立及实施是一项庞大的工程，需要虚拟经济系统与实体经济系统各部门的通力协作，尤其需重视股市泡沫与房地产市场泡沫的累积和膨胀，严防金融危机、经济危机的发生。为了进一步促进我国虚拟经济系统与实体经济系统的协调发展，进行两系统间的协调监管及实施虚拟经济过度背离实体经济的风险预警机制是非常必要的。

第七章 本书主要研究结论及展望

本书在界定虚拟经济、实体经济、泡沫经济、协调发展等概念的基础上，进一步界定了本书的研究范畴，所分析的虚拟经济系统指狭义虚拟经济，而其中主要研究了金融市场发展及房地产市场的虚拟部分与实体经济间的关系。具体体现为：分析了以金融市场为代表的虚拟经济的重要组成部分各层面对实体经济发展的影响作用程度，以理清虚拟经济发展对实体经济的影响关系；对两系统的协调度测算及溢出效应分析的基础上，综合判断两系统间的协调状况，分析出现不同协调状况的可能原因，并对未来一定时期内我国虚拟经济与实体经济的协调发展趋势进行预测；判断了我国虚拟经济规模逐步扩大的过程中泡沫风险状况，其中，具体分析了股票市场及房地产市场的泡沫状况；为更积极地防范虚拟经济风险，提出虚拟经济过度背离实体经济的风险预警构架；结合虚拟经济与实体经济关系的相关理论，以及虚拟经济对实体经济的影响、虚拟经济与实体经济间的协调状况及未来协调发展趋势等的实证分析结论，进一步提出了促进我国虚拟经济与实体经济协调发展的对策建议。

第一节 本书所做的主要工作及研究结论

一、理论分析方面

理论分析上着重分析了虚拟经济的演化及运行特征，虚拟经济与实体经济间的关系以及虚拟经济的作用机理，其中主要分析了虚拟经济对实体经济的传导机制及虚拟经济与实体经济间的协调发展机制。

（1）实体经济是虚拟经济产生与发展的基础，虚拟经济对实体经济具有反作用。虚拟经济与实体经济的协调发展，利于发挥虚拟经济对实体经济发展"助推器"的作用，具体表现为可促进闲散资本的集中，拓宽实体经济发展的融资渠道；促进资源优化配置，提高资源利用效率，促进生产及流通，成为社会经济发展的动力。然而，虚拟经济系统发展的无序、过度膨胀，出现与实体经济的过度背离，将降低资源的配置效率，对实体经济发展造成不利影响，且虚拟经济的过度膨胀易导致经济泡沫的累积，并有可能诱发泡沫经济，而泡沫的破裂即可导致金融危机、经济危机的发生。

（2）虚拟经济与实体经济发展间具有内在协调机制及偏离协调状态的恢复机制。在分析虚拟经济与实体经济间传导机制的基础上，阐释了两系统间的协调作用机制及远离协调状态的修复机制。具体体现为：①当虚拟经济发展滞后于实体经济发展时，在没有准入限制的情况下，投资者一般将增加对虚拟经济的投资，而相对减少对实体经济领域的投资。同时，虚拟经济领域资金流入逐渐增多，将逐步导致虚拟资产价格上升，预期收益率提高。实体经济领域，在过量投资的背景下，导致供给能力超过既定收入水平下的社会消费能力，进而导致产品及服务价格下降。在此情况下，消费者为追求未来收益最大化，将减少消费资金的投入比重，增加对虚拟资产的投资，导致资金由实体经济领域流向虚拟经济领域，促使虚拟经济与实体经济向协调状态收敛。②虚拟经济规模迅速膨胀，虚拟经济发展过度时，虚拟经济领域由于资金的过量流入，会导致虚拟资产价格的膨胀，产生经济泡沫。投机活动的存在进一步催生了虚拟资产价格的膨胀，并使更多的资金流入虚拟经济领域。从消费者的一般情况看，虚拟资产价格膨胀为其带来巨额财富，而这种财富效应可有效刺激消费者出售部分虚拟资产以增加消费支出，进而导致资本金由虚拟经济领域流向实体经济领域，过度发展的虚拟经济领域资金的流出，将进一步调整虚拟经济领域发展的秩序，使虚拟经济系统与实体经济系统的发展向协调状态收敛。③在制度刚性条件下，由于在市场自身作用下的协调状态自动恢复机制难以发挥作用，经济发展将达到新的协调状态；在非制度刚性条件下，虚拟经济系统与实体经济系统具有偏离协调状态的自我恢复机制，将重新恢复协调发展状态。

二、实证分析方面的主要结论

（1）依据我国虚拟经济与实体经济的发展实际，借助金融相关比率、马歇尔K值及基于流量指标的方法，对我国虚拟经济与实体经济间的协调状态进行了经验性判断。由于各方法分析中，所选取数据无法统一口径，分析了1978~2009年我国各年金融相关比率、1990~2009年马歇尔K值以及1998~2009年我国虚拟经济代表性流量指标与实体经济总量间的情况。在判断各方法样本区间内我国虚拟经济与实体经济协调状态的基础上，对重叠的样本区间1998~2009年两系统发展的协调状态经验性判断进行了综合分析，认为1998~2005年我国虚拟经济规模逐渐扩大，这一时期虚拟经济与实体经济处于协调发展状态；然而2006年起虚拟经济规模膨胀迅速，尤其 2007 年以来我国虚拟经济与实体经济的发展逐渐出现一定程度的背离。两系统协调状况的经验性判断，可以对两系统间具体协调度测算的分析提供参考。

（2）借助定量分析工具，具体检验了虚拟经济发展对实体经济代表层面以及整体实体经济发展的作用影响程度。为与两系统间协调状态经验性判断分析的重叠样本区间相一致，利用 1998~2010 年第三季度的具体数据进行了实证分析。

通过分析虚拟经济发展对实体经济代表层面影响程度，得出的主要结论有：①虚拟经济的发展尤其是股票市场的发展对第二及第三产业结构变动的影响相较于对第一产业结构的影响较大，虚拟经济资源配置有向第二及第三产业转移与集中的趋势，且股票市场规模的扩大对第二、三产业结构水平的提升有较显著影响。②分析了虚拟经济发展尤以股票市场的发展为代表对社会财富效应的影响，得出结论：从整体来看，虚拟经济系统中股市的发展对社会财富效应的影响逐步增大，长期内我国股市具有一定的财富效应；但从短期影响效力来看，股市发展变动对实体经济领域财富效应的作用效力仍较小，这与我国股市相比较于其他发达国家，起步较晚，发展尚不成熟，资本市场尚不完善等因素不无关系。③利用所选虚拟经济代表层面指标，分析了其对实体经济投资扩张效应的影响，得出结论：各项贷款变量短期和长期内对实体经济投资扩张效应的影响均较强，股市规模的扩张长期内对实体经济投资扩张效应的影响较债券市场强烈，同时，债券规模的增大仍是影响实体经济投资扩张效应放大的重要因素。总体来看，我国虚拟经济的快速发展对实体经济投资扩张效应的影响逐渐增强。

通过研究虚拟经济领域发展对实体经济总量的影响，得出结论：①货币供应量 M_1 对实体经济总量的冲击时滞相对较短、冲击响应较明显，且其冲击对实体经济总量预测误差的相对贡献度相较于货币层次 M_2 的贡献度高。②贷款规模变量长短期内均对实体经济整体发展的影响显著，尤其对实体经济长期影响作用强烈，进一步显现贷款规模的增长有利于缓解经济领域的资金需求压力，促进实体经济投资效应扩张，并最终影响整体实体经济的发展。③分析以金融市场为代表的虚拟经济发展各层面资本市场、外汇市场、保险市场及金融衍生品市场的代表性流量指标对实体经济发展的影响作用程度。研究结论认为，以股票市场、债券市场、基金市场组成的资本市场及金融衍生品市场的发展变动对实体经济整体发展的长期作用程度相对较强，外汇市场发展变动引发的实体经济短期波动较明显，而保险市场对实体经济的冲击作用程度相对较弱。④虚拟资产总量变动对实体经济总量的长期和短期影响均显著，且对实体经济整体发展的长短期影响均较强，虚拟资产总量与实体经济总量间互为 Granger 成因，在整体经济系统发展过程中，虚拟经济与实体经济间的联系越来越密切。

（3）基于综合变化协调度方法及耦合协调度模型对 1998 年以来我国虚拟经济与实体经济系统的整体协调度进行测算，并将两种方法的测算结果进行综合判断，结合我国虚拟经济与实体经济间的溢出效应分析，进一步探讨两系统各时期出现不同协调状态的可能原因。

通过对样本区间内两系统间协调度测算的综合判断分析，得出以下结论：

①1998~1999 年两系统间呈现弱度失调状态，动态协调趋势仍显示整体系统的弱度失调有延续的现象。而这一时期出现弱度失调的可能原因是受亚洲金融危机及国家宏观政策的影响，我国虚拟经济发展放缓，虚拟经济发展的规模及速度与实体经济发展的规模及速度不匹配。

②2000~2006 年两系统间整体呈现弱度协调状态，2004 年协调状态提升，表现为中度协调；2007 年开始虚拟经济与实体经济间出现弱度失调状态，2008 年弱度失调相对较明显，2009 年整体系统呈现进一步向协调状态迈进的趋势；2009 年后经济发展进入"后危机"时代，经济领域逐渐开始复苏，虚拟经济与实体经济系统进一步向新一轮协调状态迈进。2007 年以来出现的弱度失调状况，可能的原因为这一时期我国虚拟经济整体规模出现快速膨胀，而导致两系统的发展间出现不匹配状况。

通过对两系统整体发展间的边际溢出效应的分析，认为伴随虚拟经济规模的逐步扩大，虚拟经济对实体经济的边际溢出效应远大于实体经济对虚拟经济的边际溢出效应。

此外，基于耦合关联预测方法及耦合协调度模型对我国 2010~2014 年虚拟经济系统与实体经济系统的协调状况进行了预测，得出结论：2011~2013 年两系统整体耦合协调度不断上升，逐渐由弱度协调过渡至中度协调，2014 年协调趋势显现下降态势，整体综合判断认为，预测期内我国虚拟经济与实体经济系统整体发展间协调趋势向好。

（4）阐释虚拟经济膨胀演化至泡沫经济的机理的基础上，具体分析了我国股票市场与房地产市场的泡沫状态，并提出了虚拟经济发展过度背离实体经济的风险预警系统构架。

①将动态戈登模型应用于分析我国股市泡沫风险状况，测算了 1998 年以来我国股票市场的相对泡沫度与绝对泡沫度情况，所得主要结论为：1999 年下半年至 2002 年上半年以及 2007 年股市相对泡沫程度与绝对泡沫程度均较高，尤其2007 年下半年全球金融危机爆发前的泡沫程度最为严重，进入了死亡泡沫程度范围，不利于实体经济与虚拟经济的协调发展；2008 年股市泡沫逐渐呈现破裂状态，股市陷入低迷；2009 年随着整体经济的逐渐复苏，股市开始出现反弹，2009~2010 年上半年股市相对泡沫度及绝对泡沫度均显示微弱，均在良性负泡沫

或良性正泡沫范围内，股市泡沫风险较弱。对我国股市泡沫情况的分析，亦验证了对2007年以来我国虚拟经济与实体经济出现弱度失调状况，2009年开始逐渐呈现向新一轮弱度协调状态迈进趋势的判断的相对准确性。目前我国股市呈现波动起伏态势，国家一系列宏观调控措施对抑制股市泡沫起到了积极作用，有利于股票市场的健康发展，以有效发挥其对实体经济的积极效应。

②基于房价—收入比、房价—租赁价格比等指标分析了我国房地产市场的泡沫状态。通过分析，得出的主要结论为：2009~2010年全国整体及部分地区的房价—收入比及房价—租赁价格比均较高，房价—收入比亦超过了国际警戒线水平，认为2009年以来尤其2009年下半年以来我国房地产市场泡沫程度较高，实体经济发展与房地产市场发展间呈现非协调趋势，国家需重视对房地产市场的调控，严防房地产泡沫的进一步膨胀。

然而，伴随我国虚拟经济规模的逐步扩大，有必要实施虚拟经济过度背离实体经济的风险预警机制，鉴于此，本书依据我国发展实际及美国次贷危机的启示，构建预警指标体系的基础上，提出了虚拟经济过度背离实体经济风险预警系统构架，并进行了虚拟经济风险管理体制的设计。

三、对策建议方面

依据我国虚拟经济与实体经济发展实际及实证分析结论，从防范虚拟经济规模扩张过程中催生泡沫经济风险，合理把握虚拟经济发展的"度"，促进虚拟经济与实体经济的协调发展方面提出了相应的对策建议：

（1）从全局的角度出发，要推动虚拟经济的适度发展，促进两系统间的协调。①正确处理虚拟经济与实体经济关系及促进虚拟经济适度发展。需秉承虚拟经济发展"适度性"的原则，虚拟经济不能游离于实体经济之外，而虚拟经济的发展规模与速度应与实体经济发展的规模与速度相匹配，进一步加强对虚拟经济的监管，加强相应的监管政策和措施的修订与完善。②虚拟经济规模扩张的判断与风险防范。需要有效把握虚拟经济规模扩张的程度，一方面，需从整体上把握虚拟经济规模总量及实体经济规模总量间的发展情况；另一方面，需要促进虚拟经济中各子市场间的协调发展。此外，以金融资产流动性状况为例提出了具体的对策建议。

（2）加强我国金融市场监管及房地产市场的风险防范。从金融市场的宏观监管层面及具体领域的监管角度，提出了相应的对策建议。我国需进一步深化房地产市场化改革，加强房地产市场宏观调控，逐步完善房地产税收制度，发挥房地产税收的调节作用；加强房地产市场价格监控；充分发挥货币政策对房地产市场的调控作用及加强房地产管理立法；以及严防房地产金融风险、防范房地产泡沫风险等。

此外，进一步提出需加强虚拟经济系统与实体经济系统整体发展间的协调监管，有效判断两系统发展间的协调状态，对于不同等级的失调状况采取相应措施，尤其需重视股市泡沫与房地产市场泡沫的累积和膨胀，严防金融危机、经济危机的发生，以推动两系统向协调状态的收敛。同时，需建立及实施虚拟经济过度背离实体经济的预警机制。

第二节　本书的主要创新及研究展望

一、本书的创新点

本书在对我国虚拟经济发展对实体经济具体影响作用关系分析的基础上，进一步筛选虚拟经济系统与实体经济系统的主要代表性指标，进行两系统协调度测算，并判断出现非协调状况的可能原因及对未来两系统协调发展趋势进行预测；阐释虚拟经济膨胀导致泡沫经济的机理基础上，具体分析了我国股票市场及房地产市场的泡沫状况，并提出了虚拟经济过度背离实体经济风险预警构架及促进两系统协调发展的对策建议。本书的创新点主要体现于以下方面：

（1）结合综合变化协调度方法及耦合协调度模型，测算了我国虚拟经济与实体经济系统间的静态协调度及动态协调度，综合判断了我国各时期虚拟经济与实体经济发展的协调状态，以期提高判断的准确性，对两系统协调状态进行了分析，阐释了不同协调状态的可能原因，并对未来一段时期内我国虚拟经济与实体经济间的协调发展趋势进行了预测。

（2）在阐释虚拟经济膨胀导致泡沫经济机理的前提下，为具体判断我国虚拟经济规模膨胀过程中的泡沫风险状况，分别计算和分析了股票市场及房地产市场的泡沫程度，以利于判断目前我国虚拟经济扩张过程中对整体经济发展带来的风险影响，为立足于遏制股市泡沫、房地产市场泡沫膨胀，提出促进虚拟经济与实体经济协调发展的相应的对策建议打下基础。

（3）构架了我国虚拟经济过度背离实体经济的风险预警系统，该系统包含了实体经济领域、货币市场、资本市场、房地产市场和国际经济环境指标，在此基础上，对虚拟经济过度背离实体经济的整体预警系统及虚拟经济风险管理体制进行了设计，进一步提出加强对虚拟经济系统与实体经济系统协调监管的对策建议。

二、研究展望

在本书研究的基础上，尚存在一定的不足，在未来的研究分析中，需对以下方面进行进一步的深入研究：

（1）对虚拟经济系统与实体经济系统整体协调状态的判断时，需利用更高频次的数据有效监控两系统间协调发展的动态趋势，提升对系统协调状态判断的准确性。经济系统的发展中虚拟经济与实体经济间存在着复杂的关联性，在有效监测系统指标体系变动的情况基础上，需要把握两系统间的整体协调动态，对于虚拟经济整体规模达到何种状态时会与实体经济间出现高度或极度失调，需要将理论与实践相结合进行深入研究。

（2）在防范虚拟经济发展过度背离实体经济风险时，本书已提出了预警系统构架，但在具体的细化研究中，需要审慎构建股市泡沫及房地产市场泡沫的监测系统。实时监测股票市场及房地产市场价格变动，缩短对整体泡沫状态分析的时间间隔，提高对各时点股市泡沫风险及房地产市场泡沫风险判断的准确性，以有效采取相应措施进行风险防范。在股市泡沫或房地产市场泡沫已经存在的情况下，亦需要对泡沫破裂临界状态的研究，积极采取防范措施，抑制泡沫的破裂，以提升风险防范能力。

参考文献

［1］Chesnais Francois. 金融全球化 ［M］. 北京：中央编译出版社，2001.

［2］成思危主编. 虚拟经济理论与实践 ［M］. 天津：南开大学出版社，2003.

［3］魏克赛尔. 利息与价格 ［M］. 北京：商务印书馆，1959.

［4］Guttmann Robert. How Credit—Money Shapes the Economy ［M］. Armonk：M.E.Sharpe，1994.

［5］Carter Michael. Financial Innovation and Financial Fragility ［J］. Journal of Economic Issues，Vol. XXIII，1989（9）：61-86.

［6］Crotty James R.，and Don Goldstein. Do US Financial Markets Allocate Credit Efficiently? The Case of Corporate Restructuring in the 1980s ［M］. in Gary A. Dymski，Gerald Epstein，and Robert Pollin（eds.）Transforming the US Financial System. Equity and Efficiency for the 21st Century. New York：M.E.Sharpe 1993.

［7］Goldstein Don. Uncertainty，Competition，and Speculative Finance in the Eighties ［J］. Journal of Economic Issues，1995（29）：3.

［8］Tobin James. On the Efficiency of the Financial System ［J］. Lloyds Bank Review，1984（153）：14-15.

［9］M.Binswanger. Stock Market Booms and Real Economic Activity：Is This Time Different?［J］. International Review of Economics and Finance，2000（9）：387-415.

［10］C.Green. Flow of Funds：Implications for Research on Financial Sector Development and the Real Economy ［J］. Journal of International Development，Vol. 15，2003（8）：1015-1036.

［11］G.Caporalea and N.Spagnolob. Asset Prices and Output Growth Volatility：the Effects of Financial Crises ［J］. Economics Letters，Vol.79，2003（6）：69-74.

［12］Susan Strange. Casino Capitalism ［M］. Oxford，New York：Basil Blackwell，1986.

［13］Victoria Chick. The Evolution of the Banking System and the Theory of Monetary Policy ［M］. Monetary Theory and Monetary Policy，New Tracks for the

1990s.New York: St. Martin's Press, 1993.

　　[14] 卢卡斯·门克霍夫等.金融市场的变迁：金融部门与实体经济分离了吗？[M].中国人民大学出版社，2005.

　　[15] James Tobin. On the Efficiency of Noise Trading in Securities Markets [J]. Lloyds Bank Review, 1984 (2): 19-48.

　　[16] Bernhard Emunds. Kanneine Starke Finanzak Kumulation die Realwirtschaf Tliche Entwick Lung Biremes and Destabilisieren [M]. Hengsbach, Fridehelm and Berhard Emunds, 1997.

　　[17] Rainer Stottner. Zurangeblichen Abkoppelung Switchmen Finanzm Arkten und Real Witched [M]. Hengsbach, Friedhelmand Bernhard Emunds, 1997.

　　[18] Claudio E. Borio, V.N Kennedy and Stephen D. Prowse. Exploring Aggregate Asset Price Fluctuations Across Countries: Measurement, Determinants and Monetary Policy Implications [M]. BIS Economic Papers, 1994.

　　[19] I.Sachs. From Poverty Trap to Inclusive Development in LDCs [J]. Economic and Political Weekly, 2004 (5): 13-28.

　　[20] G.Krippner. The Financialization of the American Economy [J]. Socio-Economic Review,. Vol.3, 2005 (6): 173-208.

　　[21] J.Crochane. Financial Markets and Real Economy [J]. Foundations and Trends in Finance, 2005 (1): 1-101.

　　[22] J.Crochane. Financial Markets and Real Economy [J]. in John H. Crochane, ed., Financial Markets and Real Economy, 2006, Volume 18 of the International Library of Critical Writings in Financial Economics.

　　[23] Tor Jacobson, Jesper Lindé, and Kasper Roszbach. Exploring Interactions between Real Activity and the Financial Stance [J]. Journal of Financial Stability, 2005 (1): 308-341.

　　[24] Michael Hudson. The Fictitious Economy: An Interview with Dr. Michael Hudson [EB/OL]. http: //www.blackagendareport.com/? q=content/fictitious-economy-part-2-interview-dr-michael-hudson-0 (2008-07-15) [2010-03-25].

　　[25] Andros Gregoriou, John Hunter, and Feng Wu. An Empirical Investigation of the Relationship between the Real Economy and Stock Returns for the United States [J]. Journal of Policy Modeling, 2009 (1): 133-143.

　　[26] [日] 三木谷良一. 日本泡沫经济的产生、崩溃与金融改革 [J]. 金融研究, 1998 (6): 2-5.

　　[27] P.Krugman. A Model of Balance of Payment Crises [J]. Journal of Money,

Credit and Banking, Vol.11, 1979 (3): 311–325.

[28] P.Flood and M.Garber. Market Fundamentals versus Price Level Bubbles: the First Tests [J]. Journal of Political Economy, Vol.88, 1980 (4): 754–770.

[29] M.Obstfeld. Models of Currency Crisis with Self–fulfilling Features [J]. European Economic Review, Vol.40, 1996 (8): 1037–1048.

[30] R.McKinnon and H.Pill. Credit Liberalizations and International Capital Flows: The Over Borrowing Syndrome [J]. I. Takatoshi and O.Anne, Krueger, Editors. Financial Regulation and Integration in East Asia, Chicago: University of Chicago Press, 1996.

[31] R.McKinnon and H.Pill. The Over Borrowing Syndrome: Are East Asian Economies Different? [M]. R.Glick, Editors, Managing Capital Flows and Exchange Rates, Perspectives from the Pacific Basin, Cambridge: Cambridge University Press, 1998.

[32] P.Krugman. Bubble, Boom, Crash: Theoretical Notes on Asia's Crisis [J]. Working Paper, MIT, Cambridge, Massachussetts, 1998.

[33] G.Corsetti, P.Pesenti and N.Roubini. What Caused the Asian Currency and Financial Crisis? Part I : A Macroeconomic Overview, Part II : The Policy Debate [J]. NBER Working Paper, No.6833, 6844, 1998.

[34] R.Chang and A.Velasco. Financial Fragility and the Exchange Rate Regime [J]. Journal of Economic Theory, Vol.92, 2000 (1): 1–34.

[35] D.Diamond and P.Dybvig. Bank Runs, Deposit Insurance and Liquidity [J]. Journal of Political Economy, Vol.91, 1983 (2): 401–419.

[36] M.Friedman and A.Schwartz. A Monetary History of the United States, 1867–1960 [M]. Princeton University Press, 1963.

[37] K.Brunner and H.Meltzer. Friedman's Monetary Theory [J]. Journal of Political Economy, Vol.80, 1967 (5): 837–851.

[38] H.Minsky. The Financial Instability Hypothesis: Capitalist Process and the Behavior of the Economy [J]. in P.Kingdleberger and P.Laffargue, Financial Crises: Theory, History and Policy, Cambridge University Press, Cambridge, 1982.

[39] I.Fisher. The Debt Deflation Theory of Great Depression [J]. Econometrician, Vol.1, 1933 (4): 337–357.

[40] R. D. F. Harris. Stock Market and Development: A Reassessment [J]. European Economic Review, Vol.41, 1997 (6): 139–146.

[41] Michael Webber. Finance and the Real Economy: Theoretical Implications

of the Financial Crisis in Asia [J]. Geoforum, Vol.32, 2001 (2): 1–13.

[42] 刘骏民. 从虚拟资本到虚拟经济 [M]. 山东：山东人民出版社，1998.

[43] 成思危. 要重视研究虚拟经济 [J]. 中国经贸导刊，2003 (2): 4–6.

[44] 刘骏民. 稳定虚拟经济系统是关键 [N]. 人民日报（理论版），2003–04–01.

[45] 刘骏民，伍超明. 虚拟经济与实体经济关系模型——对我国当前股市与实体经济关系的一种解释 [J]. 经济研究，2004 (4): 60–69.

[46] 伍超明. 虚拟经济与实体经济关系研究——基于货币循环流模型的分析 [J]. 财经研究，2004 (8): 95–105.

[47] 许圣道，王千. 基于全象资金流量观测系统的虚拟经济与实体经济的协调监管思路 [J]. 中国工业经济，2007 (5): 13–21.

[48] 刘晓欣. 虚拟经济研究八个前沿问题 [J]. 开放导报，2008 (12): 12–17.

[49] 成思危. 虚拟经济的基本理论及研究方法 [J]. 管理评论，2009 (1): 3–18.

[50] 王立荣，刘力臻. 虚拟经济膨胀视角下的汇率短期波动研究——对Dornbusch超调模型的扩展 [J]. 国际金融研究，2009 (7): 73–79.

[51] 张云. 虚拟经济命题研究意义的探析 [J]. 社会科学，2009 (1): 11–18.

[52] 李宝伟等. 虚拟经济的界定及其理论框架 [J]. 南开经济研究，2002 (5): 27–30.

[53] 彭卫民，任啸. 虚拟经济在我国的发展及影响 [J]. 经济体制改革，2002 (1): 92–95.

[54] 刘东. 论虚拟经济与实体经济的关系 [J]. 理论前沿，2003 (1): 19–20.

[55] 刘霞辉. 论实体经济与虚拟经济的关系 [J]. 世界经济，2004 (1): 37–43.

[56] 刘金全. 虚拟经济与实体经济之间关联性的计量检验 [J]. 中国社会科学，2004 (4): 80–90, 207.

[57] 王国忠，王群勇. 经济虚拟化与虚拟经济的独立性特征研究——虚拟经济与实体经济关系的动态化过程 [J]. 当代财经，2005 (3): 5–10.

[58] 马卫锋，王春峰. 中国金融发展与经济效率的实证分析：1978~2002 [J]. 财贸研究，2005 (2): 46–54.

[59] 周业安，赵坚毅. 我国金融市场化的测度、市场化过程和经济增长 [J]. 金融研究，2005 (4): 68–78.

[60] 何宜庆，王浣尘. 虚拟经济对我国二元实体经济影响的实证分析 [J]. 中国软科学，2004 (1): 53–56.

[61] 王谢勇，徐鹏. 关于我国虚拟经济适度发展的定量分析 [J]. 东北财经

大学学报，2005（2）：13-16.

[62] 曹源芳. 我国实体经济与虚拟经济的背离关系——基于1998~2008年数据的实证研究 [J]. 经济社会体制比较，2008（6）：57-62.

[63] 吴德礼，李惠彬，徐仕政. 国际金融危机背景下我国虚拟经济与实体经济发展问题研究 [J]. 南方金融，2009（8）：16-20，30.

[64] 李大勇，贺京同. 虚拟资本的扩张与货币政策的困境 [J]. 南开经济研究，2002（1）：55-58.

[65] 谢清河. 金融创新与发展我国虚拟经济 [J]. 财经科学，2004（5）：36-39.

[66] 徐璋勇. 虚拟资本市场发展对货币政策的冲击效应 [J]. 经济学家，2006（2）：109-115.

[67] 赖文燕. 虚拟经济与实体经济发展中存在的问题及对策 [J]. 金融与经济，2009（2）：39-42.

[68] 李宝伟. 经济虚拟化与政府的金融稳定策略选择 [J]. 社会科学，2009（1）：26-32，188.

[69] 刘晓欣，马笛. 基于虚拟经济视角的资本积累与金融监管 [J]. 经济与管理研究，2009（6）：38-43.

[70] 成思危. 虚拟经济与金融危机 [J]. 管理科学学报，1999（1），转引自新华文摘，2009（6）：48-51.

[71] 李晓西，杨琳. 虚拟经济、泡沫经济与实体经济 [J]. 财贸经济，2000（6）：5-11.

[72] 刘骏民，刘运峰等. 虚拟经济：成因、特点和影响——访南开大学虚拟经济研究和管理中心主任刘骏民博士 [J]. 天津财税，2001（2）：11-12.

[73] 谢太峰. 正确认识虚拟经济 [N]. 金融时报，1999-10-30.

[74] 林兆木，张昌彩. 论虚拟经济及其对实体经济的影响 [J]. 宏观经济研究，2001（4）：3-9.

[75] 张晓晶. 符号经济与实体经济：金融全球化时代的经济分析 [M]. 上海：上海人民出版社，2002.

[76] 张松，王勇. 论股票市场与实体经济的关联互动 [J]. 财贸研究，2003（3）：60-63.

[77] 王爱俭. 虚拟经济与实体经济的关系研究 [J]. 现代财经，2003（1）：8-11.

[78] 邓瑛. 论新经济下虚拟经济的阶段发展与实体经济 [J]. 财贸研究，2004（1）：7-12.

[79] 王国忠，王群勇. 经济虚拟化与虚拟经济的独立性特征研究——虚拟经济与实体经济关系的动态化过程 [J]. 当代财经，2005（3）：5-10.

[80] 李多全. 虚拟经济与实体经济关系探析 [J]. 理论前沿，2006（17）：27-28.

[81] 刘维刚，张丽娜. 论实体经济、虚拟经济与泡沫经济及对我国的启示 [J]. 经济纵横，2006（12）：12-14.

[82] 杜厚文，伞锋. 虚拟经济与实体经济关系中的几个问题 [J]. 世界经济，2003（7）：74-79.

[83] 王春峰，马卫锋，姜磊. 虚拟经济与金融脆弱性 [J]. 价格理论与实践，2003（4）：42-43.

[84] 刘霞辉. 论实体经济与虚拟经济的关系 [J]. 世界经济，2004（1）：37-43.

[85] 王千. 虚拟经济与实体经济的非对称性影响 [J]. 开放导报，2007（4）：47-50.

[86] 刘骏民. 从虚拟资本到虚拟经济 [M]. 济南：山东人民出版社，1998.

[87] 陈文玲. 从实物经济、虚拟经济、泡沫经济的互动关系看东亚金融危机爆发的必然性 [J]. 世界经济，1998（12）：28-32.

[88] 姜琰，陈柳钦. 虚拟经济、实物经济与金融危机 [J]. 金融教学与研究，2002（6）：10-12，21.

[89] 周建军，鞠方. 房地产泡沫的二元结构分析框架——基于实体经济和虚拟经济二分法的思考 [J]. 当代财经，2008（5）：85-89.

[90] 李宝伟. 虚拟经济膨胀：次贷危机的源头 [J]. 开放导报，2008（12）：17-20.

[91] 刘骏民，李凌云. 世界经济虚拟化中的全球经济失衡与金融危机 [J]. 社会科学，2009（1）：3-10，188.

[92] 刘培刚. 论虚拟经济特性及与房地产泡沫之间的关系——兼论抑制房地产泡沫之策 [J]. 现代财经，2009（4）：9-12.

[93] 胡立法. 虚拟经济系统的耗散结构与美国金融危机 [J]. 现代经济探讨，2009（3）：40-44.

[94] 鲁道夫·希法亭. 金融资本 [M]. 北京：商务印书馆，1999.

[95] 陈雨露，汪昌云. 金融学文献通论——宏观金融篇 [M]. 北京：中国人民大学出版社，2006.

[96] 秦晓. 金融业的"异化"和金融市场中的"虚拟经济" [J]. 改革，2000（1）：74-90.

[97] 陈淮. 关于虚拟经济的若干断想 [J]. 金融研究，2000（2）：51-55.

［98］曾康霖. 虚拟经济：人类经济活动的新领域 ［J］. 当代经济科学，2003（1）：15-21，93.

［99］刘骏民. 虚拟经济的理论框架及其命题 ［J］. 南开学报（哲学社会科学版），2003（2）：34-40.

［100］刘骏民. 虚拟经济的经济学 ［J］. 开放导报，2008（12）：5-11.

［101］王国刚. 关于虚拟经济的几个问题 ［J］. 东南学术，2004（1）：53-59.

［102］王爱俭. 关于虚拟经济几个重要问题的再探讨 ［J］. 现代财经，2008（2）：3-6.

［103］张宗新，吕日. 试析虚拟经济认识上的五个误区 ［J］. 当代经济科学，2000（6）：32-36.

［104］钟伟. 对"虚拟经济"的一些反思 ［J］. 当代经济研究，2001（5）：15-18，45.

［105］北京大学中国经济研究中心宏观组. 金融不是虚拟经济 ［J］. 经济社会体制比较，2002（1）：33-39.

［106］王璐. 从马克思的虚拟资本到虚拟经济——兼论虚拟经济的起源与本质 ［J］. 南京社会科学，2003（9）：6-12.

［107］于尔根·艾希贝格尔，伊恩·哈珀. 金融经济学 ［M］. 成都：西南财经大学出版社，2000.

［108］Jean Tirole. On the Possibility of Speculation under Rational Expectations ［J］. Econometrical，Vol.50，No.5，1982：1163-1181.

［109］Jean Tirole. Asset Bubbles and Overlapping Generations ［J］. Econometrica，Vol.53，No.6，Nov.1985：1499-1528.

［110］陈朝阳. 论虚拟资本理论与泡沫经济 ［J］. 当代经济研究，1996（2）：40-44.

［111］黄正新. 关于泡沫经济及其测度的几个理论问题 ［J］. 金融研究，2002（6）：49-55.

［112］王子明. 泡沫与泡沫经济非均衡发展——非均衡发展 ［M］. 北京：北京大学出版社，2002.

［113］白新华. 虚拟经济模式下的泡沫经济 ［D］. 重庆大学硕士学位论文，2005.

［114］孟庆松，韩文秀. 符合系统整体协调度模型研究 ［J］. 河北师范大学学报，1999（2）：177-179.

［115］黄海峰. 珠三角地区环境与经济协调发展研究及 GIS 技术应用 ［D］. 中国科学院研究生院博士学位论文，2006.

[116] 陈群元. 城市群协调发展研究——以泛长株潭城市群为例 [D]. 东北师范大学博士学位论文，2009.

[117] 成思危. 虚拟经济探微 [J]. 南开学报（哲学社会科学版），2003（2）：23-28.

[118] B. Bernanke, M. Gertler and S. Gilchrist. The Financial Accelerator and the Flight to Quality [J]. Review of Economics and Statistics, Vol.78, 1996（3）：1-15.

[119] B. Bernanke and M. Gertler. Agency Costs, Net Worth and Business Fluctuations [J]. American Economic Review, Vol.79, 1989（6）：14-31.

[120] B. Greenwald and J. E. Stiglitz. Financial Market Imperfections and Business Cycles [J]. Quarterly Journal of Economics, Vol.108, 1993（1）：77-114.

[121] Nobuhiro Kiyotaki, John Moore. Credit Cycles [J]. Journal of Political Economy, Vol.105, 1997（2）：211-248.

[122] Azariadis Costas, Smith Bruce. Financial Intermediation and Regime Switching in Business Cycles [J]. American Economic Review, Vol.88, 1998（3）：516-536.

[123] 王爱俭等. 虚拟经济合理规模与风险预警研究 [M]. 北京：中国金融出版社，2007.

[124] 葛新权. 泡沫经济理论与模型研究 [M]. 北京：经济科学出版社，2005.

[125] 余永定. M_2/GDP 的动态增长路径 [J]. 世界经济，2002（12）：3-13.

[126] 高铁梅. 计量经济分析方法与建模 Eviews 应用及实例 [M]. 北京：清华大学出版社，2006.

[127] Franco Modigliani, Richard H. Brumberg. Utility Analysis and the Consumption Function: An Interpretation of Cross-section Data [M]. New Brunswick: NJ. Rutgers University Press, 1954.

[128] Albert Ando, Franco Modigliani. The "life-cycle" Hypothesis of Saving: Aggregate Implications and Tests [J]. American Economic Review, Vol.53, 1963（1）：55-84.

[129] Patrick H T. Financial Development and Economic Growth in Under-developed Countries. Economic Development and Cultural Change, 1966, 20（14）：174-189.

[130] 徐滇庆，于宗先，王金利. 泡沫经济与金融危机 [M]. 北京：中国人民大学出版社，2002.

[131] 杨琳. 金融发展与实体经济增长 [M]. 北京：中国金融出版社，2002.

[132] John Y.Campbell, Robert J. Shiller. Cointegration and Test of Present Value Models [J]. The Journal of Political Economy, Vol.95, 1987 (5): 1062-1088.

[133] John Y.Campbell, Robert J. Shiller. The Dividend-Price Ratio and Expectations of Future Dividends and Discount Factors [J]. The Review of Financial Studies, Vol.1, 1988 (3): 195-228.

[134] 王维. 房地产基础价值及泡沫类型解析——以上海市为例 [J]. 经济学家, 2009 (7): 18-24.

[135] F. Modigliani, M. H.Miller. The Cost of Capital, Corporate Finance and the Theory of Investment [J]. American Economic Review, Vol.48, 1958 (1): 261-297.

[136] 李波.我国 A 股市场市盈率研究 [D]. 江西财经大学，2004.

[137] 叶青，易丹辉.中国股票市场理论价格和合理市盈率的测算及其应用 [J]. 预测，2006 (6): 71-74.

[138] 刘桓. 中国股票市场整体及行业市盈率合理水平的确定 [D]. 燕山大学，2008.

[139] 毛有碧，周军. 股市泡沫测量及性质区分 [J]. 金融研究，2007 (12): 186-197.

[140] 鞠方. 房地产泡沫研究 [D]. 南开大学，2005.

后　记

转瞬间，我已经博士毕业一年有余。这一年多的时间里一直想着将博士论文修改后出版，一方面是对自己读书多年的一份总结，另一方面也是对自身成长的一份交代，但一直以工作、学习、科研、生活等方面的诸多事情占用了时间为借口，而延搁至今。

攻读博士学位期间，学习、科研与生活异常忙碌，充实而紧凑，作为人生中的重要阶段，给我留下了珍贵的记忆，其中的汗水与磨炼激励我成长。博士毕业后留校任教，开始了新的工作和生活，其间对于学习、科研、研究方向有了新的认识，也不乏彷徨、无措，但在内心深处告诉自己，"生活中总免不了经历各种挫折与磨难，要踏实地走下去，坚持下去，人生我想应该就是这个样子，但不要忘记寻找生活的乐趣"。故而，激励自己好好学习与生活、努力科研与工作，博士论文的修改出版是进一步奋斗的开始。

本书是在我的恩师刘传哲教授的指导下完成的，感谢恩师几年来无私的教导、关怀与帮助。此外，本书的写作受到了宋学锋教授、聂锐教授、魏晓平教授、周敏教授、李新春教授、龙如银教授、王新宇教授等专家学者的帮助与支持，在此谨表谢忱。

本书在写作过程中，参考、借鉴和引用了许多国内外研究文献，对参考、借鉴和引用的文献已在文后注出，但仍恐有遗漏，在此向引文作者表示歉意和由衷的感谢。

受作者知识和研究水平所限，本书仅对"虚拟经济与实体经济协调发展"的相关问题做了初步的理论和实证分析，分析论证的不足以及方法运用不当的地方在所难免，恳请广大读者、专家学者批评指正。

特别感谢中国矿业大学管理学院对本书出版给予的资金支持。非常感谢经济管理出版社申桂萍编辑对本书的顺利出版所付出的努力。

最后，感谢我的家人，他们永远是我坚实的依靠。未来的生活仍将面临诸多考验，唯有鞭策自己继续努力。谨以此书献给我的老师、我的家人以及所有关心爱护我的人。

周莹莹

2012 年 11 月 18 日